何谓明治

明治の文化

[日] 色川大吉　著
郭颖　译

上海译文出版社

图字：09-2022-0555号

图书在版编目（CIP）数据

何谓明治 /（日）色川大吉著；郭颖译. -- 上海：上海译文出版社，2025. 5. --（历史学堂）. -- ISBN 978-7-5327-9775-2

Ⅰ. K313.410.7

中国国家版本馆 CIP 数据核字第 2025J0T764 号

何谓明治

［日］色川大吉 著　郭颖 译

责任编辑/薛倩　装帧设计/赤徉

上海译文出版社有限公司出版、发行

网址：www.yiwen.com.cn

201101　上海市闵行区号景路159弄B座

上海颛辉印刷厂有限公司印刷

开本 890×1240　1/32　印张 9.25　插页 2　字数 178,000

2025年5月第1版　2025年5月第1次印刷

印数：0,001—6,000册

ISBN 978-7-5327-9775-2

定价：58.00元

目 录

序　章

第一节　一个不可思议的国度

日本是一个奇妙的国度。空中俯瞰地面，只见在欧亚大陆东端的海面上，漂浮着一串细长的弧形小岛。

这里长年薄雾氤氲，由四个岛屿组成，南北横跨两千公里。放在欧洲的话，其距离相当于从伦敦到意大利半岛的靴子尖，或是从苏联与波兰的国境线到西班牙与法国的国境线。

中央有一座山脉如同脊梁般贯穿其间，使得左右两边呈现出截然不同的气候类型。山海之间的盆地平原上是一片绿油油的水田，玩具般大小的农耕机穿梭其间。

白沙细浪的海岸一带，是微缩盆景般大小的民居与街道，一派悠然闲适的田园风景，与工厂一带乌烟瘴气、不见天日的杂乱无章形成鲜明对比。

如此一个资源贫乏、人口过密的小岛，孕育出一个屈指可数的世界工业大国。不过，这其实并非日本最为不可思议之处。

日本的历史才称得上是这个弹丸小岛真正的国家神话。距离亚洲历史最为悠久的文化大国中国仅有四百海里之遥，在其两千年的历史长河之中，日本却从未被世界帝国纳入囊中，而得以保持其国家的独立性与相对的文化特性。玛雅文明与印加帝国文化的辉煌早已与该民族一同湮灭在历史的海洋之中；尼罗河文明与美索不达米亚文明的昔日荣光，如今也不过只能用来招揽游客；克里特岛、爱琴海诸岛，还有斯里兰卡、中南半岛、中亚陆地的孤岛之上，都曾经出现过足以令现代人瞠目的伟大文明，至今仍然被当地居民视为精神支柱。然而，这些文明都没有像日本那样历史与文化一直传承至今，并直接与当代国民生活相结合，在工业、科学、艺术等领域也得以薪火相传。如此看来，日本这个既古老又年轻的国度充满着种种不可思议的奇迹，而这样的国家在世界史上也是独一无二的。

日本未曾向大陆强国臣服过，这并非单纯是出于一种地理上的偶然，抑或是日本人勇猛的武士精神，而是受惠于其亚洲季风性气候、基于该种风土的水田耕种方式以及该种生产方式孕育出的一种温和忍让、多民族和平共处的国际环境。特别是作为日本坚强的防护壁垒的中华民族与朝鲜民族，千余年来使其免受好战的骑马民族的不断侵扰。

这些心向和平的难得的世界好邻居从未主动出兵过日本。至于元军，则不过是蒙古征服东亚的一段小插曲。反观历史，倒是日本对邻国如此源远流长的友谊忘恩负义，这种行径简直有悖东方道德、有悖日本灵魂导师释迦牟尼之“爱”及孔子之“仁”。特别是在明治维新以降七十年①间的历史中，日本民族擅自向亚洲邻国进行侵略与掠

① 此处各版本有异，本书根据岩波书店 2007 年版本翻译。岩波书店采用底本为同时代 library1997 年版。——译者（本书脚注如无特别标识均为译者注）

夺，时至今日，也未见日本统治者的反省之色。

就这样，两千年来，日本得以躲避外族入侵而繁衍至今。这与欧洲大陆民族争斗的血泪史相比，更体现出日本环境之特殊、文化观念及日本式居民社会与社会意识之独特。正是这种深受庇护的岛国属性，成为日本文化形成的先决条件。这一点单凭和辻哲郎的“风土”论是无法充分进行说明的，而是需要一种以导入人类学家近年来使用的比较文明史方面的研究以及民族学、历史学、民俗学方面的成果的综合性的风土论。

总之，长期来看，日本虽有过内乱，但依然能保持国家独立，这使其思想文化之中形成了一种无法抽离的固有属性，其人种、语言、宗教、衣食住行样式因此具有单一的均质性，其思维方式、审美意识、自然观、精神结构，也都带有一种共通属性。与印度、中国、东南亚的多民族国家相比，这种单一且均质的属性不言而喻。即使在亚洲以外，就民族形成进程中各要素而言，也没有任何一个国家能像日本这样保持着民族的单一性。“万世一系”不过是带着历史烙印的一个语言符号而已。

这种基于上述条件的民族文化固有性是无法套用欧美文化史之模式的。那些在思考日本文化的诸多要素时试图用西方现代主义方法将其简单划分为合理部分与不合理部分、近代[①]部分与前近代部分的做法本身就不可取。或许日本不少知识分子可以接受，但这样做却与成千上万民心渐行渐远，以致二者之间最终形成一道无法逾越的鸿沟。

在我看来，日本近代思想（文化）形成的进程中，民众与知识分

① 本书谈论的是日本的问题，而日语的“近代”跟中文的“近代”定义不同。为避免发生混淆，故保留原有的“近代”的表述方式。此外，本书原文也区分使用“近代”“現代”和“モダニズム”等不同表述。

子一直以来各自遵循两种不同的规则。但进入现代，二者突然间并轨，即使现在也依然未能实现真正的融合。我觉得其原因在于日本文化带有强烈的本土性，大多数民众也一直都静静地身处这民间世界之中；而同一时期，从西方又涌来一股性质迥异的强大的文化洪流，最终形成了日本在世界史上的这种特殊属性。

按照冈仓天心的宏观论来看，日本文化史上的最大变局非明治时代莫属。自绳文时期起，日本文化虽遭到印度、中国、南洋文化巨浪的洗礼，但到了一两世纪之后终于得以沉淀，完成了其固有的风土化、日本化进程。但即使是其巅峰即 7 世纪至 8 世纪的奈良时期，与 19 世纪后期的明治大变局相比，其影响力与冲击力都是无法企及的。杂沓的明治不仅冲击了统治者，也激发了中间阶层的激昂情绪，甚至在底层民众深处也掀起了一股波澜。

这也让日本这个民族对异国文明产生出极强的好奇心，面对璀璨的文化能抱以锐敏的反应，这种感受性优势正是封闭的岛国民族所特有的。而这一全新的文明虽然产生于产业革命与资本制近代国家的强大威力之下，但也强烈地催发出日本人的对抗意识与好奇之心。明治维新中志士们那些过激行为、各派中互有抵牾的开国论与攘夷论便是其中一种体现，此外还有海外苦行僧般求学的留学生，民众间的匡世①义举，也是其亢奋的产物。针对明治新政府成立而发生的内乱亦如此。因此，明治时期在日本历史上被视为一个最富戏剧性的时代，明治日本简直可以看作是研究世界文化史的试验田。

或许外国人曾以好奇的眼光打量过日本，如此一个落后的亚洲农业小国，究竟是否能先于中国经受住近代化的冲击？是否能在严峻的

① 日语为“世直し”或“世均し”，意为社会改造，社会改革。

国际环境中承受住考验的重压呢？

众所周知，一百一十年以前，美国提督佩里给这片荒蛮的武士之国带来了一节火车模型，并当着日本人的面发动起来。当时的情景如下：一开始日本人畏畏缩缩地远远围成一圈，看到蒸汽车发动起来了，便大呼小叫、长吁短叹，继而贴近，仔细打量，还忍不住上手摸，上腿骑，太阳都落山了也依然意犹未尽。孰料仅仅百年之后，同样是这些日本人却建造出了时速稳定在二百公里的东海道新干线，独自研发出了“光”号超级特快列车。如今的事实证明，日本已经成功逆袭美国，实现了最新技术的反向输出。

曾经被口吐黑烟的蒸汽船吓傻的日本人，正是在这种永无止境的好奇心的驱动之下，使日本一跃成为世界第一的造船大国。无论是幕末时期对高炉、反射炉抑或是精密测量技术（如伊能忠敬绘制的日本全图）的熟练掌握，还是从枪炮的制造到木版印刷技术的改造发展，日本人这种科学的进取心早已为后日播下了种子。

当然，倘若过分夸大这一点，则会一叶障目，无法客观审视日本近代文化的整体样貌。眼中只有国民生产总值（GNP），仅仅看到数十个工业部门中有二三已达到世界一流水平，便为此去赞美日本璀璨的封建文化，这对为日本全盘化改革而奋斗的日本人而言毫无裨益。我们现在需要的，并不是通过这种评价将现状加以合理化、正当化，而是为了变革而究明现状之病理，进行全面的、本质的、结构性的研究。

因此，本书所论述的并非外国学者猎奇式的“奇妙国度如何奇妙”。我们生活在当下的日本，为了实现自我的变革必须进行实践活动。不过，我们也并不赞同那些意识形态论者所主张的文化不过是一种阶级统治工具的论调。一直以来，无论是统治阶级还是被统治阶级，人类总能想出各种办法，使自己的生活得到慰藉与愉悦，享受节日、信仰、艺能、技术、衣食住行、生活仪式等给我们带来的精神或者物质上的满足。

在这种社会生活方式之中，文化的力量是不可小觑的，它所发挥的作用看似无心插柳，却潜移默化地规训着我们的生活方式，并无时无刻不暗中操纵着人类的行为模式。我同意 T. S. 艾略特的观点，与其说文化的灵魂寓于每位作家的作品之中，不如说寓于“我们所有规划的无意识背景”之中（当然我本人并不认为因此就可以轻视每位创作者的作品）。

例如，南方熊楠在阐释日本社稷之下“氏神”① 对民众所发挥的精神力量时如此论述：“不言一语、不施一笔，而是借助古老的传统威仪，那些用语言、文章及问答所无法言传之物，瞬间便能从头到脚响彻全身，令人深深为之感化，无法忘怀。”这是一种令民众“不知此处何神在，感德感恩双泪流”的灵验之物。

文化和思想只有深深渗透到民众的根部，方能真正发挥作用。在近代日本，“作为一种精神结构的天皇制”成功下沉到其最底层，荼毒生灵，至今也依然如此。如果说这种“明治文化”在外国人眼中是一个不解之谜，那不妨将其视为日本特殊风土思想之下的一种产物更好理解。而天皇制问题，正是本书无法回避的一个根本性问题。

第二节　眼上之“梁”

“作为一种精神结构的天皇制”在明治前期出现，明治后期成型，

① 氏族神，土地神。古代氏族共同祭祀的祖先或守护神，亦指祭祀该神的神社。

并成为日本人的眼上之“梁”。就连高村光太郎（1883—1956）这种从巴黎回来的天才雕刻家，以反社会派自由诗人而著称的知识界翘楚，在这根沉重的大“梁”之下都不再自由；正是在这根“梁”之下，其叛逆孤傲、自由不羁的人生也随着太平洋战争的炮声一起步入歧途。1945年战败之冬，高村在自责之心的驱使下撰写了《暗愚小传》一文，主动对人生进行省察，并在书中吐露了自己半世纪的心路历程：

> 我在巴黎成年/在巴黎第一次触碰异性/在巴黎第一次得到灵魂的解放/巴黎看上去是如此安之若素/接纳各种各样的人/（中略）
>
> 巴黎让人们得以喘息/近代起源于巴黎/美在巴黎酝酿发芽/大脑中的新细胞在巴黎生成/法国存在的意义远远超越了法国/身在这深不见底的世界之都的一隅/我时不时会忘掉国籍/遥远、渺小而又寒酸的故乡/俨然只是喧嚣的乡下/在巴黎，我第一次懂得了雕刻/领悟了诗歌之真实/在那里一个个普通人的身上/看到了文化从何而来/悲伤之情束手无策/感到了无可比拟的落差/日本的一事一物、所有的国情/皆令我怀念又否定

明治四十一年（1908），高村回国后，本只想“普普通通地过日子”，但“在这个人无法做人的国家，这种想法无非成了一种反叛”。他陷入了极度颓废之中，蛰居在东京市中心，与因同样孤独而走到一起的爱妻“智慧子二人，与不为外人所知的生活进行着斗争”，并在这种异样的“内心世界之梦”中倾注了一切。但是，他们不与外界往来，而仅从生命内部找寻生活的意义，这种日子让智慧子发疯。妻子

死了。岁月在虚无中流逝，他的自我也开始坍塌。“就像一张没有裱衬的生纸，命在旦夕。”这时，他听到了：

> 在宣战布告之前我听到/在夏威夷一带似乎发生了战争/终于演变成太平洋战争/听到敕书后浑身颤抖/这不易之瞬间/我的脑子好像放了一个蒸馏烧瓶/昨日恍若久远的从前/而久远的从前却变成了今日/天皇危难/仅仅这一句话/便决定了我的一切/孩童时代的爷爷/爸爸和妈妈也在/儿童节当日家中的云雾/充满了整个屋子/如今能做的只有献身/保卫陛下/扔掉诗再捡起诗

高村一直忙碌地奔走于日本文学报国会等各种集会。但日本战败了，他的工作室也烧毁了。于是他逃到东北寒冷的小山村。在这里，他听到了“天鹅之绝唱”。

> 工作室化为了灰烬/我来到了奥州花卷/那里收听了广播（天皇的投降广播）/我端坐着颤抖着/日本终于变得一丝不挂/人心跌倒了谷底/饥饿得到了占领军的解救/最后关头避免了灭亡/那时的天皇主动发话/说自己并非现人神/一天又一天/我眼上之梁被取掉了/不经意间六十年来的重负消失了/又回到了爷爷、爸爸和妈妈/回到了涅槃之座/我想深深叹口气/这般神奇的逃脱之后/唯有人间之爱/（后略）

这就是一个近代知识分子典型的精神轨迹，多么纯粹，多么质朴。虽然他转向的行为过于极端，却正象征着一种“天皇制与知识分子”的关系。在近代日本思想史上，曾出现过一个难以想象的怪现象，那便是思想进步的知识分子“大量转向”，就连20世纪30年代的马克思主义者也一样未能幸免。与其说是天皇制的权力扭曲了他们的思想，不如说是因为这种思想顽疾其实一直浸润在知识分子之中，只是终于等到了这样一个机会得以原形毕露。

那么，这种灵魂之痾恙为何能浸润得如此之深呢？

它是何时被建构？又是如何做到碾压其他对立思想，深深注入日本知识分子和民众的每一个细胞之中的呢？正如高村光太郎吐露的那样，蓦然回首它已化为“眼上之梁”，获得一种潜在的感化力，战败之前成功霸占日本人整个精神世界，进而化为“六十年来的重负”。而“明治文化论”则必须要弄清其产生原因及内幕。

竹内好指出，“天皇制作为一种全体性精神结构，（克服它[①]）的方法是无法从外部援引的。要想摆脱它，前提条件是必须改变对其的认识，将其理解为自为之物而非自在之物，认识到其现世性而非超越性，从而将天皇制放在一个可与其他同等的价值进行比较的位置上。而这一方法必须是自生的”[②]，实乃警世之训。

天皇制是一套复杂的价值体系，与其说是体系，不如说是一种“摧毁诸多价值的装置”，不，更应该说它已经膨胀成一种怪物般的气体，将民众的意识世界全部吞噬其中。在我看来，这在从明治末到大正、昭和时期便已开始形成。不过，在天皇制思想这个巫师开始施展浑身法术规训民众的思维方式之前，在其形成的路途中曾经还是有过一段自我冲突的曲折历史。

我们通过研究民众意识来探寻近代天皇制思想生成的精神结构之

① 括号内为色川大吉补充。
② 竹内好《权力与艺术》，筑摩书房，1958年，收录于《竹内好评论集》第2卷。——原注

时，却意外地追溯到了幕末变革期的那种更富有可能性的民众思想的原始结构。它不仅是生成天皇制的原始结构，同时也是生成那些充满各种解放幻想（如微观信仰、救世思想等），抑或是与天皇制相拮抗的中山美伎等人变革式宗教思想滥觞的原始结构，而这些与天皇制已毫不相干。

在幕末维新时期的确存在着一种孕育出带有变革意识民众思想的原始结构，并从中生成出向 A、B、C、D、E 等不同方向发展的观念和思想。日后具有绝对权威的天皇制思想，在过渡期也不过是 A、B、C、D、E 之一。当天皇制走下神坛，成为一种可以被他者化的对象之后，它是能够被克服的。

当时，日本被世界资本主义所包围，幕藩体制被迫进行了自我否定，羸弱的朝廷作为新国家的关键而重获新生。但是，这些异常现象出现之前，天皇制思想也曾经只是构建原始结构数要素中区区一个因子而已。当其与明治维新中至高无上的政治性诉求相结合之后，开始变身为一种能够碾压一切的优质因子，君临于万物之上。就这样，为了克服至高无上的近代天皇制思想（A），就必须回到原始结构，将 A 与 B、C 相对化，靠我们自身的办法从内部对其加以否定。我认为只有否定了天皇制，才能走上连同其原始结构一并加以克服与扬弃的精神革命之路。

要想实现民众层面的意识变革，倘若不用这种方法而仅靠西方市民社会那套个人主义式的近代思想的话，只会使日本的现代主义（Modernism）最终竹篮打水一场空，或让人陷入绝望，或只能独善其身。这些痛苦的体验，我们都已尝过无数次了。

民众思想的研究之所以在现代主义的不毛之地上依然可行，是因为它挖掘出了沉睡在民众中的一种可能性，通过 B 让 A 相对化，通过C来否定B，这种充满创造性的机会是可以复原的。

通过研究这些问题，我确信近代日本民众思想生成（变革）之路与知识分子思想的生成之路，遵循的是两条截然不同的规则，两者无法相互理解，从而导致了巨大的厄运。当然，这是一个极其大胆的假说。我正准备在另一本专著中详述，在此尽量举例来加以说明。

第三节　问题的范畴与展望

首先声明，论述整个“明治文化”的任务过于艰巨，单凭微薄的一己之力恐难以胜任。我想先对问题加以界定与展望，然后再将范围限定在几个必要的论题之上。

明治这个时代，在世界文明史上处于何种地位呢？千百年来，日本一直维系着“独立的岛国文化”，从未被大陆世界国家所吞并。但是，进入19世纪中叶，在西方的猛烈冲击之下，它又发生了何种质变？这便是关于明治日本在世界文明史上的地位及西方冲击论所讨论的问题。从这点来看，作为落后国家的一般模式，日本这一个案过于特殊了。

举个例子，比如在与近代西欧文明的接触方式上，一种是像日本或俄国这样一边保持着独立国家的地位一边与之往来，还有一种是沦为其殖民地或附属国而被迫与之打交道。二者在接受与反抗的模式上截然不同。

前者在接受外来文明时相对简单，借机来增强自己经济实力与军事实力，但同时与其的碰撞却不够充分，一直以来不过是照葫芦画瓢、鱼目混珠；而后者如中国、印度、阿拉伯国家中，外来文化与当地文化有过激烈的交锋，人们开始进行自我的内在审视，纷纷涌现出强烈的抵抗精神与自我的命题。印度的甘地、尼赫鲁，中国的孙中山、鲁迅等人身上正是浓缩了一种民族的精神，才得以借此从西欧“文明”虚伪的意识中清醒过来，睁开双眼重新审视本国文化与民众。

当然，仅凭是独立国还是殖民地这一点无法说明各民族在应对冲击之时的差异。从世界史的角度来看，一个国家或民族对欧美打开国门的具体时间节点更具有深远的意义。比如19世纪40年代初，被迫打开国门的中国与19世纪五六十年代敞开国门的日本，还有19世纪70年代后开国门的朝鲜，三者独立的可能性也大相径庭。三国之中，只有日本有条件将欧美列强之间的相互博弈、印度和中国出现的民众暴动能量有效地用于保持本国的独立。

然后，在各国开国门的节点，每个民族的民族自觉与文化积累发展到何种水平，也是决定其是否处于隶属地位的主体性条件。

绚烂繁荣的近世文化与兰学遗产、教育的普及和民众自身那种全新的精神自律以及深入民间的志士气概，再加上对新时代的迫切渴望，这些都成为了日本摆脱国际危机的前提条件。面对西欧文化洪水般袭来，日本发生了怎样的变化？它们又为“明治文化”带来了哪些新的性质？我们有必要对此一一加以确认。

那些萌发于江户时期，明治以后在日本人的打造之下被赋予了全然一新的性质，被视为“明治文化”中的近代性“要素”，具体都包括哪些呢？第一便是对基本人权的明确认识。特别是在19世纪80年代的自由民权运动中，国民之间已俨然形成了一股民主主义觉醒的浪潮。

第二是自我意识等个人主义的觉醒。这一点在高村光太郎的诗中便可领略。与欧美的接触或是基督教教义作用之下，尤其是士族与知识分子阶层被唤醒。当然，一般民众并没有高村这般敏锐的痛感，只是在“村”或“家”的共同体中，缓缓地萌发出一种个人意识、个人的主张。

第三要数资本主义的要素了。物质性价值观、功利主义、技术主义等逐渐取代了传统的精神主义价值观，最明显的体现便是儒教伦理和武士道精神的消亡。

第四是民族性、国民性的觉醒覆盖到了整个社会。从文化的层面来讲，在与西欧的比较之中，日本之美再次被发掘了出来，日本的道德、传统及人生观也得到了人们的重新评价。冈仓天心的新日本美术运动、幸田露伴的国风文学、柳田国男的民俗学、三宅雪岭和陆羯南等人的国粹主义之类便是很好的例子。不过我们也不能忘记，在与西方的对决中，日本帝国主义道路得到认可，终究未能像印度、中国那样实现与之彻底决裂，而是堕落为和洋折中、东拼西凑式的东西文化融合，造成多元杂居的状况。

我认为以上的四要素（自我、民主主义、资本主义、国家主义）并非仅限日本，在其他国家也是构成近代的主要因素。而要对其内在关联性，关联性结构和矛盾结构进行厘清之时，一般理论便有了用武之地。

例如，在自由民权运动受挫之时，第一与第二要素的发展受阻，并决定了第三与第四要素的性质必然会发生变形。在明治这个场域之中，其矛盾结构的焦点和症结点便是“天皇制”问题。我们常常用来界定明治文化性质的基本指标——a. 折中性，b. “家”的意识，c. 本土性、地缘性，d. 国家主义，e. 公共性、市民属性的欠缺等——特性的解释最终也都与“作为精神构造的天皇制”相挂钩。

因此，站在历史的角度来研究“天皇制”的形成（铸造过程）及其对国民的浸润过程至关重要。我们必须摒弃那些超验式、宿命式的态度，采取从内部将其相对化，进而逐步攻克的方法，来研究民众意识这条流贯古今的历史暗河。为此，我们也必须借鉴民俗学、宗教学、社会学、风土论、人类学等相近学科的研究成果，并虚心向其学习。

第一章　源于草根的文化

从遥远的月球望去，地球看上去是多么蔚蓝，多么美丽；从一个世纪后回望，历史看起来也是如此鲜明，如此清晰。

明治时期日本民族展现出了自身的才华，在军事和工业领域一跃成为亚洲之首。可同时，也造成了农村的绝望无助、都市贫民的愚昧无知，并且使天皇制成为一种精神结构，荼毒着国民的身心，将奴性深深地埋种在了人们的头脑之中。

尽管如此，我依然尊重那些流淌在黑暗大地之下的纯净，认为应对这个国家的潜力和国民的特殊才能进行公允的评价。因此，这章的开头，我打算先从无声的民间世界讲起。

第一节　无声的民间

《远野物语》这本书讲述的是日本东北地区岩手县北上山地的故事。作者柳田国男在明治四十二年（1909）亲耳听远野村村民佐佐木镜石讲述，并“原原本本、如实记录下自己的感受”。该书堪称当时日本民众精神中黑暗面的深层写照，极富象征意义。

远野村远离都市，有“日本小西藏”之称，或许有人会问，这种地方怎么能体现出日本人的精神源头呢？其实，早在幕末时期，文献中便有“附近的釜石、山田等地修建西洋馆，秘密传播基督教，在远野乡也有人遭到磔刑”的记载，可见此处当时绝非荒蛮之地，而洋人男女彼此接吻的情景也令当地人历历在目。（东正教最早也是传至此处。）

正是这样的远野村，步入明治时期之后，便盖起了新式工厂。

> 在离森那里的富人住宅区，几年前曾经有一家生产火柴杆的工厂。一到晚上，厂子门口就会过来一个女的，见人就咧嘴大笑，或是因为她太寂寞了吧。后来，工厂便搬到了大字山口。

倘若放在今天，人们可能只觉得她是一个疯女人，可当时的人并不这么认为。明治时期，老百姓认为妖魔鬼怪是真实存在的，它们与自己生活在同一个世界。这种奇幻的想象与近代工厂的并存，正是明治时期的一大特征。深山里住着山神，所以女人和小孩会神秘失踪；老房子里住着座敷童子，会使小孩子感到如入灵异之境；各地都有叫野狼森林和天狗森林的地方。传说在四五年前，也就是明治三十七、三十八年（1904—1905）的某个午后，和野地区一个名叫菊地菊藏的人的老婆就曾经在笛吹山下坡的路上遭到天狗劫持。

还传说在三九天，寒风刺骨的月圆之夜，雪女便会带领一众童女出来；还有什么山婆婆会来到村子里，吃掉那些独自在家的小女孩，然后披上人皮伪装成那家的女儿。这样的骇人故事数不胜数。①

① 柳田国男《远野物语》，1910 年。——原注

从明治时期起，所谓“文明开化”的浪潮席卷而来，全国各地都在兴办学校、实施新型教育、铺建铁道。可是，就算通了火车，虚幻世界与近代文明依然保持着共存的状态，就连小学生们对村里小溪住着河童一事也全都深信不疑。柳田国男自己也写道：“我们老家那里把河童叫做河太郎。我家住得离市川的渡口很近，每年一到夏天就有它出来作祟的传闻。当时，我跟小学同学间的话题也总是绕不开河童，直到夏天结束。”①

也难怪在东北农村的日常生活中，直到现在还会祭祀并祈求蚕神、宅神、金精神②、权现神③、灶神等神明保佑。这里的“神”自然不是基督教中的至高之神。对日本人而言，所谓“神”，更像是一种气味，弥漫在人们的四周、在挥洒血汗的大山大河之中，让人静静地感受着祖先之灵的存在。而老百姓也满心期待着，自己身为这些熟络的众神后代定会得到它们的庇护（尤其每个农耕节点的节庆都可视为一种对神人关系的反复确认）。

人死后变为神，日本人的祖灵跟中国佛教的说法也不同，死后并非飞往遥远的彼岸，而是继续留在这片土地，栖息在故乡的某座山上，守护着子孙们的生息与劳作，保佑着当地的兴旺与丰收。柳田说：“他们都相信自己死后也会得到后人的祭祀。为确保此事，每个人还在世的时候，都会虔诚地祭祖。”④

---

① 柳田国男《妖怪谈义》自序，1956年。——原注

② 日本性神之一，又作根精神或金势神。供奉男性生殖器的神，身体为形似男性生殖器的自然石，或用石头、金属、木头仿照男性生殖器制成，被认为对男女婚姻、下身疾病恢复等有效验。

③ 权现是日本神的神号之一，受“本地垂迹”思想影响，权现代表大乘佛教中的佛、菩萨，经由示现化身方式，以日本神的形态出现，故被视为是化现的同义词。

④ 柳田国男《神道与民俗学》，1943年，收录于《定本柳田国男集》（以下略称为《定本》）第10卷（筑摩书房，1962—1964）。本书所引柳田的内容均出自《定本》。——原注

不过，我并不确定这种古老的信仰是否活在所有明治民众的心中，至少这种想法在当时是为更多大众所接受的。而同为明治一代的柳田国男在谈到晚年的愿望时，也明确地承认：

> 或许因为我也是日本人，想到即使人死后灵魂依然会留在这片土地，心中便感到了无比的快乐。如果可能的话，我也想一直留在这个国度，守望在某个小山丘上，看着文化发展得越来越美好，看着社会在知识的推动下越来越进步。（柳田国男《神道与民俗学》）①

当然，在这里他谈论了另外一个问题。柳田国男深谙近代科学、比较史学和世界宗教，故而才用“如果可能的话”“知识”等措辞加以一定限定。柳田关注的已非“家”的血缘维系，其民俗学思想核心注重祖先的崇拜（借神之名来祭祀人类自身的一种“家”的信仰），日本人正是从中找到了确保永生的一种方法。

日本人并不相信自我是一种能够从生命的传承中切割出来的独立个体。只有身在祖孙代代繁衍生息的循环往复中，才能感受到作为其中一环的自我的存在。日本这个民族之所以如此重视“家”，也是这些长期浸润在农耕作息中的生命观使然。

为了调查明治时期的农村、山村，我们经常会走访有老宅子的村落，也目睹了柳田所谓的“神人交涉场域”之遗址，从而得知村里的祖灵并非栖息在子孙后代的宅子里，而是在伫立在半山腰的坟头之上守护着后人，而氏神则镇守在部落中心的树林中。每到盂兰盆会或正

① 柳田国男《魂之去处》，1949 年，收录于《定本》第 15 卷。——原注

月这种特殊时节，祖灵便会来到村庄与家人一起生活，然后在送灵火点燃之时返回。其入冬则进山成为山神，入春便下田成为田神，变身为守护生产劳作的神明。不仅在明治，从大正到昭和，很多此类信仰逐渐化为一种缥缈的情结，变成节日活动，并融入新兴的风俗而流传后世。

我孩提时代（昭和前期）住在乡下的一个小镇子里，那里距离东京不过六十公里，当时我也曾亲身见证过这种祖灵祭祀仪式的延续。然而战后以来，特别是 20 世纪 60 年代起，工业化浪潮席卷了农村，这种民俗也发生了翻天覆地的转变。

明治时期的日本人祭祖，极其注重墓地。无论发生什么，都要坚守住这个“家”。我认为正是这种情怀与信念支撑着通俗道德让人进行严格的自我省察。人们基于“勤劳、节俭、和睦、正直”的美德而自发地从事繁重艰苦的劳动，老百姓以此来维系这个“家”，并主动将此视为回归“永生”的必要条件，在不断实践的充实感中找到人生的意义。而当代人则已经丧失了这种本源的生命观与情怀，所以明治民众的精神在他们眼中也不过是一堆陈腐罢了。

最近我整理了一位三多摩出身的著名政治家的人物传记，他在 19 世纪 80 年代激烈的自由人权运动中担任领导。[①] 到了晚年，他开始频频给祖先扫墓，还不止一次告诫长子廉一：“不为儿孙买美田，但也至少要保障祖先坟茔之体面。不可忘记梦想。”闻此，我更加深切地理解了柳田国男的那句话。

那么，这位西洋式的自由思想家、民权家又是怎样成长起来的呢？他的名字是村野常右卫门（1859—1927），是武藏国多摩郡野津

① 村野廉一、色川大吉《村野常右卫门传》，中公事业出版，1969 年。——原注

田村（现町田市）的第五代富农。在此我将对其少年时代的生活进行简单的勾勒，它正是明治维新前后南关东地区民众的一个缩影。当时的民众的生活中充满着幻想与信仰，而那个遥远时代的生活场景（生活文化本身）已经与现代日本人渐行渐远了。

第二节　底层的胎动

村野常右卫门小名叫矶吉，出生在野津田村。对于儿时的矶吉来说，无论在家还是村里，到处都是充满欢乐的游戏乐园。大年初一，小矶吉穿着新衣去拜年；初二是初笔仪式；初七吃七草粥，据说剪指甲之前还要先沾一下荠菜水才行。

矶吉家是开当铺的，正月十一日要举行盛大的开仓典礼；十四日那天要吃烤糯米团子。矶吉他们砍来栎木枝子，把团子串在枝条上来装饰客厅。只要抬起头，看到屋里挂着的团子，大家就十分开心。红红白白的“茧团子”让家中熠熠生辉。这也与蚕种祭一同，宣告正月脚步的临近。

还有正月十五日的红豆粥、二十日的惠比寿讲会、二十八日的不动明王祭，都为小孩子们带来一连串的欢喜。

正月二十八日，人们一早便赶往高幡不动尊金刚寺。小矶吉最喜欢牵着母亲的手，在金刚寺前热闹的庙会上买护身符、达摩像之类的小纪念品了。

到了二月，还有撒豆子、初午祭、涅槃讲会，一过节，就能吃上红豆糯米饭。

三月的女儿节和彼岸节、四月的佛诞日、五月的端午节、六月的插秧节，还有七月的七夕节、八月的盂兰盆节和十七观音祭。村子的守护密林中，不时传出少男少女的欢声笑语；寺庙墓地的小径上，能见到烛台和五彩缤纷的花草。

九月土地庙举行秋日祭，用红豆饭或焗菜来款待亲戚。矶吉这帮小家伙会一直赖在神社前看神乐和轿子表演，明知会被骂，但还是玩儿到深夜迟迟不肯回家。

农历九月十五日赏月，还有秋天的彼岸节和惠比寿讲会，在这个村落共同体中，节日庆典一个接一个，从来不会让人觉得无聊。

这里还流传着十二月初一进行“河浸”① 的习俗，因为据说这一天会发大水，所以谁都不敢出门。特别是矶吉家，因为就坐落在河岸上，只要鹤见川的河水一泛滥，水便会渗进房间，地板上面也全都是积水。每当这个时候，全村为了保护水车，上下忙得乱作一团，而这场景却逗得矶吉他们在一旁偷偷幸灾乐祸。

十二月八日是盼望已久的“八日事”，据说因为害怕一个叫箕借的独眼婆婆在当日出现，传染给大家疾病，所以这一天大家会点燃胡颓子树，用烟熏，并且把粗孔的大竹笼挂在屋顶上，防止独眼婆婆靠近。

对于矶吉他们来说，自己的家乡就是这样一个充满民间信仰的幻想世界。

但是，明治维新推行的新政从根本上打乱了民众这种田园牧歌式的生活节奏。农民起义、城市居民破坏活动兴起并不断地蔓延开来，在日本人民的心中催生出了变革的新观念。这种要求改变世道的声音最初是为了响应上面发起的维新口号，后来却发展成了撕开明治政府

---

① 阴历十二月初一，渔民祈求渔业丰收而举行的一种水神祭，并向亲友派发糯米团子。

“维新”虚伪假面的力量。

有一句有名的街头唱词说得好：“各位看官，请细听分说，天皇圣旨呀皆诳言。……高天原呀，维了新也没了粮，金玉在其外呀，败絮在锅中。”但是我们也不能忽视那些没有揭竿而起的民众死一般的沉默。

民俗学这门学科开垦的其实就是这样一片荒地。此等无声之地，外面看上去仿佛是在沉睡，农耕生活与民俗看起来也似乎只是周而复始的单调循环而已。可是，如果我们敏锐地观察，便能从这一派静谧安睡的田园牧歌之中发现它悄悄向近代转变的诸多佐证。

一件件小事接连发生，相继而至，整个村子也随之亢奋起来。随着佩里的黑船来航、外国自由贸易往来的开始，眼看着数百年来一成不变的农耕作息被一点点打乱，这些变化简直令人无法想象。特别是明治新政府成立后，国家下达给地方的任务如同一座沉重的大山：修改税法、标定地价、开办学校、促进人口流动……死水一潭般的村子，就这样接连被激起了一个又一个的涟漪。明治初年曾经多达十七万个村镇，经过几年的合并后，仅剩下一万两千多了，可想而知其过程中发生了多么天翻地覆的变化。

当然，那些根深蒂固的民间习俗不会因外部冲击而轻易发生变化，变化总是以一种肉眼不可见的隐蔽方式从内部萌发，而明治维新和文明开化也不过是刺激村子变化的一种外部驱动。

比如说，村子附近铺上了铁轨，通了火车。随后，便会有传言说，有狸猫模仿火车的声音，深更半夜在铁轨上奔跑。这种说法出现在全国各地。现在的人或许无法相信，当时日本人耳中听到的火车“声音”可是机械文明发出的第一声轰鸣，自然会引发人们无限的遐想。

第一次发电报的时候也是如此，人们传说有村里的獾伪扮成邮差，嘴里喊着："电报！电报！"封建时代的村子，万籁俱寂，寂静得连掉了一根针的声音都听得一清二楚。就算有人说能听见走廊外蚂蚁摔跤的动静，也不足为奇。

正因为如此，到了明治中期，一边喷吐黑烟、一边在铁轨上轰鸣飞奔的火车给日本人带来了一种超乎想象的震撼，它揭开了钢铁时代的巨大幕布，刷新了日本人对风景的认知。火车在那一片片单调乏味的田野上勾勒出一条条粗壮有力的线条，激发出人们对美的全新追求，更有勇气去面对大自然。不过，我们也不能认为是"铁道带来了勇气"，应该说是日本民众主动并且率先将这种文明利器为己所用。之所以这么说，是因为地球上也有很多其他种族在情感上将文明视为一种宗教忌讳，避之若浼。

而日本人则从驰骋的火车上望见了一个可以改变大自然，开创近代精神文明的未来。日本小孩子们憧憬的蒸汽火车也正是其象征。① 就这样，一条接一条的铁路线编织出了一张新旧相间的铁道线路网，进而汇成了一股力量，解放了人民，打开闭塞的乡村，将其变成新兴街市，为人们展现出了一番充满活力的新天地。

第三节　迈向近代的悄然转变

走出村庄、走到异乡去大开眼界，这无疑给人们的"故乡"意识带来了一场革命。江户时期有高达百万人的伊势参拜，直到幕末，数

① 中野重治《火车锅炉工》，1937 年。——原注

以百计的大小“讲”[①] 集团的代表制参拜依然盛行，这在民众中孕育出了一种对知识的好奇心，也积累起了经验。人们愿意将故乡与他乡加以比较，逐渐不再认为故乡自古有之，不可改变，而意识到它也是一种可以改造的对象。从天保（1830—1843）年间到明治初期，很多农事能手都有这种意识，还诞生出了很多称为“世间师”[②] 的老江湖，这些都为日本近代化进程奠定了有利的决定性基础。[③]

然而，让村民放弃土地，跨出故乡，走到外面的世界，这绝非易事。柳田国男再三强调，“不知何时开始，我们的父辈一直都信奉着一种观念，认为如果没有血亲祭拜，死后便无法得到幸福”，他们坚信需要“维系家族香火不断，这样当我们去到另外一个世界的时候才能平和安宁”，并称其为一种牢不可破的“家族内部不言自明的规矩”。

柳田凭借其艺术直觉洞察到，日本人并非像印度人那样认可转世轮回之法，也并不认为死后会马上投往另一个世界。日本人认为虽然肉眼不可见，但先祖的灵魂会栖息在家乡的山川大河、一草一木之中，守护着自己生活过的这方土地。这用佛教的说法大概会被称为“迷魂”。因此，日本人家的佛龛中供奉的“佛陀”也并非释迦牟尼，而是祖灵的统称。每年盂兰盆节与彼岸节的时候，它们还会回家贴心地照顾家人。

佛教认为人死后，会凭借“佛陀”的救赎而升天，而日本人则将死者称为佛陀，可见其古有的这种祖灵信仰并没有被世界宗教的教义

---

① 为举行佛事、神事而结社，如富士讲、伊势讲等。

② 多指以周游各地为生，或凭借丰富阅历巧妙处理世事的人，或靠干坏事走江湖的人。从近代末期到现代，随着农村社会封闭性的瓦解和外出劳工增多，出现了一些通晓世事、能说会道的人。他们拥有丰富的经验和强大的人格魅力，能够给封闭的农民提供一些建议。

③ 宫本常一《被忘却的日本人》，未来社，1960 年。——原注

所取代。即使僧侣们宣扬“迷魂”的救赎，将地藏菩萨、大日如来还有观音菩萨等偶像糅进百姓生活之中，但依然还是无法彻底取代已经本土化的盂兰盆仪式和土地神的相伴。

这种根深蒂固的土俗信仰导致“温厚的家长们只是将自己作为漫长链条中的一环，往往会误入亲情的迷途”。而明治文明则带给一家之长们一次又一次猛烈的冲击，导致分家的出现，削弱了大家族的势力，使得内斗丛生，最终使家庭沦为资本制之下农村的一个小单元。

男儿立志出乡关，
学若无成死不归。
埋骨岂唯坟墓地，
人间至处有青山。

僧人月性的这首诗曾鼓舞了无数个明治青年的心灵。“埋骨岂唯坟墓地，人间至处有青山”这种充满反骨的主题更是直击人心。一直以来，民俗是以一系之“家”的延续为第一要义的，而该诗正是一种对此的勇敢颠覆。不仅是士族或知识分子，即使从民众的层面来看，也可以说推动了一场意识革命。“去哪里工作，就把尸骨埋在哪里”，这种决心也是当时日本人民那种心向他乡、海外雄飞革命精神下催生的产物。就这样，人们离开家乡，各自摩拳擦掌，立志在一片新的天地中重新自立门户。

柳田国男在著作《明治大正史·世相篇》（1931）中没有谈及任何一位历史伟人，而是从百姓衣食住行的生活、习惯、世态、琐记等材料之中，以极其敏锐的视角捕捉到了近代化进程中民间暗流涌动的微妙迹象。柳田首开先河，我自己也深受其启发，想从民众的生活入手来描绘近代进程中出现的变化（即民众的近代文化），并且从国民的层面上而非局限于以知识分子为中心的角度，来发掘明治文化论的根基。

首先，让我们从衣食住行入手。江户时代木棉的生产与靛染技术十分发达，百姓的衣服“从麻布变为棉布”，无论男女，日本人从小便在那种“靛青的味道加棉布的触感”中长大，养成了一种对身边事物的敏感。特别是靛染的兴盛，培养出属于民众的丰富色感。过去因为身份制度，颜色曾经被禁止自由使用。步入明治之后，“禁色”的限令被废除，民众可以随心所欲地展开对色彩的缤纷想象。据说明治时期洋画家和田三造曾经有五百个颜色标本，近代产业及身份的自由化更是使色彩的效果成倍增长。百姓的精神世界是如何变得靓丽多彩的，这也是美术史上一个不可小觑的问题。

这种变化同样也发生在餐饮文化方面。幕末开始兴起的炭烧技术使煤炭的用途更为广泛，也为日本百姓生活带来了小小的变革。首先，家长制之下被严格监管的“围炉”、灶火被分开。男孩子们能够守着烧着炭火的被炉一个人宅在家中，女人们也能从灶神和家长支配的灶台中独立出来，利用小锅来烹饪料理。

人们常说是外来文化推动了日本近代饮食的发展，这种观点颇为肤浅，且与事实不符。随着自身生产力的发展，出现了独立小锅、分灶做饭以及烹饪技术的交流。可以说随着“家”不再具有支配力，饮食文化也完成了其近代化的进程。从大路边的锅烧乌冬面，到卖饭菜、面食和关东煮的小摊，各地的特色小吃与大众生活水乳交融，并传遍全国，这也为日本人的饮食生活增添了更为丰富的食材与味道。

日本人的国民美食生鱼片能够从最初关东渔民的农家菜一下风靡全国，多亏了酱油醋制造业的发展；寿司及寿司卷的普及也得益于食品市场的流通、精米生产与技术。此外，明治维新之后仅仅半个世纪，日式糕点和咸菜的改良与普及，也使得日本人成为了全球白糖和食盐的消费大国；与琳琅满目千滋百味的日式糕点一样，日本人制作的西式蛋糕也展现了其生活中的艺术天分；咸菜的素材也同样涵盖了从山野菜到野草、嫩树芽等多达数十种品类。除了食盐腌制的咸菜之外，还有酒酿腌菜、酒酿酱瓜、酱腌咸菜、什锦腌菜，日本这个腌制大国的味觉艺术可谓登峰造极。

柳田国男曾得意地如此写道：

> 我们的食物古来数以百计，个别除外，基本上都得以保留其形。而明治大正的全新料理更增加了上百种。无论食材还是烹饪法，世界上或许没有一个国家的饮食比日本的花样更多了。[①]

那么，住房情况又如何呢？日本人在城市的居住布局极为糟糕，如此拙于规划的国民也实属罕见了。西方人曾一致认为日本人的住房很寒酸，就像一间杂乱无章的仓库。参照当今时代的状况，我非常认同这种看法。

然而在江户时期，人们的房屋布局十分巧妙，在公共生活中甚至还产生了一种公共道德。那时日本的城市居民，除了商铺之外，主要住在一种叫长屋的集体住宅。房屋虽然寒酸逼仄，但邻里间互帮互助，长期以来人们经过这种社会中的磨合，日子也过得其乐融融。维系合租房生活的“防火打更”“夜间巡逻”的惯例、道路和水井的分工打扫、澡堂（公共浴室）的礼节等，这些长屋社会的公共伦理也是这样应运而生。社会被称作“世间”，并生成了一套成熟的“世间道

① 柳田国男《明治大正史·世相篇》，1931 年，收录于《定本》第 24 卷。——原注

德”（道义、人情）。在江户时期的小说或戏曲、落语等曲艺之中对当时社会的人间百态都有着细致入微的描绘。

城市的“世间道德”原本是为了强化近代居民自治基础而生成的一种市民道德，但明治之后其条件却遭到破坏。那些祖祖辈辈久居城市的老住户惨遭驱逐、背井离乡，而来自外地的农民则蜂拥而至、鸠占鹊巢。新来的这些人虽然带来了乡下的蓬勃朝气，但由于缺少在都市生活的社会性训练，只顾着毫无忌惮地享受自由，不懂得自律，城市也陷入一派无政府的状态。这种情况下，城市规划的思想自然也无从而生。除此之外，风土历史的不同也注定在日本的大都市中无法孕育出西欧自治都市的那种市民意识。

一直以来毗倚朝鲜、中国这两位睦邻，日本这个岛国才得以维持着民族独立。千年已久的国际和平局势之下，日本民众已经忘记了主动去进行抵御外敌的训练，而这种和平的环境与欧陆上数十个民族与国家亦大相径庭。

也就是说，日本人缺少大陆民族那种确保自己在城墙之内求生存的公共意识，因此也缺少相应的战斗经验，这一点在日常生活中表现得淋漓尽致。欧洲人住在城市中，为的就是在非常之时可以占据城楼进行战斗，为此平日里才能够忍受诸多不便与集团生活一成不变的规律，他们绝对不会像日本人这样在利己心的驱动下肆意妄为。

在欧洲，自由都市空间下的市民伦理与观念极为发达，而其在日本却尤为落后，如上所述，这或许是一种命运使然。但是，明治时期以降，国家的种种行为遏制了江户庶民的那种“世间道德”以及农村出现的共同体式的自治惯例，这种行为必须受到谴责。同时，我们也必须要弄清，出现在日本近世庶民传统中的这种近代自治的萌芽，究竟被何人，又是如何被扼杀的。

资本主义这个近代的怪物在产业革命中变得强大，就在它张牙舞爪肆虐之际，日本的城市却陷入穷途末路的混乱之中。那些具有敏锐感知力的明治艺术家大概都已对当时城市的状况感到心如死灰。带着铜臭味的权力之欲、唯利是图之心，以及暴露无遗的打工仔短视心态，相互撕扯，不堪入目。对移居者而言，城市不过是个沽名钓利之地，那些真正有古都情怀的人反倒被赶进陋巷之中。而这些也恰恰成为了明治文学作品中常见的主题。

最近，日本市民之中终于有人发出了要解决城市问题的呼声。一直以来，日本的地方自治总是被当地地主、官僚、政治掮客利用，未能发展成为一种居民自治。追溯其成因，很久以前便已埋植在历史之中。①

那么农村里又是怎样一番景象呢？日本被西方誉为“纸窗之国”，而农村真正用上纸窗、纸拉门其实是在进入明治以后的事情。在此之前是用木板或草席遮住窗户，屋内漆黑得伸手不见五指，农民们差不多大半天都待在户外。

“从木板窗到纸窗”，再到“玻璃窗的使用”，这种照明革命也深深改变了农民的意识观念。纸张对于农民来说曾是高价的奢侈品，之所以会用到农家的窗户上，这还得归功于国民教育，窗户用的纸张正是小孩子在习字时使用的和纸。明治中期，满大街都能看到写着“人之初性本善”等字样的纸窗。家中采光好了，便激发起人们对家的一种改造欲，家具和日常摆件的审美意识也得到了提高。特别是透过和纸射进来的那种美轮美奂的柔和之光，深深触动了广大民众的内心。

在农村，“大大的房子里每一个小小的角落都亮堂起来了，这样

① 拙稿《多样的明治百年》，收录于拙著《明治的精神》，筑摩书房，1968 年。——原注

就可以在家里再多设几个隔间”，如此一来就为年轻人提供了一个能够独自安静读书的空间，“知道的比家长多了，也开始了思考，精神世界的小房间也越来越细腻”。[①]

总言之，窗户发生了变化，并随着近代产业的发展得到普及。从点着菜籽油的灯笼，到烧煤油的煤油灯，进而一跃到电灯，民众精神世界的边界也在照明工业的发展下不断拓宽，促生出“家”的分化，推动着近代式个人意识在生活中生根发芽。

自由之风也体现在家家户户的屋顶之上。封建制之下，百姓们盖房时屋顶是不允许用瓦片的，瓦片顶多只能用在大梁和挑檐的部分，所以百姓家基本上都是用木板或草席盖在上面。进入明治之后才放开，一水儿的瓦片也彻底改变了平民百姓家的样貌。瓦片使得屋顶的坡度变缓，窗户也设计得更为明亮，一扫之前的压抑之感。特别是红色瓦片（盐烧瓦）的出现，为坐落在日本海岸那片深绿之中的寂寥住家带来了一抹轻快，同样也见证了明治的开化之风。

透过地方铁道线路的车窗向外望去，乘客可以看到农家小院中五颜六色的鲜花：桃花、杏花、夹竹桃、芙蓉、绣球花、海棠……到了春天，放眼望去，田野里遍地都是紫云英、金黄的油菜花、清新的绿桑，极为夺目亮眼。这一切都象征着明治时期商品农产品的发展，甚至被编成了小学歌曲《春天的小溪哗啦啦》。

明治维新解放了农业生产，商品能够实现全国范围内的频繁流通，花草植物也得到普及（洋郁金香、剑兰、康乃馨、三色堇等也逐渐遍布全国），将农村装扮得越发缤纷。就这样，明治以降农村的巨变让人怀疑双眼，其色调变得更为亮丽、姹紫嫣红。这种色调的变化

---

① 柳田国男《明治大正史·世相篇》，1931 年，收录于《定本》第 24 卷。——原注

如果没有渗透到民众生活之中，那明治时期浪漫主义、自然主义的作品又怎会如此绚烂？

岛崎藤村、国木田独步等人的自然赞歌，还有彰显自我觉醒的浪漫派新体诗，这些绚烂的作品都是建立在明治民众文化的潜移默化之上的，其关联性不仅在《千曲川风情》等作品中得到了很好的呈现，在明治美术会、白马会等风景画创作中也可窥一二。浅井忠的《收获》《春亩》等作品可让人感受到一种明治前期的农村之光。藤村的《千曲川风情》却弥漫着一种浓浓的感伤，这在《春亩》中则并不存在。对比明治文学与美术，我们会发现二者色彩的微妙之差，这其实与当时个体自我意识之强弱息息相关。

明治时期日本人风景观念的变化不仅仅是自然科学知识和志贺重昂的《日本风景论》（1894）所赐。在这种生活中的色彩解放及生产劳动方式变化的冲击之下，名胜古迹的传统观念以及日本三景①式的审美观分崩离析。直到某一天，这一切正好被某个知识分子所捕捉，并记录下来。

明治时期的民众对于“美”之贪婪，并不止于对西方事物的好奇，同样表现在对待历史古迹方面。那些执掌生杀大权的封建领主们长期占据的城池转瞬间变成了向全国贫富老幼开放的公共观光设施。春天赏花，夏天起舞，秋天赏月，民众在这里享受着一个个盛大的节日欢宴，早已把自己的祖辈当初正是在此被武士斩首之事抛到脑后。

通过以上内容，我试图找出近代给民众生活带来的主要变化。不过由于操之过急，略去过多表象，这一变化看起来或许显得有些过于阳光。但民众心中的“近代”却并非这种简单明快的田园牧歌。相

① 指日本的三个观光景点：京都府宫津市的天桥立、宫城县宫城郡松岛町的松岛、广岛县廿日市市的严岛（又称宫岛）。

反，民众迈向“近代”的脚步毋宁说是承受着一场新的奴役，并伴随着难以想象的孤独与痛苦。尤其是明治前期从下而起的民主化运动遭到镇压，明治后期天皇制与资本家（地主制）的统治得到确立，“近代”给民众带来的是更为沉重的痛苦与压迫。在这种历史观之下，我们有必要对民众文化加以重新审视，确认并探究站在文化顶点的知识分子的痛苦与文化创作究竟是否缘于底层民众生活之变化。

第四节　灵魂抱恙之人

明治知识分子中，首次注意到上述问题的当属柳田国男。他于明治四十三年（1910）撰写的《远野物语》中便包含了一种对当时流行的文坛文学、自然主义的批判；大正十五年（1926）发表的《山里人生》中也描绘了那些遭到近代化异化与践踏的日本民众形象，颇有一种对当时流行的马克思主义方法论大兴批判之意味。也就是说，柳田描述出的民众之像仿佛是肩负了日本的自然主义或是社会主义未能完成的命题。

据说在山形县尾花泽一带，曾经有一个土木工人在深山迷了路，没想到在渺无人烟的山谷中竟然遇到了一家三口，住在一间自制的简陋小屋里，三口人都赤身裸体。女人很怀念外面的世界，便向工人打听了不少村里的事情，而男人却似乎“对人世间有着极大的仇恨，因此决定钻进深山，再也不回平地了”。不一会儿，工人再次进屋的时候，却看到那个女人已经被丈夫绑起来惩罚。[1]

---

① 柳田国男《山里人生》三，1926 年，收录于《定本》第 15 卷。——原注

下面这个故事是他从新渡户稻造博士那里听到的，听起来一点都不像是编的。岩手县二户郡有一个猎人外出打猎，晚上在深山中露营，没想到碰到一个人从山里出来。定睛一看，居然是几年前村里失踪的一个小学老师。据说有一天他突然想进山，便离家出走，过着与其他住在平地的人们截然不同的神仙日子。某一天中午，他偷吃了猎人的便当，便突然想念起粮食的味道，于是忍不住怀念人类社会，因而出了山，不想在山里再住下去了。①

柳田国男为何会大量搜集这些故事呢？他强调学问并不仅仅是探求新知识，并坚定地认为“我们从未对身为同胞的大多数国民在这数千年来的行为、感受及经验进行过任何观察记录与研究，这是说不过去的。为了今后的社会改造做准备，这也是万万不可少的，至少我是打算用实地考察来加以例证。”然而，这种“实地例证”没能进一步理论化、方法论化，故而未能被那些昭和的社会解放运动家所继承，实乃遗憾。

柳田《山里人生》一书曾向世人发出过“警告”，提醒我们在明治社会动荡的变化之下，数十万、数百万的民众还无法迅速适应生活的变化，精神上不知所措。用当下的话来说，就是出现了所谓“人间蒸发”② 的问题。即使在幕末、明治，也有大量神经衰弱的人。据说很多地方将此看做是“狐狸附身”，甚至还出现了一种职业叫“稻荷教师”，专门为这些人驱邪。

被称为日本近代一大伟人的出口王仁三郎（1871—1948，本名上田喜三郎）便曾是一名“稻荷教师”。王仁三郎生在贫民之家，曾干过代课老师、农家帮工、兽医助手、奶牛农户，甚至游侠，换了好几

① 柳田国男《山里人生》四，1926 年，收录于《定本》第 15 卷。——原注
② 形容某人或某物突然之间像蒸汽一样失去行踪。

份工作，最后才成了一名百姓灵魂的医师（稻荷教师），并结识了大本教开山祖师出口直。

他能将贫农的文化感受表达得淋漓尽致，并模仿石川啄木，唱出这样的歌："从早到晚被使唤的是百姓，身为用人的我们就像牛一般。"要不是出生在明治，估计他顶多就是一个无赖之徒，根本不会有机会成为民众领袖。

据说王仁三郎十四岁上小学的时候，面对看管老师的压迫，他手拿沾着人粪的竹枪去捅人，导致老师被辞退。然后，他自己又被学校招回来当上了代课老师。如若不是在自由民权时期，这种事情简直天方夜谭。就这样，贫农的孩子也有幸沾到了明治文明的雨露。而发掘出上田喜三郎这般优秀之人的大本教教祖出口直，本身其实也不过是明治初年变革期中挣扎在底层的一个弱女子罢了。

出口直（1837—1918），出生在西国[①]福知山盆地一户嗜酒如命的木匠家中，她十一岁就当了定期学徒工，之后嫁给了一个木匠。谁知丈夫酒品不好，又没出息，让她吃了不少苦，之后丈夫又因中风瘫痪卧床三年而亡，留下八个孩子（再加上夭折的，出口直生过十一个子女）。她靠缫丝与卖废品度日，好歹熬过了 19 世纪 80 年代最惨淡的大萧条时期，每天都呕心沥血，度日如年。大女儿和二女儿却抛下了母亲离家出走，大儿子自杀未遂，后来下落不明，最指望得上的二儿子也战死沙场。一般人遭遇到这一连串的重击估计早就崩溃了，可出口直却一直忍耐着，始终保持着一颗真诚之心，没有妄自菲薄。也只有这种人，才能成为值得民众仰望的领袖，具备成为人民灵魂华佗的资格。

---

① 关西地区的别称，此处指京都府。

在历史的变革期，大量灵魂抱恙的人与治愈人民心灵的伟人是同时出现的。而参加起义的人民与被狐狸附体、“人间蒸发”的人民，也都是生活在我们身边的百姓。同时，一个人的人格之中都存在着不同的可能性与矛盾之处。

第五节　波及山村的维新冲击

1968年的夏天，我和研究室的学生们来到距东京市中心六十公里开外的一个山村调研。这里隶属西多摩郡，在立川市换乘武藏五日市线电车，在终点五日市町下车，然后顺着溪流，大约走了一里的山路，才到达这个偏僻的村子。这里以前被称为武藏国多摩郡村，住着大概二十户人家，以林业为生，正如村名所示，的确是一个深泽之村。明治时期，从这里去东京的话，差不多要花上一天的时间。

十多年来，我一直在调查东国[①]山村的历史，在这个深泽村（现在的五日市町）的深泽家的仓库里竟然意外地发现了极其珍贵的史料。此处现在几近废墟，母屋和仓库已经没了，只剩下一个小小的仓库和门，还有墓地。仓库的屋顶有一部分剥落，墙壁塌陷，门也破烂不堪，摇摇欲坠。屋里的文献都已腐蚀，基本已是一堆堆纸屑。但我们正是从这里接连不断地翻出了江户中期以后相对完整的史料，还有关于民权运动时代的文献记录，着实令人震惊。

如此一个被所有人遗忘的小仓库里，我们发现了有二百零四款条文的人民宪法草案，还发现了《缩短国会开设期限建白书》，这在整

---

① 关东地区的别称，此处指东京都。

个日本也仅有两三种而已。此外，这里还发现了数百册书籍和十几种民权结社的社规、记录等，可见当时的学习与政治风潮多么热火朝天。我们也了解到那些一直以来不知名的宪法起草者或者村庄领袖也都是一些拖家带口的农民、商人、小学教员等，是同样过着百姓生活的“平民”。

图 1　发现宪法草案的深泽名生家的仓库

（西多摩郡五日市町深泽部落）

人民宪法的起草是由这一带几个村子里的相关结社，五日市学术讨论会及学艺讲谈会的三十名会员发起的。起草者是当地小学、五日市劝能学校的助教千叶宅三郎。此人一生波澜起伏，极具魅力，被誉为“日本的浮士德”，本书第三章中将会对此进行详细说明。

这项调查中让我最为吃惊的，首先是明治维新竟然会冲击到这个小村庄（这个村庄远离城镇，马车都驶不进来，民居零零星星地分布在山路沿线，而这条山路通到奥多摩山脉这道天然壁垒前也戛然而止）。我们发现，特别是黑船事件带来的西方冲击，不仅影响到了国家领袖和士族，也在底层民众之中唤起了一种强烈的民族主义。

这家的户主叫深泽名生，出生于天保十二年（1841），是名主①左卫门的长子。安政之后，从《日美神奈川条约》到日荷、日俄、日德、日法友好条约及通商条约的全文，他都用毛笔认真誊抄下来，记了足足好几本。相比之下，现在那些知识分子和大学生嘴上虽然喊着“粉碎安保”，别说抄写重要的《日美安保条约》全文了，估计连其中一两条他们都没读过吧。相比之下，更让人对深泽心生敬佩。

其父是嘉永年间（1848—1854）所谓“千人同心”② 的乡士（据江户时期文书记载该人姓清水，明治初期的户籍中改为深泽，记作“平民·农”），也不过是武州（武藏国）代官统治下一处小村庄里的一介领民而已。在那个时代，领民胆敢针砭天下政事也是要判以重罪的。他们心中秉承着一种信念，逐条抄写国际条约，可见当时全国上上下下对此都给予了极大的关注。（条约全部用毛笔抄写而成，逐条

① 日本江户时代在领主之下管理村级别行政事务的地方代表、村落领袖，负责传达政令、征收年贡和各种役费、管理户籍、指导农业技术等。

② 江户时期幕府的官名。指驻扎在藩主直辖领地武藏国多摩郡八王子市（现东京都八王子市）的谱代旗本及谱代武士（谱代同心）。其职责多种多样，平时也参与农耕活动，并维护八王子和周边地区的安全。

敲定宪法，可见名生等人对此倾注了全部心血。）通过对农村史料的调查，我们被民众深处蕴藏的那种激情所打动，深感这正是日本社会发展、新文化创造所需的原动力。

这次调查还有一个让我惊讶的地方，那就是有确凿的事实可以证明，正是在沾满泥土的底层传统之中，在基于民众自身经验的思想支配之下，日本迈向近代化自觉（近代思想）的进程发生了独特的转变。这一进程是通过传统的革新式复兴来起步的（西欧思想只不过带给他们一个发生转换的刺激或者机会），这与世上那些聪明的精英评论家的预测截然不同（与日本知识分子思想的形成方式也大相径庭）。那些聪明的才子并没有看到，自由民权运动受挫，民众迈向近代的步伐看似踌躇不前，但实则化为一股暗流以匿其身。虽说它被迫走下了历史的前台，成为底层流淌的暗流，但我们并不能否认这个事实曾经存在，或是认为一切已消失不见。通过这次调查，我们得以弄清事实的真相［关于该观点，可参见市井三郎的《传统式的革新思想论序说》（1），1969 年 10 月］。

深泽名生年轻时在一个叫穴泽天神的部落里一个小神社兼任神官，对皇学、汉学等都倍感兴趣。他的大儿子权八也是在父亲的熏陶之下接触到汉籍。当然，当时农村里的青年们一般都是要学习汉学、汉诗的（明治初期的二十年里，汉诗在农村极为流行）。他尤其热爱汉诗，短短二十九年的生涯中便留下了十七本近七百首的手抄汉诗集。

这对父子为何抄写了两本《佐仓宗五郎小传》，又为何要在开头写上“民权者岂乃欧米新输入物？而我国古来无一种子乎？”此外，权八又为何在手账背面摘抄《大盐平八郎檄文》①？为何要在纸上抄

① 天保饥馑时，大盐平八郎于 1837 年发动暴动前草拟的檄文，决定铤而走险，推翻无能的市政府（町奉行）。但起义前一天被手下出卖，被迫提前起义，最终以失败告终。

写吉田松阴的遗书《留魂录》呢？为何又会倾心于云井龙雄的《绝命诗》呢？

同样，这对父子又为何会痴迷于福泽谕吉的《世界国尽》和《劝学篇》，在中江兆民翻译的《民约译解》（即卢梭《社会契约论》）上划满红色圈点，最终投身到国会开设运动和人民宪法起草的运动中呢？对此，我们必须揭示出其中的内在关联。

从 1968 年夏天开始，我们花了一年多的时间进行资料分析，但五日市地区的史料不过冰山一角，光是这狭小的多摩三郡之内，就发现了十多处同类的数据资料，也同样发现这里有过汉诗热潮、政治学习热潮、结社热潮，以及大量关于传统改革复兴的案例（如图 2 所示，在旧神奈川县以及武藏、相模地区，仅是已经确认的明治早期民权结社便超过六十处，其中每一处都埋藏着一个又一个历史故事）。

只是，像深泽村文献这样资料扎堆出现的案例极为少见。每当我们深挖出那些被埋没的闪光的底层人物，我都更加坚信这一点。大量的资料表明，这一情况不仅在日本的武藏、相模地区，东国的很多地域，甚至全国各地都普遍存在。我们的学友们遍布全国，也发表了很多优秀的报告论文，才使得战后地域史研究更为扎实。

在进入正式论述之前，我们也有必要先看看那些开创出明治国家、手握主导权的开明派官僚们的主流思想，以及其为日本近代化奋斗的过程，因为离开这些我们便无法客观公正地来谈论“明治文化论”。

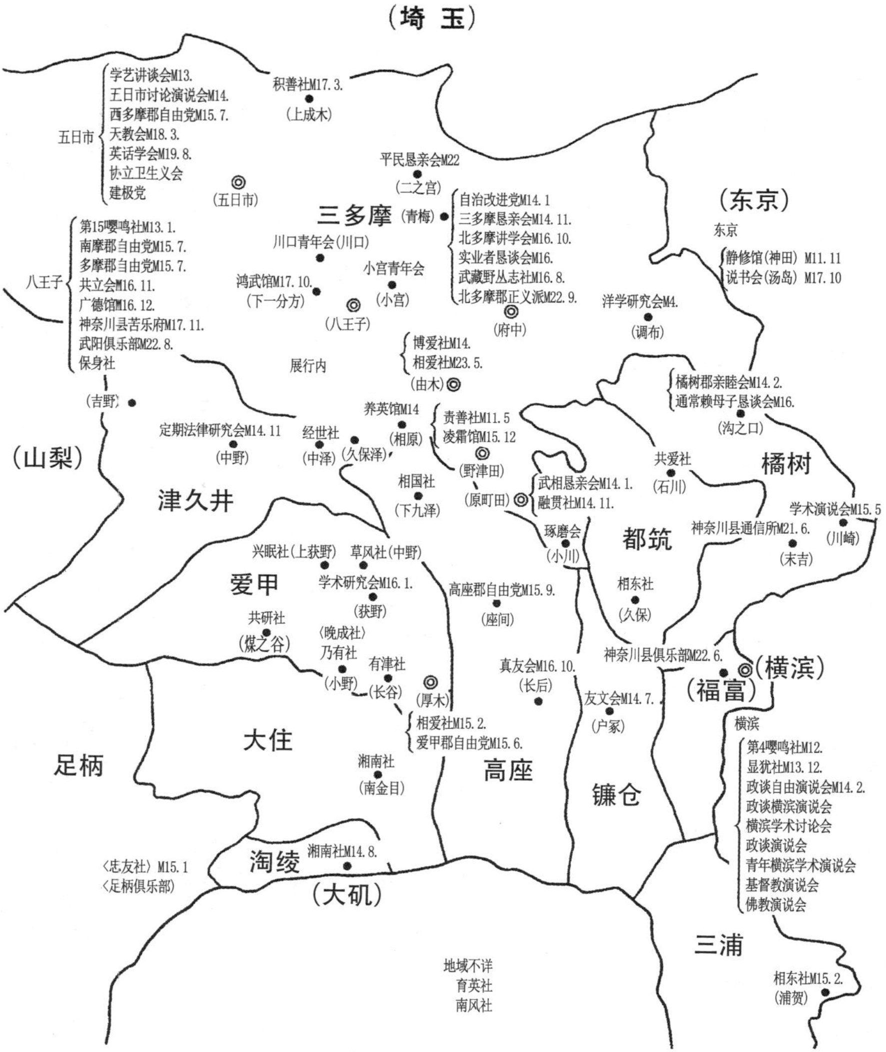

图 2　旧神奈川县内的"民权结社"分布图

第二章　欧美文化的冲击

第一节　开明派官僚的设想

19世纪六七十年代，欧美文明影响了日本，其冲击力、破坏力之大在世界文化交流史上也实属罕见。资本主义文明凭借它自恃强大的巨大生产力、军事力与科学技术向我们迎面扑来。

这千百年间，日本经历过隋唐文明的传入、宋元文化的渗透、南蛮文化的熏陶，但与之相比这些都相形见绌。日本一直承受着外压，勉强凭借自食其力才得以废除了封建制度，并保持着一个统一的国家主权。可一旦与欧美接触之后，便不再去想要如何守护传统文化，而是一门心思想着如何迅速找到敌手（欧美）富强之秘密，如何引进其文明，用作强国之术。

持有这种观念的不仅是佐久间象山、横井小楠、吉田松阴等幕末的思想家，就连明治维新的国家当权者，乃至其麾下的下级官僚和在野的志士之间，也都达成了共识。“保护传统文化”的态度在国家非常时期甚至会被人视为贪图安逸而遭到鄙视。他们认为应主动深入敌中，控制其利器，反手用来服务祖国的利益，这才是最为紧迫且最为合理的道路。之所以如此，是因为民族危机意识和紧张感已迫在眉睫，所以其底层中暗流涌动的，并非盲目的欧美崇拜，而是严格的相对主义与自立精神。但是，日本该打造何种文明？使用何种方法？以什么为主体来打造？为何种目的而打造？围绕这些根本问题，内部却产生了分歧。

内部分裂的结果便是以手握天皇制国家大权的“开明派官僚”——大久保利通、木户孝允、伊藤博文等人——获胜而告终。他们在一次又一次的内斗中将西乡隆盛、江藤新平等被称为征韩论派的政府内部反对集团逼上死路，不出十多年的工夫又打压了那些被称作自由民权派的国民反对势力，为此甚至不惜付诸强权手腕。二十年间，围绕日本近代化愿景曾发生过轰轰烈烈的唇枪舌剑的争论。明治十四年（1881）夏天，甚至连明治政府都沦落到自身难保的地步。即使在此时，天皇还是被推到了台前，反对派无论在权力上还是思想上都受到了沉重打击。

对于那些掌握历史命运的大人物而言，来自欧美的冲击究竟在他们头脑中生成了何种影像？又是如何催生出他们与西方抗衡的决心以及日本百年大计（近代化的蓝图）的呢？为弄清这些问题，让我们来看看大人物代表之一、长州藩出身的最高权力者参议木户孝允于明治四年（1871）至六年（1873）间记录的日记。

明治四年（1871）秋天到明治六年（1873）夏天，木户首次游历了欧美大陆的诸多国家。明治四年（1871）11月，废藩置县的巨大改革刚刚告一段落，政府便向欧美派遣了共四十八名的大使节团。其中外务卿岩仓具视为全权大臣，参议木户孝允、大藏卿大久保利通、工部大辅伊藤博文、外务省少辅山口尚芳为副使。

此行目的之一是准备进行修改条约的谈判，另外一个目的是去往当地亲眼看看欧美先进的文明，借以来建构日本今后的愿景。随员佐佐木高行、东久世通禧、山田显义、田中光显、田中不二麿、田边太一、渡边洪基、福地源一郎、野村靖、安场保和、久米邦武等人，后来几乎都成了各界执牛耳之辈，占据了当时明治政府指挥层的半壁江山。那种意气风发的气势，实在令人怀念。木户和大久保身居要位，从当时的日记和书简，以及使节随员的正式记录《特命全权大使美欧回览实记》中可得知此次大旅行的相关信息。

明治四年（1871）12 月 15 日，木户参观了美国旧金山市的三所小学后，在日记里写道：

> 我们来到了三所小学，年纪较大的部里有少年一千三四百人，规章制度大有可观。有只招收男孩或女孩的学校，也有男女都招的学校。真要让文明开化在我国遍地开花，开启民智，享有国家权力，追求独立不羁，仅有少数人出人头地，甚为难也。当务之急，没有比办学校更应优先者。①

当时的美国已经实现了普通教育的全国普及，据说明治五年（1872），美国学校总数已达十四万一千七百所，教员二十二万一千四百人，学生总人数达七百二十一万人。对于只见过藩校、寺子屋的木户孝允来说，当时他受到的冲击之大可想而知。他深感文明离不开有创造力的人才，更少不了这种国民教育。木户在两天后的 17 日给杉山孝敏写了一封信，信中说此处街道的样子与预想的别无二致，只是，

① 《木户孝允日记》第 2 卷。——原注

> 学校及其他制作工场等地，实乃文字所难以言尽。为日后的年轻人，我们更要尽心，否则全国安危前途叵测。……考察全国风气，看不到全国的弊端，则无法确保国家的安全。改风矫弊，必须以开办学校为首要任务。我们今天的文明并非真正的文明，我们今天的开化也并非真开化，提前十年防患未然，应对的关键在于兴建真的学校。……国家长治久安之策，不仅在于贤才出世，若社会忠义仁礼之风未兴，坚忍不拔之国基未建，则虽经千载也无法期待弘扬国光。振此风气之根基是否坚固，均在于人，而其人才千载无尽之法，便在教育。我国人士决非与今日欧美人相异，唯有学与不学之分而已。①

毫无疑问的是，木户的目标是“全国安危”“国家的安全”“国家长治久安之长策”。但是，在封建支配之下，不也正是为了这种所谓的“国家安全”，才将人民置于无知无学的状况之中吗？现在发生了一百八十度转变，木户认为能否矫正社会的弊端，产生真正的文明，弘扬国光，关键便在于人民是否向学。倘若没有见到眼前十四万所近代学校的七百二十万名学生，没有感受到他们的气息，这种价值观的转变是绝不可能会发生在他身上的。木户的这种决心也迅速传到了日本文部省。

明治四年（1871）12 月 23 日，文部省下达了《东京府下开设公立小学校及洋学校》的通告，很多平民也可以申请入学。接着明治五年（1872）8 月 2 日，发布了第二百一十四号公告，“以期自今日起一般人民中也能做到村无不学之户、家无不学之人”，并宣布了义务制教育（学制），其勇气实乃令人瞠目。

---

①《木户孝允文书》第 4 卷。——原注

紧接着，木户已经完全被眼前盛况空前的欧美制铁厂与造船厂在内的各大工厂、数以万计的近代化军队演习、铁道、通信网、市场等吸引。而带来这种“文明”效果的，正是作为指挥的政治机构“近代国家”所发挥的作用，这让他大开眼界。他在明治五年（1872）1月22日的日记中写道：

今日起，我主管兵部、文部之事。何（礼之）书记是我的下属。因此，在一新[①]之岁，贸然进言，将五条誓约昭告天下诸侯华族有司，以略定亿兆生民所趋之方向。而时至今日，不得不制定确乎根本之律法。故而今后，欲商讨各国根本之法律，及政府之结构等。

木户说，今后想研究一下各国的根本法——宪法及其立法体制，以及政府的组织方式。在游历美国、欧洲等十多个国家之时，近代化的立宪政体不论大小，在文明国之间已经达成共识。他清楚地意识到如若不导入这套体制，则小国无法抵御大国，国家也无法实现富强。也就是说，继比利时、普鲁士、意大利、瑞士、丹麦、撒丁王国之后，木户深感日本早晚也应走上立宪制之路，这也成为了他们不得不面对的新任务。

有关这一点，随员久米邦武在《美欧回览实记》中明确记载道：

欧洲列国以法国革命为机，从而发展人民自由之理，变国家为立宪之体，仅经八十年星霜。中亦有奥地利二十年来保持帝国

① 此处指明治维新。

之威，今亦改为立宪。俄国独裁，但近十年来亦试图给予人民自由。欧洲文明皆源于此改革之深浅，其精华发为工艺产物，滚滚万利不断涌出。

让木户与大久保等人大伤脑筋的是，这种欧美的自由体制与日本专制式天皇制的国情存在着一定的矛盾，如何调整才能既无损“国体”，又寻找到文明开化方法呢？解决这个问题绝非易事。木户、大久保建立起来的明治国家，将天皇奉为卡里斯玛型人物（个人魅力型领袖），坐拥绝对主义的权力，故内含着一个与近代化立宪制水火不容的本质性矛盾。不过，他们在漫长旅途的最后一年即明治六年（1873）来到了普鲁士，为普法战争中身为落后国却打败法国的德意志军国主义的力量，以及虽为立宪制却能自由操纵议会的俾斯麦，还有其专制式皇帝政治的耀眼光芒所折服，并坚信“此乃吾等之道”。

经过此次欧美之旅，有一点是他们确信无疑的，那就是应火速引进英美式的文明结构，以及深得其共鸣的普鲁士立宪制的形式，并在此基础之上建构起天皇制。他们一回国就遏制了征韩论，以治内为第一要义，加强大久保的专制体制，起草了《宪法意见》，让天皇颁发《渐次立宪诏书》，这也慢慢迎合了其长期大计。

后藤靖认为洋行派与征韩派一直以来都在共同推行政策体制，之后方针之所以会发生如此重大的变化，正是出于洋行派在欧美寻访中所形成的观念，并分析如下：“洋行派于是意识到，不仅仅是先进列强，就连那些欧洲小国，支撑其政治、经济、社会等的也是国民教育，是机械制造大工厂，是立宪政体，还有近代化的军事制度。”[①] 而正是

① 后藤靖《士族叛乱的研究》，青木书店，1967年。——原注

在这种观念之下，学制令、教育令得以实施，并转化为殖产兴业、内务省诸举措，也为元老院的开设、为国家宪法的制定奠定了基础。此外还施行了征兵制，建设起近代化军队，这些都成为日后国家重要的方针政策。

如此一来，大人物们心中的日本近代化蓝图就与世界资本主义规则相挂钩了。长期以来，这种意识形态一直牢牢支配并震慑着全体日本国民，直到 1945 年。

第二节　启蒙家与人民

福泽谕吉说曾说过，文明源于“自发之疑”。

福泽《劝学篇》其书之价值胜于其本人。他在书中所思考的问题是如何建构起创造文明的主体，并付诸实践。其观点早于木户孝允，也深刻得多。他表示：“《劝学篇》原本是作为一本大众读物，或小学生课本，从第一篇到第二、第三篇，我都尽量使用俗语，使文章更好懂。”可见，他是想在全民层面上建构起变革的主体。

那么，这本书为什么会成为明治初期最畅销的热门书？这本书又是如何鼓舞日本国民去寻找新时代生活方式的呢？让我们把福泽的思想先放在一边，尝试从文本的角度找出此书能够在国民中风靡一时的奥秘。

开卷第一眼，国民们便会震惊于开篇的“天不造人上之人，亦不生人下之人”一语。“无论诸侯还是苦力，生命之重相同”，尽管明治维新之后民众终于意识到了应当人人平等，但如此这般地使用传统教育中“天”的概念并将其正统化，又使用西方“社会契约”理念为其背书，此书之问世，实在令人叹为观止。

森严的封建制度将武士与人民切分成两个不可跨越的等级，其下更是细分出了数百个不同等级的身份。人们幻想着革命彻底将其铲除，期待着“四民平等”“一君万民”的“御一新”①。可谁知，幕府下台之后，明治政府在现实中却是说一套做一套。人们只能决定用自己的双手去实现“御一新”。就在此时，这本力作横空出世。

在《劝学篇》十七篇文章之中，第一篇到第三篇（刊于 1872 年 2 月至 1873 年 12 月）的格调最高，思想上最为犀利，福泽谕吉的用辞也最为直白，故而这三篇的内容更脍炙人口。三篇中最吸引人之处应为保证人与人之间基本权力平等（“权利通义”）的观点，并认为国与国之间亦然，即使存在着贫富强弱的“国情”差别，但在“国家权义”上应该是平等的。

> 总体而言，欧洲、美国诸国富强，亚洲、非洲诸国贫弱。然而，国情迥异，贫富强弱不同本是常理。然今日，某些国家欲以自国富强之势力，强加于贫弱之国……在国家权义上而言，绝非可首肯之事。

然而，“贫富强弱的状况并非天注定，而是可通过勤奋来改变”，因此“我们日本人今后只要立志学术，勤于践行，便可实现一身之独立。而倘若能达成一国之富强，又何须惧西方人之力量”。也就是说，福泽谕吉将现实看做是可变的，树立起国民的奋斗目标，并激起了人们向学之斗志。这对人民的能量的释放起到了不可估量的推动作用。

---

① 明治维新的别称。

“一身独立则一国独立”，福泽谕吉用最通俗易懂的一句话向大众阐释了近代性的原理。于内，一个人如果连独立的地位都无法确保的话，于外，又何以向洋人主张独立之权呢？“若想保护我国独立于外国，必须在全国范围营造出一种自由独立的风气，真正设身处地地去接受一个人与人无高低贵贱之分的国家”，这种精神（爱国心）是必不可缺的。因此，必须治实学，弘扬独立自主之风，以确保自身独立的地位。这也是一种对日本人民卑躬屈膝的奴性精神之批判与攻击。

数十万、数百万人民被福泽这部书所感动，并渐渐将其内化为一种自我的课题。全国范围的这种自由独立风气更是以燎原之势转化为一场自由民权运动。土佐地区的民权运动家植木枝盛、马场辰猪，多摩地区的农民中村重右卫门、深泽权八，便是这数十万国民中的一员。[①] 其实，如果依据福泽初期的理论并原封不动推进下去的话，是可以与激发起自由民权运动的民族主义相承接的，这一点是有可取之处的。之所以没能贯彻下去，原因出在福泽谕吉自己身上。就算《劝学篇》的读者后来转而投身到自由民权运动之中，福泽谕吉也没有资格对此加以指责。

那么，从同一个起点出发，植木、深泽这种走自由民权路线的人，与福泽等后来走官民和谐路线的人，两者之间究竟为何会出现如此大的分歧呢？答案就在明治初期的历史之中，在《劝学篇》的书中，也在他那句如醍醐灌顶的“政府与人民之间存在一种契约”的逻辑之中。

福泽试图以社会契约论的形式来说明近代自然法的思想，并大胆地尝试将其应用于当时的日本，而这时分歧就产生了。当然，福泽并

---

① 参照拙著《明治精神史》第 1 部，黄河书房，1964 年。——原注

非第一个吃螃蟹的人，加藤弘之在其《立宪政体略》《真政大意》和《国体新论》中已经提出了这种社会契约论。但加藤的立论过于稚嫩，不由得让人将矛头指向天皇制与明治专制政府，助长了民权派的力量，这与其初衷相悖。狼狈之下，他不得不宣布之前两本著作绝版，并出版《人权新说》[明治十五年（1882）]作为转向的证明。而福泽谕吉或许察觉到这种危险的气息，在《劝学篇》第六篇、第七篇[明治十七年（1884）刊行]中便在理论与现实上进行了调整。

福泽契约论的论调如下。究竟何为政府？国民又为何要服从政府的法律？打个比方，这就好比"全国人民联合起来成立一个叫'国家'的公司，制定并实施公司的法规"，由于政府最初是由国民社会契约创建而成，"政府是以国民的名义，按照国民的意愿行事"。换言之，政府的外交权和税收权"既然是由人民承诺赋权给政府，故与政府事务无关之人不得擅自评议这些问题"，"国民遵从政府，并不是遵从政府制定的法律，而是遵守自己制定的法律"，所以"国民……必须信守承诺，丝毫不得违背法律"。

政府是国民契约的产物，这种想法本身就是高度革命式的。因为它在意识中预设了国民才是主权者，而政府则处于一种可以随时被改变、变更和否定的状态。根据这一理论，基于朱子学式的先验式秩序观被彻底摒弃，德川幕府及萨长藩阀政权也遭到否定，因为这些政权都是在没有与人民协商或承诺的情况下建立起来的。

像福泽这样的人物，绝不可能相信明治政府在现实中真的是"国民立约的产物"。萨长诸藩正是残暴地溃败了像福泽这种幕臣、佐幕派诸藩的抵抗，凭借武力而掌握大权的，对此福泽心知肚明。即便如此，他还是极其委婉地谈道，现实中的政府正是作为"人民的代理"而成立，如"契约式政府"一般，在国民的信赖与委托之下行使权力。而第七篇《论国民的职分》中写道，“人民乃一家之长、一国之主”，但同时又在提出“如政府超越职分施加暴行”，人民该如何是好这一问题时，陈述选项并回答如下：

> 第一，屈节而遵从政府？这样做过于谄媚。第二，以一己之力对抗政府？这样做不过“以暴治暴、以愚治愚”而已，此种想法本身就有失妥当。第三，是否要舍身来捍卫真理？我的答案是，不管我们遭受多大的暴政苛刑，也要忍受痛苦但不要气馁。不用枪，不用拳，而是用真理向政府施压。

如果仅按其“表面”逻辑来读这一段文字的话，是毫无问题的。但此篇撰写并出版于明治七年（1874），当时民选议院已发表成立声明，自由民权运动方兴未艾，如果按照“表”和“里”两面、观念和现实的视角分别来读的话，便会发现它在意识形态上发挥了一种思想欺诈的作用。因为福泽并没有提及国家或政府必须要接受人民的委托与权限委让之“场（国会）”的问题，或是双方契约保障（国约宪法）的问题，而是误导向一种义务逻辑，强调国民要单方服从国法，对政府的暴政也认为只能用忍耐来坚持真理。

植木枝盛《猿人政府》一文投稿后遭遇了日本近代第一次思想镇压。出狱后他就撰写了《论不可以鲜血买自由》一文，此时民权派的道路已经与福泽的路线发生了相当大的分歧。《劝学篇》第一篇中，向读者提示了一条日本国民在新时代应该走的道路。当读出了书中的“天赋人权”和“社会契约”等革命观念时，除了对抗现实中那些官员的专制政府、要求开设国会的民权运动之外，想要依据理论来发展并实现这些观念的话，还有什么方法呢？

这是因为现实中的政府并非福泽设想的那种理念上的政府；并非依托于天赋人权论，而是神赋君权论（君权神授论）；也并非由人民主导的契约国家，而是万世一系、神圣不可侵的天皇制拥趸。因此，二者是不可能彼此妥协的。福泽谕吉就算再天才，也找不出一个能调和二者的逻辑。故在这之后，他也理所应当地对国家论保持了缄默。

面对这个问题，东京大学校长加藤弘之援引了社会达尔文主义。明治前期最大的论争便是由福泽盟友加藤挑战自由民权派而发轫的，于明治十四、十五年（1881—1882）发生的所谓“天赋人权论争”。福泽曾经的弟子马场辰猪和植木枝盛等人联合起来批评加藤的国家有机体论和优胜劣败主义。这场争论并没有局限于精英的知识分子，而是蔓延到各地的民权运动家和底层的无名青年，并成为了演讲和辩论会上一个主要论题。明治十七年（1884），当年仅十六岁的青年北村透谷梦想“成为一名大政治家，扭转东方衰败的命运”，并“以万民为大计而热心奋起”之时，他认定“为实现该梦想，先要成为一个大哲学家，粉碎欧洲流行的优胜劣汰新哲学”。[①]

尽管如此，西方文明带来的冲击首先为那些巡访美欧的高级官僚带来了日本近代化的蓝图，并且也通过福泽等人的启蒙活动深入到底层人民之中。任何到农村进行过调查的人都会发现各处农家仓库里最多的就是福泽初期的著作了，其影响力之巨大可想而知。

当然，也有一些罕见的案例，比如相模国（属神奈川县）九个郡的二万三千五百五十五人说想委托福泽先生起草成立国会的请愿书，并果真委托他代写了；甚至还有很多私塾和小学竞相使用福泽等人的著作作为教材。政府忌惮于此，设立了审查制度，甚至还发生过教材

① 北村透谷《寄给石坂美那的书简：1887 年 8 月 18 日》，收录于胜本清一郎编《透谷全集》第 3 卷，岩波书店，1955 年。——原注

被禁事件。

有这样一个例子。明治五年（1872），小笠原东阳在东海道藤泽客栈附近的羽鸟村开了一家名为耕余塾的寺子屋，其中有一个叫做小笠原铁四郎的旧姬路藩藩士浪人，每次上课都会把学生带到相模湾的海滨之上，面向大海，打着拍子合唱福泽谕吉的《世界国尽》。村民见此，便高兴地说："东阳先生开始念经了。"这一幕正象征了近代日本曙光之来临。

这些事可能连福泽自己都不知道。事实上，东阳先生的学校最终培养出了一批关东地区自由民权运动的中坚力量。本书中提到的村野常右卫门、平野友辅、大岛正义、金子角之助等人也都是接受过其教育的塾生。[①]

福泽谕吉说，文明源于"自发之疑"，他教会日本人要站在更广阔的视角来看待世界，摆脱岛国劣根性和奴性。同时，他还教导人们去尊重人类的欲望，不要蔑视金钱和享乐，对一切权威都要秉承怀疑的精神，并教会了他们合理主义式的生活态度。虽然他的思想中存在着一种意识形态上的圈套（党派性），为明治国家辩护，但我们也不能忘记，作为明治的一员，高声呼唤民族独立、独立自尊、人性解放、推翻封建主义和反对官尊民卑风气的那个人也正是福泽谕吉。福泽的这种精神受到了大众的欢迎，因为他代表了明治日本人民中最开明、最先进的一面。

然而，令人遗憾的是，由于福泽这种近代精神是基于承认资本主义规律和实现资本主义逻辑的思路而发展起来的，早在明治十年代（19世纪80年代前后）就与捍卫生活权和要求自由民权的大众运动

---

① 参照拙著《明治人》，人物往来社，1965年。——原注

发生了矛盾。福泽反对尽早成立国会，反对民权派推翻专制政府，并视明治政府为“进步的政府”，主张官民调和，倡导“脱亚论”，通过强化陆海军以实现大陆扩张和发展资本特权来促进国家的早日富强，让许多曾经崇拜他的人感到不解。

这也就是为何对于福泽的评价在过去一个世纪中难以盖棺论定的原因。明治十四年（1881）的那场政变①中，连福泽本人也受到猜忌，被说“福泽才是明治国家最可怕的敌人”，但他比任何人都更清楚那不过是彻头彻尾的胡言乱语。虽然他从未步入仕途，一生都保持着在野的身份，但很少有人能够像他一样对日本资本主义的实现和明治国家的强化做出如此巨大贡献的了。在这个意义上来看，福泽无愧于一个真正“文明家”的称号。

第三节　与西欧的落差

从 19 世纪下半叶到 20 世纪初，在明治文化形成的这五十年间，西方诸国的工业革命已经告一段落，科学、技术和生产力上的飞跃也今非昔比。

让我们来看一下科学史年表中两个重要的年份：世界上第一次万国工业博览会于 1851 年在伦敦举行；达尔文的《物种起源》于 1859 年出版，人类从此彻底改变了认识世界的方式。这本书在大约二十年后被引进到日本。前者是大久保利通殖产兴业政策的催化剂，也成为

① 明治十四年（1881）10 月，萨长藩阀政府排挤大隈重信一派，制定向立宪制过渡的基本方针的一次政变。当时，在关于成立国会的问题上，政府内部有主张渐进论的伊藤博文等与主张急进论的大隈重信等的对立。这时发生了开拓使廉价出售公产的事件，民权派掀起攻击政府的高潮，导致政府内部发生分裂。

了推销日本的展销会；后者则变身为社会有机体理论而囿于窠臼，并作为一种压倒自由民权思想的新思想而发威。

1863年，世界上第一条地铁在伦敦开通，J. S. 密尔《功利主义》一书出版，美国宣布解放奴隶。1866年，陀思妥耶夫斯基的《罪与罚》与托尔斯泰的《战争与和平》同时出版。密尔的作品很早就进入了日本，到19世纪80年代，已与卢梭和斯宾塞一同广为传阅。直到明治二十五年（1892），内田鲁庵才将《罪与罚》从英文翻成日文，而率先对此表现出深度理解的则是北村透谷。

庆应三年（1867）出现了一系列的发明和发现，在日本近代史上留下了浓墨重彩之笔。例如，诺贝尔（瑞典）发明了炸药，莫尼耶（法国）发明了钢筋混凝土，李斯特（英国）发明了煤酸消毒工艺，以及马克思出版了《资本论》第一卷。19世纪80年代，火药被日本自由民权派的激进分子用作炸弹，甚至还出现了《火药咚咚!》这种“壮士节”[①] 小调而广为流传。

为了我们四千多万同胞
哪怕穿上红色囚衣也在所不辞
完善国家利益和福祉
休养生息
倘若未果，就用火药，咚咚炸翻!

诺贝尔绝不会想到，自己这个发明会成为东方激进派的得力助

① 19世纪80年代日本自由民权运动的斗士们以歌代替演说的一种小调。自由民权运动由于受到政府的镇压，印刷品被没收，演说会场被捣毁，其日常活动就不能按正常的方式展开。于是，自由民权的斗士们就纷纷走上街头，把演说的内容用演唱的形式向观众宣传。

手。在19世纪八九十年代日本传染病流行期间，人们把李斯特的发明当成了护身符，并相信只要把它装在小布袋里形影不离地带在身上，便能避开疾病之神。直到明治时代结束，20世纪20年代开始，《资本论》才真正开始对日本的权力产生威胁。

1869年，横贯大陆的铁道在美国开通，两年之后日本领导人乘坐火车前往东部地区，立刻被该铁路的伟大壮观所折服（日本铁路直到1889年才跨越一百英里的大关）。1876年，美国人贝尔发明了实用电话，不出几年日本政府机关就引进了这种电话。继留声机发明之后（1877），爱迪生（美国）在1879年发明了白炽灯，开创了电灯时代，而那时的日本人才刚知道什么是煤油灯。

1882年，科赫（德国）发现了结核杆菌，第二年随后又发现了霍乱杆菌。当时每年有数十万左右的人死于传染病，所以此时传染病菌的发现、病理的剖析等先进医学知识的传入对日本来说可谓是上天的恩惠。北里柴三郎在科赫博士手下努力工作，并于1892年在东京创建了国立传染病研究所（科赫在1891年开设了德国国立传染病研究所）。

19世纪80年代开始，一场交通革命在欧美迅猛发展。1882年戴姆勒（德国）发明了汽车，1884年帕森斯（英国）发明了蒸汽轮机，1885年德国奔驰发明了汽油汽车，为汽车市场化铺平了道路。直到1893年，以蒸汽轮机为动力的蒸汽船才用上了柴油机，而1895年镭的发现则为五十年后的核时代开启了大门。

1903年莱特兄弟飞上了蓝天，日本却只将这些发明和发现主要应用于军事领域，使汽车和飞机的民用时代被推迟了半个世纪。帝国海军和陆军热衷于柴油发动机和汽油动力汽车，到20世纪20年代，随着主力舰队的建设和机械化部队的发展，这方面的技术已经达到了世界先进水平。

如上所示，我们把19世纪、20世纪这些尖端技术发明发现按时间顺序与它们在日本应用的速度进行对比，就会发现日本对先进文明的敏感度令人诧异。可关键在于，这些技术的引进几乎不是基于国民自己内在需求（传染病研究所除外）。相反，技术本身带来了国策性、政治性、商业性和阶级性，甚至造成了技术水平和民众生活之间巨大的落差。其中最极端的例子是明治后期世界领先的日本军事力量与那些被称为“穷国强兵”的劳动者和农民愚昧状况之间的惊人反差。这就类似于现代美国宇宙飞船发射能力和悲惨的黑人街区之间的天壤之别。对于明治文化中近代科技的发展，我拒绝仅仅用两三个高峰期的现象来做判断，因为我想讨论的是其背后的结构问题。

巴泽尔·贺尔·张伯伦（Basil Hall Chamberlain）是一位出生在英国的学者，在日本生活了三十年，他将日本这种日新月异的变化描述为“从武士髻到文艺复兴，一举飞跃到近代”，并讽刺道，他觉得自己好像活到了四百岁。①

德国哲学家科贝尔博士在日本生活了十八年，没有张伯伦时间久。明治二十六年（1893），身为帝国大学文科大学哲学科旁听生的西田几多郎记下了对科贝尔课堂的描述：

（日本对）欧洲文化的接纳态度是一个整体性问题。他们并不试图连根拔起，而只剪下令人心动的花朵。最终，只把花剪下带回来的那些人受到极大尊重，但实际上这种植物并不能在我国生根开花。在这种态度之下，当时的学者和文人们夸夸其谈、不可一世地假装肚子里揣着欧洲的洋墨水。这些人的煞有介事和装

① Basil Hall Chamberlain：*Things Japanese*，1905.——原注

腔作势在老师看来一定俗不可耐吧。高山樗牛就是这种倾向的代表。所以先生决定……稳扎稳打，静下心来，扔掉花，尽量连根一起移植过来。渐渐地，那种面对“本尊”的感觉开始慢慢出现在老师的身边。①

孙中山则叩问得更为犀利：日本啊，你打算用你的近代化力量来“成为西方霸道的走狗呢，还是东方王道的要塞”？（1924）

然而，历史的车轮无法逆转。日本在日俄战争后明显已经走上了帝国主义道路，到1924年孙中山在日本发出警告之时，侵略中国大陆的战略方针早已暗中出炉。

与此同时，在文学和艺术方面，明治时期（1868—1912）是西方颓废的资产阶级文化成熟的时代。波德莱尔，写出《恶之花》的颓废诗人，于1867年去世；阿瑟·兰波，在1880年已经放弃了他的诗歌写作，乘船远去；尼采，资产阶级文化的反叛者，在1883—1885年撰写了他的《查拉图斯特拉如是说》。当时日本刚刚才以政治小说的形式引进部分现代西方小说。而同一时期美国西部电影的代表作约翰·福特的《荒野喋血》已经诞生。

1890年，画家凡·高去世。高更也于次年逃离了资产阶级文明，来到塔希提岛定居。

俄国作家契诃夫1892年发表《第六病室》之时，日本还尚未出现成熟的近代文学，只有少数先驱者如北村透谷和二叶亭四迷继续在他们未完成的作品中挣扎。西方的资产阶级文化已经成熟得几近颓废，而当时的日本好不容易才摆脱了封建文化的桎梏实现自我解放，

① 和辻哲郎《黑格尔先生》，岩波书店，1948年。——原注

准备高唱近代浪漫主义之歌。岛崎藤村的《若菜集》发表于明治三十年（1897），而此时的欧洲文坛上别说浪漫主义了，就连下一个自然主义时代都即将落幕。

明治时代，技术的引进较为简单，但精神与文化上与西方的巨大鸿沟却难以逾越，人们也并没有意识到填补鸿沟的紧迫性。正如明治的文学史所示，1880—1890 年间日本引进的仍然是莎士比亚、歌德、华兹华斯、拜伦和海涅，《罪与罚》等作品也不过只是被人们当做侦探故事来读。

日本传统的近代文化史叙事中，将与西方之间的这种差距视为一种无法逾越的宿命，并花了大量篇幅用于描述缩小差距的过程中产生的各种悲喜剧。因此，日本的近代化总是充满着一种焦灼感，不断被自卑感折磨的人们总觉得自己落后。但是，这样的态度是正确的吗？①

明治日本拥有与西欧完全不同的国际环境、不同的历史传统以及近代性转变的契机，为何要如此着急去与西方接轨呢？我们有必要让日本在这种焦灼感和自卑感中丧失自己的主体性吗？单凭“富国强兵”及“实现独立”是无法充分解释清其原因的。这种自卑感（追随）被视为一种精神问题，即使日本成为了军事强国和帝国主义国家，也无济于事。回顾夏目漱石在明治末年的悲痛之辞，中国、印度或朝鲜的知识阶层是不可能会发出这种日本知识分子的悲叹的。

> 迄今一直内生式发展的日本，突然失去了自力更生的能力，而做着外界逼它做的事。……或者说，也许会永远如此，日本无法作为日本而存在，必须像今天这样被外部推着走。……一言概

① 参照岩井忠熊编著《讲座日本文化史》第 7 卷，三一书房，1962 年；中村光夫《明治文学史》，1963 年，等。——原注

> 之，近代日本的开化不过是一种浮于表层的开化。……然而，这并不意味着它是坏的，应该被制止。事实是，它是不可避免的，我们必须吞下眼泪，继续肤浅下去。①

我们已经太习惯于以知识分子为中心的角度来看待近代日本的历史（尤其是思想文化史）了。以夏目漱石《日本现代的开化》为主题的思想史和文化史观点亦如此。我们声称近代日本对西方有一种非同寻常的自卑感和焦灼感，但这是整个民族的感觉吗？是否能确定底层的民众也是这么想的吗？反言之，这难道不是自诩为帝国主义民族的统治阶级与知识阶层之人一种常见的心理特征吗？迄今为止的思想史、文化史不正是出自这些以自我阶层为中心的知识分子之手吗？

我之所以提出这个疑问，是想要重新审视日本的近代化进程。而作为基础工作之一，我想把重点放在迄今为止被忽视的民众生活和文化方面，放在底层的思想和文化创造上。当然，这并不代表底层无名之辈的文化活动比木户孝允、福泽谕吉、中江兆民、二叶亭四迷、夏目漱石的文化活动更有意义，也完全没有想要将其与之相替换。然而，倘若不弄清这些，我们也就无法对兆民、四迷和漱石存在的意义做出正确评价。

---

① 夏目漱石《日本现代的开化》，1911 年 11 月。——原注

第三章 “流浪的求道者”

第一节 维新的青春

日本东北地区宫城县和岩手县交界处附近的东北干线铁道上，有一个叫石越的小车站。

从这里沿着迫川而下，该站以西约两里地外有个叫做志波姬的村子。明治九年（1876），该村由伊豆野等三个部落合并而成，当时称作白幡村。名字的由来是缘于郊外有白山、八幡两座神社，供奉着各自的氏神。正是在这片土地之上，诞生了一位年轻人。

迫川发源于栗驹山，大量河水流经稻田，与北上川合流后共同奔涌入海。这里气温很低，10 月中旬就开始霜冻了，一直持续到翌年 5 月荷花盛开之时。幕府时期，该领地直属仙台藩。仙台藩征收苛税，导致人民生活极度贫困。江户诗人安井息轩（1799—1876）旅行时恰经此地，也对这种灭绝人性的做法表示愤怒。

安井息轩是一位古学派儒者，师从松崎慊堂，嘉永六年（1853）撰写《海防私议》，得到德川齐昭等人的赏识，后来被任命为幕府最高学府昌平黉的儒官。他是一位有风骨的诗人，这种反叛精神也深深影响了其门人云野龙雄等人。当他目睹了仙台地区农民的贫困潦倒之况时，不禁声泪俱下。

粟尽钱征钱尽遁
饥鸦噪鏊骨纵横
知否堂上弦歌声
即是田间恸哭声

在给弟子的一封信中，他写道：“鄙人前后二十年之学问尽于此诗，其礼乐之事，二十年后方可议论，一笑。”

这“田间恸哭声”最终演变成了庆应二年（1866）栗原郡小前爆发的两万名农民的大规模起义。那时，这位十五岁的年轻人刚成年。他出生在栗原县白幡村一个乡士家庭。在明治五年（1872）的壬申户籍中，他被列为白幡村一百三十四号“平民、农民、千叶宅三郎、壬申年二十一岁”，一介农民。他父亲宅之丞在宅三郎出生之前便已去世，其养母阿定（63岁）也于那年10月去世。

这份由宫城县签发、日期为“壬申六月二十二日记”的证明是在深泽家仓库中发现的，上面记载着宅三郎（21岁）于明治五年（1872）6月只身背井离乡，留下了哥哥千叶利八（士族）和养母阿定，后来连母亲的最后一眼都没能见到。他哥哥利八虽是士族，但跟阿定一样，与宅三郎也无任何血缘关系。

根据文献《千叶家近代史稿》所示①，其父宅之丞与第一、第二

①《千叶家近代史稿》（文书，千叶敏雄氏收藏）。——原注

房妻子（阿定）都没有子嗣，所以就和妻子商量纳了一房名叫千加野的小妾，生下宅三郎。然而，孩子还没出生，宅之丞就病危了，担心自己会绝后，于是收养了前妻里子仙台老家的清水彦右卫门为养子，作为千叶家继承人。据说这就是之后的士族千叶利八。

据说他家族的仙台藩士族身份最初是用钱买来的，所以即使千叶一族是中世时期的豪族，宅之丞也依然只算出身地方。嘉永五年（1852）6月17日，宅三郎出生在栗原郡的伊豆野，是小妾之子。三岁时与生母分离，随后由养母阿定抚养。十二岁时，被允许在大槻磐溪（1801—1878）门下学习，一直到十七岁参加了戊辰战争[①]。[②]

大槻磐溪是在幕末与佐久间象山齐名的一位开国论者。其父大槻玄泽是日本屈指可数的兰学家。磐溪秉承其父的进步主义精神，游历江户、长崎和京都等各地，并与赖山阳等人往来，学习儒学、汉诗文学和西洋炮术。嘉永六年（1853），佩里率领黑船抵达日本时，他提出了开港论，随即又提议与俄国结盟。幕末时期鲜有如此见识之人。文久二年（1862），任仙台藩养贤堂副学头，庆应四年（1868）戊辰战争中，成为奥羽越列藩联盟的核心人物，但后战败入狱，险些命丧黄泉。

千叶宅三郎拜别恩师，奔赴硝烟弥漫的战场，是在庆应四年，时年十七岁。

“应征入伍，在白河口打了两场仗”，结果都吃了败仗。北上川下游桃生郡名振浜永沼塾的永沼织之丞（1836—1916）也参加了戊辰战争，并担任农兵队队长与官兵交战，战败入狱。无法确定当时三十三

---

① 戊辰战争指庆应四年（1868）开始的日本维新政府军与旧幕府军之间的一场历时十六个月多的内战。以旧幕府军失败告终，开辟了通向明治集权主义国家的道路。
② 千叶卓三郎亲笔书写的简历。——原注

岁的永沼是否在战场上遇到过十七岁的千叶，但我们知道他们在七八年后，大约是明治八九年（1875—1876）间在武藏的五日市相遇了。

宅三郎被扣上了“贼军”的污名，偷偷溜回故乡。当他回到家乡时，发现磐溪先生已经入狱，整个藩几近被毁，无处可去，但这同时也开启了这位少年“流浪的求道者”的人生之旅。

明治时期的魅力正在于这个时代孕育出许多这样的人。接下来，让我们以这位自称“自由县（权）下、不羁郡、浩然正气村”之居民、“JAPAN 国法学大博士 TAKURON CHIBA①”的青年为样本，考察其人生之旅程。

1868 年 11 月，在庆应四年改元明治元年的一个多月后，千叶宅三郎拜访了住在仙台松岛附近的石川樱所（1824—1882），并随其学医直至翌年 8 月。他为何会拜入石川樱所的门下我们并不得知。樱所不是一个普通的医生，他同时也是一个新知识分子，很早就向伊东玄朴和长崎的荷兰人学习了西洋医术。戊辰年，他跟随德川将军从大阪辗转到江户、水户，也深受大槻门生的尊重。千叶在磐溪先生那里曾受教良多，来到樱所先生门下也想有所收获，不料樱所先生因为辅佐德川将军的罪名而入狱（石川樱所后来在新政府的兵部省任职，并做到了军医监）。因此，千叶别无选择，只能离开松岛，10 月拜入气仙沼的锅岛一郎门下，学习国学。

学者锅岛一郎也是一奇人，“平生嗜酒放纵，无拘无束，盖奇士也”，向弟子们传授“言灵音义”②。他在气仙沼住了很长时间，教众弟子写字算数，学习国学经典。千叶想在这里学习的，是新政府之根基。三条实美和岩仓具视曾专门从平田笃胤和大国隆正等人的国学和

① 千叶卓三郎的日语音读拼写。
② 认为语言具有灵性，每一个日语假名所代表的音均具有其内在意义。

神道理论中找到新政府的权威性之所在。然而，即使知晓了天皇政权的正统性，也依然没法解决维新失败的问题。接下来的路，人们究竟如何才能活下去？想到这些，宅三郎眼前浮现出的是一个萨长专制的世界。在现实中，这个封闭的时代之下，那些败者求职无望。不仅会津藩士族被斩断了生路，像仙台坐拥三万石①、家臣一千三百六十二户、八千人的亘理家，也被削减到只有六十五石，且被要求立即交出土地。家臣没了谋生的工作，没了住所，不得不流落街头。明治三年（1870）年初，为了谋求活路，伊达邦成等旧家臣只得携家带口迁往北海道。

这种社会背景之下，曾被明治维新战火所裹挟的十九岁青年千叶宅三郎满肚苦闷无处宣泄。同年12月，他又追随了净土真宗僧人樱井恭伯，但仅仅五个月便离开，不知是不是对该信仰有了疑心。他又因耳闻俄国主教尼古拉的声誉而加入了东正教。不过，明治初期，基督教的禁令还未解除，为什么东正教会的势力都渗透到了北国呢？这里就不得不先提一下尼古拉与仙台藩的关系了。

伊万·德米特罗维奇·卡萨特金（尼古拉神父的本名）于1836年出生在斯摩棱斯克村。他在彼得堡神学院读书时，读了戈洛宁的《日本幽囚记》后，便产生了去日本的念头。1860年大学毕业后，他立即申请去箱馆（函馆），并被任命为主教。8月，他只身一人乘坐一辆马车穿越西伯利亚旷野，又坐小船沿着阿穆尔河到达尼古拉耶夫斯克，但最终为寒冬所阻，一直滞留到第二年开春。翌年文久元年（1861）6月，终于抵达俄国驻虾夷地函馆领事馆任祭司。

当时的尼古拉还是一个二十五岁的年轻人，来到心驰神往的日本

---

① 容积单位，用于量大米等粮谷，1石为10斗，约180升，过去也曾用作衡量日本领主与武士的俸禄量。

之后，由于当时日本的基督教禁令十分严厉，无法进行布教活动，所以在此后七年间他潜心从事日本研究，从日语到日本史、儒教、佛教、神道，乃至日本美术论均有涉猎，兴趣十分广泛。他还特别去向僧侣学习佛教，听取大乘、小乘的各种理论。函馆教会图书馆收藏的《法华经》《日本外史》《大日本史》等书籍的空白之处，他都用铅笔密密麻麻地写满了俄文的批注，甚至连十返舍一九的戏作、《东海道中膝栗毛》的余白处都写着俄文的批语。①

1868 年，尼古拉首次为日本人施洗，当时函馆还笼罩在戊辰战争的乌云之中。首批接受洗礼的人是泽边琢磨（土佐人，千叶周作的门人，坂本龙马的表弟。1865 年成为函馆一个神官的入赘女婿，后被尼古拉说服而入教）、仙台藩医生酒井笃礼和南部藩的浦野大藏三人。当然，洗礼仪式是在尼古拉房间里秘密进行的。不久之后，由榎本武扬率领的幕府残余舰队抵达函馆，来自东北各藩的志愿兵和土方岁三等幕臣率领的陆战队也相继在函馆与其会合，此地成为了叛乱的大本营之一。

尼古拉于 1869 年 2 月暂时返回俄国，表面上说是出于个人安全考虑，其实是为“日本传教公司”的成立做准备。3 月开始战火重燃，泽边、酒井和浦野三人在战火中逃离了函馆，其中，酒井潜入了栗原郡的金成村。金成村和宅三郎的村子只相隔一两里地远。金成村的金成善兵卫和善左卫门认为仙台藩的投降有辱气节，转而加入了幕府方的舰队，成为回天队队长，进入函馆五稜郭。他们对泽边琢磨的名声早已有所耳闻，便前去拜访，接受其传教。一个同为仙台额兵队队员、名叫新井常之进的年轻人也和金成一起被东正教所吸引，最终

---

① 尼古拉圣堂收藏《大主教尼古拉传教士事迹》。——原注

加入该教。

明治四年（1871）2月，尼古拉再次回到日本，在函馆为泽边、酒井和新井等新入教的仙台藩士进行洗礼，随后小野庄五郎等人便立即被派往仙台。前一年，他们也频频往返于函馆和仙台之间，特别是明治三年（1870）的冬天，新井等人回到仙台，目的便是为了宣教。就这样，东正教的传教活动首先从函馆传到了仙台地区。这件事也传到已满二十岁的年轻人千叶宅三郎的耳朵里，他当时还属于净土真宗门下。

据说他们潜入仙台，与同志们秘密会面，劝说他们今后“不能通过武力重整旗鼓，而且从尼古拉大师那里所听到的非儒佛可比，乃天地间之公道、不易之真理。欲拯救国家之人除此之外别无他法”。① 到了明治四年（1871），信徒人数已经超过百人，其中很多是仙台人。仙台藩士和俄国牧师之所以能够保持如此密切的关系，或许是得益于大槻磐溪是早期的开国论倡导者，其倡导的联合俄国以抑制英美侵略的思想在当地已有传播基础。

第二节　精神旅程

千叶宅三郎的履历显示，他于明治六年（1873）6月追随尼古拉神父来到东京。但这可能是他记错了，因为尼古拉是明治五年（1872）冬天来到东京的，并开设了一所神学院，同年9月迁至骏河台。当时，尼古拉的神学院既是一所寄宿学校，也兼做一所俄语学

① 尼古拉圣堂收藏《大主教尼古拉传教士事迹》。——原注

校，宅三郎第一次到访时该校的情景大致如下：

> 由于刚到东京此地，不辨东西，我们便浑浑噩噩地窝在旅店里。旅费本来就没多少，现已捉襟见肘。不过车到山前必有路，伊藤在下谷的大野家中寄宿，而五郎（天田愚庵）则在一个叫保科保的同乡帮助下，进入了骏河台的一所希腊教①学校，这所学校是由俄罗斯牧师尼古拉修建的。然而，满脑子儒教思想的五郎已经无法接受其他教派的教义，故每晚都被教派中的大人物叫去严厉训话。但他毫不屈服，有一次甚至勃然大怒，与他们进行了激烈的辩论，让人大吃一惊。三四个月来都是如此。有一天，同校的安藤宪三、吉嗣达太郎和熊谷达次郎三人私下找到五郎，开诚布公地问道：“您为何如此顽固不化呢？如果您并无信教的打算，为何不另谋去处呢？”五郎回答道：“我久居此地心中也很难受。但我初来乍到东京，且赤贫如洗，又无处可去，只好含羞忍辱。”②

因创作《东海游侠传》而闻名的愚庵天田五郎（1854—1904，磐城平藩士之子）的父母和妹妹在戊辰战争中因平城陷落而不幸与其走散，此后他一生都在寻找亲人。上面的文字就是讲述他颠沛流离的悲剧生涯中的一节。

五郎来到神学院的时候是十九岁，宅三郎看着眼前这个很像自己的年轻人，一定感到十分心痛。尼古拉收留了大量来自各地、心灵受伤的人。宅三郎便在那里待了大约四年，直到明治八年（1875）4

① 即东正教。
②《天田愚庵》，收录于《日本残酷物语》第 4 部，平凡社，1960 年。——原注

月。宅三郎在这里思考了什么，又做了什么事情呢？

在东京举行的第一场洗礼是在明治五年（1872）9月24日进行的。经确认，受洗者名录中有“亚历山大·千叶文治”，却没找到宅三郎这个名字。教会专门为像他这样无家可归的贫困学生提供三个月的支持，费用由教会负担。此外，还有一项规定，这些寄宿生中有发展潜力的人可住更久。[①] 千叶逗留了四年，有可能就是依据这一条文，或者是成为传教士被派往地方传教。

尼古拉在东北诸藩没落士族中很受欢迎，其中一个原因或许是原本基督教中新的精神理想在同时代俄国帝政东正教的相对保守性下受到制衡。明治五年（1872）底发生的一件事足以证明这一点。一些人向政府构陷说尼古拉的布道“唆使人民不忠，蔑视天皇”。对此，尼古拉提交以下声明来回应，强调东正教是具有服从性的，这一点与天主教和新教的好战性截然不同。

尼古拉说，如果其门人中胆敢有人不听话，胆敢“对天皇陛下有一句不敬之辞”，便立即把他开除，因为反对天皇陛下的逆臣也就是反对天主的逆臣。

> 吾教徒中，岂敢对皇帝陛下心怀不敬呢？吾教并非私教，乃天主之圣谕，圣谕所命如下：“居上位者，众宜服从。若非天主之命，则不居位者。凡居高位者，皆为天主之所命也。与居高位者为敌则违逆天主之命。犯上者必受罪罚。世有统治民众者，或为在上之王者，或为王命之所服者。理当敬服君王……”关于此理，教义所述，不胜枚举。若我所言有违圣谕，又岂能免于成为

①《传教规则》，第7、9条，尼古拉圣堂收藏《大主教尼古拉传教士事迹》。——原注

天主之敌？愿阁下明断。

当时，这种观念想必深得士族的认同。

1872年9月，当尼古拉想买下骏河台两千三百坪①的户田家旧邸来住的时候，明治政府的外务卿副岛没要他一分钱，还提供了极大的保障。次年1873年2月，政府（当时大久保和木户等要人正在国外巡游开眼）碍于西方舆论，宣布解除“基督教禁令”，并释放了仙台、函馆、长崎等地关押的许多信徒。正是从这时起，东正教势力不断发展，在神田等地建了六个讲义所，并向全国各地派遣传教士。据说，八王子地区第一次布教大概是在明治九年（1876）进行的，此时宅三郎还不是东正教徒。

当时，宅三郎的精神信仰却似乎出现了动摇。1875年春，宅三郎离开了尼古拉，突然拜入住在东京市之谷的安井息轩门下。表面上来看，这似乎是一种极端的转向行为，因为安井息轩著有《辩妄》一书，该书被认为是当时最有影响力的反基督教作品。明治初期新出版的近十部反对和批判基督教的作品（所谓的《破邪书目》）中，息轩的作品被基督教界视为最可怕的强敌，因为它代表了日本受过教育、有自制力并有怀疑精神之阶层的言论。

深泽父子后来与千叶宅三郎关系密切，他们收集了所有《破邪书目》里的书，特别是《辩妄》，并作了如下注说：

安井息轩先生著《辩妄》一卷：此书乃近世大儒安井仲平先生所著，其论之高妙，其文之爽快，凡志士者皆可一读之良书。

① 坪为日本土地或建筑物的面积单位，1坪约为3.306平方米，2 300坪约为7 604平方米。

然而，基督徒千叶宅三郎为何会去拜访颇具争议的安井息轩，并拜入其门下呢？是其旺盛的怀疑主义精神使然？或是主动深入虎穴，只为求一场激烈的神圣辩论吗？不管怎样，千叶随后的行踪极为可疑，我们不得不对其信仰之心重新加以审视。①

那时，安井息轩已七十六岁高龄了，得意门生们都已先他而去，虽身为大儒，却最终落入孤老之境。他器重的年轻弟子云井龙雄在明治三年（1870）被打成了叛徒，如朝露般命殒刑场之上，只留下面这首诀别之诗。云井被处决后，息轩之子也离家出走，并神秘自杀了。正是深埋于安井息轩内心深处这首悲痛欲绝的诗，最终激发了自由民权家们奋起，也塑造出了云井作为反抗强权、从容就义的明治革命家形象。

呈息轩先生

身世何飘飖，浮沉不自保。
俯感仰又笑，心劳而形槁。
微躯一致君，不能养我老。
挥泪辞庭闱，槛车向远道。
鼎镬岂徒甘，平生有怀抱。
此骨纵可摧，此节安可挠。
我命我自知，不复诉苍昊。

① 深泽权八在《破邪书目》的“解题”中，针对大约同时期出版的高桥二良所著《耶稣教新论》一书写了以下内容：“此书作者长年在耶稣教会中实地研究新旧两约全书，揭露该教之所谓奥义，逐一讨论其虚妄之说，并叙述佛教各部要点及与耶稣教之比对，一言以蔽之，此书乃破邪妄之论。”（深泽家文书）——原注

我第一次知道这首诗是在北村透谷的《富士山纪行》（1885年稿）里，当时透谷还是十七岁的“壮士”，他吟诵了云井龙雄的这首汉诗。[①]

宅三郎或许不知道，安井息轩曾在前往仙台藩旅行的时候吟咏过“田间恸哭声”一诗，并宣称此诗道尽其二十年间的全部学问。

《辩妄》一书对基督教进行了尖锐的批评，可谁能想到作者也有如此动人的另一面。宅三郎在安井门下所寻求的，与其说是反基督教的论调，不如说是这种大义凛然的精神。只是，宅三郎或许命中师运不济，继磐溪和樱所之后，又因意外事故让他第三次失去了老师。1876年初春，他拜入师门仅十个月，安井息轩先生就因病去世。他也负笈离开师门。

同年秋天，日本最西部的九州熊本，一帮自称“神风连”的年轻人起来造反。这次叛乱是士族系列叛乱中规模最大的一次，熊本县令受重伤危在旦夕，镇台司令官殒命。木下顺二的戏剧杰作《风浪》便以这一事件为题材，描述了明治维新时期青年们几经纠葛最终揭竿而起的心路历程。

剧中主人公之一从纯粹的古神道主义者（敬神党）转向成为了折中的实学主义者（实学党），但心中还觉得不满足，又转投基督教团体（洋学校派）。然而，他仍然无法掌控自己的人生道路，在西南战争［明治十年（1877）2月至9月］的硝烟中一命归西。

其他一些人，如激进的宫崎八郎，从一个民权主义的结社（熊本民权党）转入投奔西乡隆盛的叛军，并战死沙场。还有隔岸观战的松山守善，从敬神党转到民权党以寻求重生。

① 拙稿《汲取自由民权的地下之水》，收录于《明治精神史》。——原注

西南战争后，宫崎八郎的弟弟宫崎滔天进入了德富苏峰的大江义塾[①]。他先是被实学所吸引，后又倾心于民权主义，之后对苏峰感到失望，便开始接触基督教，最后以大陆浪人的身份去支援中国革命，终其一生。这种生活方式正象征着一种“明治式的波澜轨迹”。我们已经追踪了数百个案例，看到了这些明治青年波澜壮阔的生活方式。但无论他们多么努力真诚地拼搏，大多数却都沦为永不见天日的败者，最终葬身历史的深渊。这里提到的千叶宅三郎的个案，其实也不过是数百、数千、数万有着共同精神的青年之一。

明治九年（1876）4月，宅三郎受雇于法国著名天主教传教士乌伊格尔斯，直到明治十年（1877）2月西南战争开始。乌伊格尔斯神父是巴黎传教会的一名海外传教士，与助手卡迪拉克神父一起，被称为“行走的传教士”，与其后任的泰斯特维德神父一起，都与多摩这个地方结下不解之缘。据说乌伊格尔斯从明治八、九年（1875—1876）前后就开始作为传教士在八王子地区四处游走，宅三郎或许也追随过他。

武藏国多摩郡原八王子市下一分方村的福冈部落[②]里，有一个叫山上卓树的年轻人。他跟随父亲在京滨地区行商时，结识了明六社[③]的中村敬宇（正直），并加入同人社。在中村的影响之下，得到

① 大江义塾是明治元年（1868），德富苏峰在熊本所设的私塾，广泛俯授和、汉、洋三种学问而以政治为教育的重心，兴盛时有学生三百名。师徒均以天下国家为己任，充分发扬自由自治的学风，被认为是受自由民权运动影响的所谓“民权私塾”之一。

② 原为南多摩郡元八王子村大字下一分方字四谷茶筅村，1876年前后居住着八百人以上的被歧视部落民。

③ 明治初期的思想团体。明治六年（1873），由森有礼发起，翌年以西村茂树、西周、加藤弘之、福泽谕吉等为主要社员成立。通过机关刊物《明六》杂志，努力介绍和普及欧美思想，该杂志后因政府实行言论管制而于1875年停刊。

了横滨山手教会泰斯特维德神父的指引。年轻的山上于明治九年（1876）入教，同年，与部落民山口重兵卫等人一起建造了一座圣玛丽教会的临时大教堂。部落民山上和山口一直以来被人歧视，受到非人的对待，加入基督教后便参加了追求人类平等的自由民权运动，最终来往于五日市地区，与千叶、深泽等人结下了深厚的友谊。

但是，为什么宅三郎会从东正教一下子转到了反基督，之后又回到天主教的呢？仅凭现有的资料我们还无法判定其中缘由。但值得注意的是，他在听乌伊格尔斯宣教期间结识了不少西多摩郡五日市的人，这一点至关重要。之所以这样说，是因为明治十六年（1883）12月千叶去世后，他在五日市的朋友们立即联名给他遗属广田隆友写了一封信，其中有这样几句话：“千叶宅三郎在敝地的劝能学校工作了八九年，在此期间，他始终节俭，特意攒下了一点钱，千叶宅三郎平素秉承自由之主义（云云）。”从这句话来看，宅三郎与五日市劝能学校的关系似乎可以追溯到明治八、九年（1875—1876）。然而，根据履历，他之后在数学家福田理轩门下学习［明治十年（1877）2月至6月］，在横滨山手卫理公会（新教系）牧师麦克雷手下工作［明治十年（1877）8月至明治十二年（1879）11月］，也曾尝试做生意，但以失败告终［明治十三年（1880）3月］。之后，在同年春天的4月下旬，他被派往五日市的劝能学校并在那里定居了下来。

孰真孰假，无从确认。不过，后一份履历表是明治十四年（1881）10月千叶被推荐担任劝能学校校长时呈给县政府的公文，在这类文件中，难免会有一些人为隐瞒的成分。比如其中对他在戊辰战争和民权运动中的相关经历只字未提。经办此事的町长和学校委员都是他的同志，显然不可能把对其不利的事情如实写在公文里的。

也许，他在明治八、九年（1875—1876）前后认识了来自仙台藩的永沼校长，在五日市小学担任过助教，其后时常来东京，在乌伊格尔斯和麦克雷手下工作。他为何在这里从天主教转向了新教呢？我们目前并没有足够的材料知道他内心深处究竟如何产生了迷茫，但我猜想在麦克雷教会这两年多的岁月中他应该是想要寻求些什么。那段日子里，他常在五日市的学校里当助教。考虑到他与三多摩的民权活动家也有往来，那两份文件之间的出入便能解释清楚了。实际上，最近发现的那些信件更是表明了我的猜想是对的。

明治十三年（1880）4月17日，当时爱国社代表片冈健吉和河野广中向政府提交了一份全国二府二十二县约十万人的开设国会请愿书，但遭到驳回，理由是“人民无请愿权”。千叶写了一封信，猛烈抨击了专制政府的暴政。信中他坦白了自己在这个地区流浪已久，说：“吾于多摩郡徘徊已有年。”（根据深泽权八诗的集中记录，明治十二年（1879）12月，千叶出席了深泽村真光院举行的诗友会。）

千叶花了两年多时间追随学习的新教传教士麦克雷，是1873年由美国卫理公会（MEC）派出的。卫理公会是新教中最为活跃的社会团体，这个团体中的不少人也参与了自由民权运动、和平运动和社会运动。与东正教形成明显对比，该团体的特点正是反政府。

1877年8月千叶拜访麦克雷时，卫理公会已经在静冈、长崎、三河西尾、函馆、筑地、沼津和信州饭田建立了教会，但横滨还没有，那里只有一所美以美神学院。后来，石坂公历（后为透谷的妹夫）也加入了这所神学院。1886年，石坂等人到美国旅行时，拜访了加州的美以美教会，并在此借宿。如此看来，千叶的转变是他变身为自由民权家的一个直接诱因。当时，从卫理公会成员到自由民权家只是一步之遥，从民权活动家变成卫理公会成员的例子也为数不少。

就这样，他的精神旅途（兰学→国学→神道→佛教→东正教→反基督教→天主教→新教）在明治十二年（1879）前后似乎划上了句号。也就是说，此时此刻，自由民权活动家千叶卓三郎诞生于世。

第三节　草根的自治

当千叶卓三郎与乌伊格尔斯一起踏上三多摩地区时，他听到了永沼织之丞这个熟悉的名字。永沼是离他家乡不远的名振滨永沼塾的校长，早在天保（1830—1843）间就开设私塾，教百姓读书写字、传授武艺，享誉一方。据说在戊辰战争期间，他英勇作战，曾率一队人马抵抗官兵，其后不知流落何处。据说他现在是西多摩郡公立五日市劝能学校的校长。此外，还听说有两三个同藩的仙台人也在那所小学教书，卓三郎也想去那里看看。或许正是这种怀旧之情，牵动着他来到了西多摩的山村之中。

在此期间，永沼遭到新政府处罚遭禁。明治五年（1872），他关掉了私塾搬到东京，在藤野海南、冈鹿门等门下学习。在奇妙的缘分下，他接到了同为反萨长草莽志士砂川源五右卫门的邀请，第一次踏进北多摩郡的砂川村。

源五右卫门出自武州的名门望族。据说，他家里曾豢养着十几个勇猛的食客，包括仙台义勇队的队长竹内寿定和佐藤清等人。永沼以此为据点，在砂川的介绍之下，受邀到武州西多摩郡五日市村，那里也正好在物色新学制公立小学的校长。根据劝能学校的旧档案所示，第一任校长永沼织之丞任命于明治六年（1873）11月（当时38岁）。

打开地图我们可以看到，武藏国西多摩郡虽靠近东京，但其实是一个偏远的山区。穿过秩父的奥多摩山丘，流淌着一条清澈的溪流，这便是秋川，它流经桧原地区，到达五日市盆地里的村落。该村三面环山，秋川断崖上的主路两侧十分繁华。每个月逢五的日子会定期召开集市，远近村民会集于此，该村故名五日市村。明治九年（1876）实施了町制，劝能学校也成了该町为中心一町四村的联合小学。

学校将原先的圣德太子堂改用作寺子屋的教室，教职员工除了永沼“大先生”（村民们对校长的称谓）之外，只有两三个助教，还总是不停换人。尽管位于五日市的市中心，但太子堂后面就是秋川的一处危崖。黄昏时分，学校可以看到“狐火”，悬崖边偶尔还会出现白狐。起初，所有年级加在一起只有四五十名学生。教师住在太子堂，或是寄宿在附近内山、马场和土屋等豪农①的府邸中。

深泽村名主深泽名生（1841—1892）的儿子权八（1861—1890）在这所学校创办初始便已入学。他天赋异禀，每个月都能连跳一级，很快就毕业了。明治十五年（1882）他成为学务委员，又回过头来照顾老师们。深泽好友内山安兵卫（五日市村的世代名主，豪农嫡子）也曾在这所小学就读过一段时间。明治十一年（1878），他去了趟东京，寄宿在中村正直的同人社，被当地如火如荼的自由民权运动所感染，之后回到家乡。当内山回到家时，自由民权运动正以燎原之势在武州一带和五日市地区蔓延开来。

从明治十二年（1879）前后开始，该运动势如破竹，以演讲会、志愿者聚会和研究会等各种形式逐渐在全国各地展开，明治十三年（1880）初取得了迅猛的进展。首先，1月17日，第十五嘤鸣社在三多摩市中心的八王子成立，举行了盛大的开幕式，并邀请了东京嘤鸣社

① 豪农通常指拥有大量土地和财产，在地方上具有一定权势、并参与一定的地方行政和农民管理的富裕农民。

社长沼间守一出席。2 月到 4 月间，在西多摩中心的五日市还举行了与都市知识分子的交流会，沼间守一和奥宫建吉等人也前来演讲。当时一个到过五日市的记者报道说，镇上有一个“报刊通览所”，在这里“全国各类报纸杂志堆集如山”，所有市民都可以自由浏览。① 千叶卓三郎崭露头角的五日市正是这样一个“劲头高涨的村庄”。

东京嚶鸣社著名演说家波多野传三郎也见证了当时的情形。明治十四年（1881）12 月，他应邀参加五日市举行的学术研讨会。该社成员精彩的演讲和辩论让他惊诧不已，便询问原因。对方回答道：“在过去的两年里，我们每个月都会举行三次学术演讲，锤炼思想的火花。”波多野感叹道：“其论点如此慷慨悲愤，其言辞如此豪迈酣畅，足以唤起懦夫之志。”②

这便是“五日市学艺讲谈会”。自由之风刮进了山村，村民们自发组成结社，努力学习成长，使结社成为了民权活动家的孵化器。盟约第一条规定，“本会应围绕诸般学艺，举行讲座、演讲或讨论，交流知识，以提振精气神”，“本会应时常从他处聘请高尚之士进行讲座演讲”，“各会员应阅读本会所列藏书，以期知识上谋求进步”。可以看出会员们贪婪地吮吸着新的知识，并邀请大城市里的民权活动家来演讲，以助自己讨论。他们慢慢地从一个思想的接受者转变为思想的缔造者，该地区也出现了独立的农民演说家，如土屋勘兵卫和常七兄弟，以及深泽名生和权八父子都被认为是当地最好的演说家。千叶卓三郎也逐渐成为这个结社中最有影响力的成员之一。

明治十三年（1880），千叶对天赋人权理论的理解已极为深刻。大概是这一年 5 月，他在给深泽名生的信中猛烈地批评了明治政府的

①《东京横滨每日新闻》明治十三年（1880）4 月 20 日。——原注
②《东京横滨每日新闻》明治十四年（1881）12 月 4 日。——原注

秕政。明治政府表面上似乎是进步的、改革的，但“隐然中夺人至大之自由者，何为甚？”土地并非政府所有，应该由全部国民（国家）共同享有。然而，政府在缔结库页岛和千岛群岛交换条约时，在准备出兵中国台湾时，却从来没有征求过人民的意见，一句都没有。大久保利通与清政府谈判时也是如此，这简直就是一种对国民的欺骗。正是专制制度的这种横行霸道，人民才不得不相继拿起武器，奋起反抗吃人的专制。而讨伐之时政府的花费“彼财物自何出？皆出自兄弟之血汗”。此外，政府还滥印纸币，导致物价高涨，人民的生活负担日益沉重。

还有一个更为重要的问题，那就是“民权自由与此不同，非子孙万世可保者”。明治天皇已经发布了诏书，政府却迟迟不召开国会，也没有制定宪法，而是光顾着去制定那些报纸条例和集会条例打压言论，压制国民的权利。爱国社总代表片冈健吉向政府提交了代表着二府二十二县①人民的请愿书，却被太政官以“人民无权力”为理由驳回了。他在遭到拒绝后表示：“此乃何等弊政也！苟有志之士闻之必悲歌愤懑，怨嗟之声不绝，切齿扼腕，无不抚髀肉而不能耐者也。嗟呼，此时，苟以忧国爱民而自任者，广为国家今日之身心耳目，专以满腔之精神，力注于国会开设，周审天下将来之利弊得失，敢辩宪法于斯民之便否。维其权理，持其公正，保其自由，备其荣福，不可不为也。”他认为人民为此必须团结起来，肝胆相照，互相学习、探讨和辩论，做好准备。

在这里，千叶卓三郎亲自写下了“为国家今日之身心耳目”“辩宪法于斯民之便否”，以及人民的“权理……公正……自由……备其

---

① 作者原文为“三十二县”，应有误。

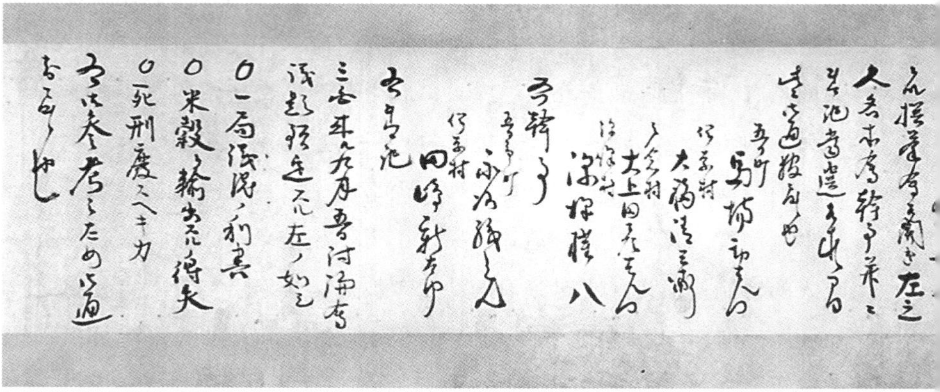

图 3　五日市

荣福，不可不为也”，可见其意已决。

这种决心使他在经过五日市学艺讲谈会辩论的积累之后，直接走上了亲手起草宪法草案的道路，决心自己来完成大业，而不依靠别人，不依靠组织，千叶卓三郎的精神此时或许已经基本成熟。正如他在明治十三年（1880）的信中所说，这种决心可能是他“在多摩郡中流浪的岁月里”形成的。如此来看，当他“考察多摩郡之民”，发现能“早已卓然洞察一切时事”的只有深泽名生一人。所以这也就是为什么他在最后向名生提出请求，希望他们能成为“肝胆相照、心志相投，畅所欲言”的真正知己。①

作为回应，深泽名生和他的儿子权八并没有辜负千叶卓三郎的期待。在某些方面，他们表现出比卓三郎更高明的真知灼见。不仅是他们，五日市学艺讲谈会群体（还有其他如建极党、以文会、忧国组、

① 千叶卓三郎相关的文书，现收藏于东京经济大学图书馆的“深泽家文库”之中，其中部分收录于色川研究室编《三多摩自由民权史料集》，1969 年。——原注

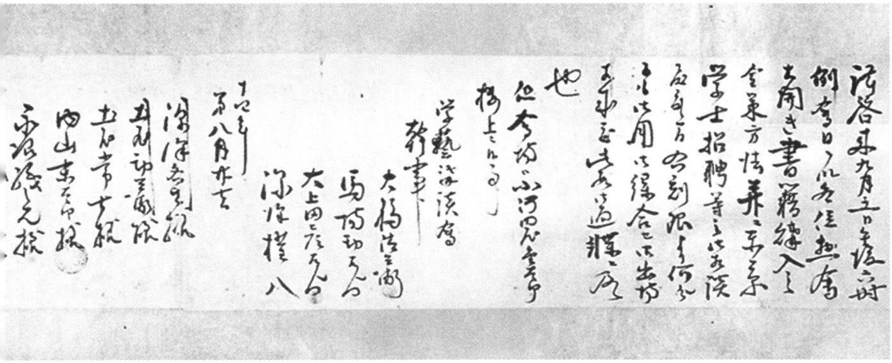

会的回状

五日市学术讨论会等结社）也经常给予援助。例如，当时五日市町长马场勘左卫门［明治十四年（1881）45 岁］、校务委员内野小兵卫（38 岁）和土屋常七（43 岁）、前町长土屋勘兵卫（49 岁）等人也是卓三郎这些年轻教师的支持者。

《嚶鸣社宪法草案》（民权派草案中最古老的版本）是县议员土屋勘兵卫从嚶鸣社的野村本之助那里要过来，然后交给深泽，千叶卓三郎起草时也从中受益匪浅。学艺讲谈会的领导们就是这些以“土勘”“土常”“马勘”等等称呼为大家所熟知的人，他们在明治十五年（1882）加入自由党，明治十七年（1884）10 月自由党大会解散后依然坚持大众运动，还独自向元老院提交了《缩短国会开设期限建白书》。发起这一运动的人便是上述这些人。

一些日本评论家将自由民权运动仅仅理解为一场青年与学生的运动，其实这不过是政府借以非难的一面之词。翻阅一下各地活跃民权运动家的年龄便会发现，三十多岁的壮年人比二十多岁的青年要多。有人说，昭和元年的许多左翼运动家都是背井离乡的知识青年，但自由民权运动并非如此，而是牢牢扎根于大地，这一点我们不能忽视。以多摩地区为例，三四十岁的人居领导地位，而二十多岁的青年们则作为活动家四处奔走，这两个群体都是由当地家长（户主）或者嫡子组成，都是对家乡抱有责任感之人。

明治十四年（1881）8 月 25 日五日市学艺讲谈会传阅的材料显示，当时该会有三十名会员，其中一半是壮年。当选的四名干事中第一名是五日市的马场勘左卫门，其余人是伊奈村的大福清兵卫、户仓村的大上田彦左卫门和深泽村的深泽权八，秘书则是一町四村公立小学的劝能小学校长永沼织之丞和伊奈村的田岛新太郎。顺便一提，当时的三项议题是：“一局议院之利弊”“大米出口之得失”和“是否应废除死刑”，其中两个都与宪法密不可分。此外，核心人物深泽权八的笔录《讨论题集》中共列了六十三个议题，通过分析这些议题，可一窥该会的性质。

其中最多的是“宪法相关”议题，这是私拟宪法准备时所必需的，共有十五个。其次是关于“法律”的九个、关于“人权”的六个。以上三类占议题总数的一半。另一个常见议题是“经济诉求”，有十三个。其余则是一般的政治、外交、军事、日常生活等相关问题。其中包括与人民武装有关的问题，如“允许人民携带武器之利弊”和“在内战情况下，是否设立护乡队”。还有一些令人忍俊不禁的问题，如“独立国是否有义务交出外国罪犯”和“有甲男，与有夫之妇乙女，于道路上接吻，该如何处分”等。

也有正面论及皇室的内容：“皇居应该设在都内还是都外”“是否应该废除贵族”和“君主独有条约缔结权之利弊”。实际上，千叶起草的宪法草案中规定了一国之君拥有条约签订权，但限制了“凡国家之确保与国民密附关系（通商贸易之条约）所基者，或费国财或让与、改变国疆所属地局部之条约及其修正者，则非国会之承诺，不得有其效”。[①] 这一限制还被用于诸如“民选议院有权讨论行政官所提出之议案，亦有权修改国帝之议案”[②] 和“国会议定与外国之条约”[③] 等条款中。

这种限制君主权的条款在千叶作为范本的嚶鸣社草案中几乎看不到。至于当地讨论的内容最终是如何被征入宪法草案中的，倘若对此进行逐条分析的话是非常有研究价值的，但本书中不得不割爱。除去学艺讲谈会干事的笔记，还有必要介绍一下身为会员的起草者本人的备忘录，并与其所学的法律、宪法的专业书籍（现存近百册）逐条进行详细比对。我们会发现每页都写着满满的红色笔记。通过这些调查研究，能够感受到当时山村里民权活动家们强烈的兴趣与热情。

第四节　改写的逻辑

1968 年秋，我们曾经在报纸上宣布“在都内西多摩郡的深泽山村发现了一份令世人震惊的文书，它在维新时期众多史料中足足被封藏了八十六年”，这便是《五日市宪法草案》。

这部在和纸上精心誊写的民间宪法草案，是现存三十多部民间宪法草案中条文最为详实（共两百零四条，约为旧《大日本帝国宪法》的三倍，几乎是现行《日本国宪法》的两倍），也是土佐立志社植木枝盛的草案之外民主含量最高的一份草案。

① 《五日市宪法草案》第一篇“国帝”第三章“国帝之权利”第 35 条。收录于拙稿《明治前期的人民宪法》，《东京经大学会志》第 61 号，1969 年。——原注
② 《五日市宪法草案》第三篇“立法权”第一章“民选议院”第 9 条。——原注
③ 《五日市宪法草案》第三篇第三章“国会之职权”第 57 条。——原注

与嘤鸣社一百零八条的草案相比，第一篇“国帝”的规定几乎相同，但第二篇“公法（国民之权利）”比嘤鸣社草案多出二十六条，第三篇“立法权”有七十九条，比嘤鸣社草案多出三十一条。相比之下，第四篇“行政权”的条款数量相同，均为十三条。可以看出，起草者在“国民之权利”“民选议院之权利”“国会之职权”等方面的规定上花了相当多的功夫。此外，第五篇“司法权”有三十五条，嘤鸣社草案仅有八条，五日市草案数量接近其四倍。这不仅出于千叶对法学的精通，还缘于他缜密的考量，并从司法角度对基本人权进行了双重保障。①

例如，当行政部门试图侵犯受公法保障的自由权时，国会将实施否决权来对其进行保护，并备好了司法权的后手加以保护。关于宪法，民权派中常见的设想有英国式的君主立宪制、国会（天皇、民选议院和上院）三部说、直接选举的议院内阁主义以及美国式的三权分立主义。与国民权利相关的条款在第二、三、五篇中多达一百五十条，条目如此之多的草案也独此一份了。

当然，与1793年法国雅各宾宪法中的人权宣言、革命权等以及植木枝盛草案中关于人民主权、一院制、承认抵抗权的明确条款相比，它可以说是过于温和、中庸，但从当时日本宪法设想实现的可行性来看，这份草案可以说概括出了大多数民权家愿望的最大公约数。② 不过，他提出的这份草案，并不表示完全都是千叶卓三郎个人的想法。因为他留下了一份备忘录，其中提到他在起草宪法时曾将元老院收藏版的名著《法律格言》[明治十一年（1878）出版] 作为重

① 江井秀雄《有关嘤鸣社宪法草案的考证》，《东京经大学会志》第61号，1969年。——原注
② 家永三郎、江村荣一等编《明治前期的宪法构想》，福村出版，1967年。——原注

要的参考资料，并且提出了明确否定天皇主权的观念。

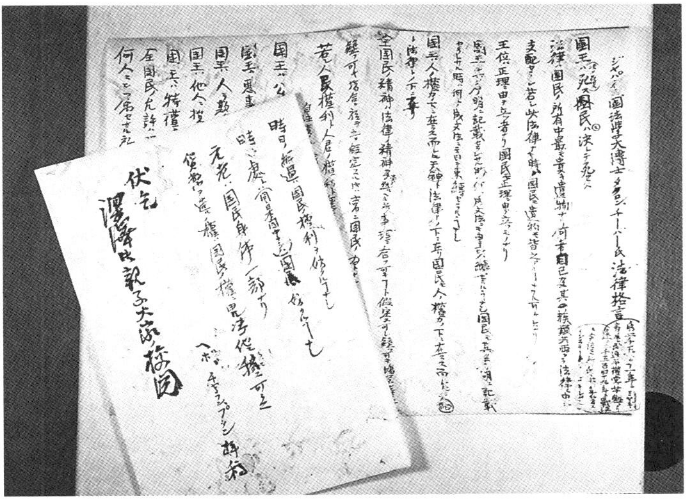

图 4 《TAKURON CHIBA 法律格言》原稿（1880）

这是一张单页的文件，标题幽默地自称为《JAPAN 国法学大博士 TAKURON CHIBA 法律格言》。下面让我们来看看日本一个山村小学的教员是如何改写西方《法律格言》（马克西姆研究所）的。

该文献开篇便写到："国王死，而国民不死。"但是，在元老院藏版本中却是"The King never dies.（国王不死。）"（布鲁姆格言）。元老院藏版本的《法律格言》中只写道："国王不在人的权力之下，而在神与法律之下。"而 TAKURON CHIBA 则补充道："国王不在人的权力之下，而在天与法律之下。国民亦不在人的权力之下，而在天与法律之下。"下面，让我们对比一下这些版本：

元老院藏版《法律格言》 明治十一年（1878）5 月 翻译、刊行	《TAKURON CHIBA 法律格言》 明治十三年（1880）12 月至 明治十四年（1881）2 月左右草稿
国王不死。 法律者，国王所有遗产中最贵也。（下略） 王位由正理而立者。	国王死，而国民不死。 法律者，国民所有遗产中最贵也。（下略） 王位由正理而立者，国君亦由正理而立者。
国君之精神宜与法律精神合一。凡事理所当，皆应合乎此理。若有可疑之处，尤当如此。于可疑之处，常应假定其有利于帝王。 若人君权利与臣民权利合而论之，则人君权利为胜焉。 国王者，公道之源。 国王不得欺人，亦不得见人欺。 国王之特权非寻常文字所授焉。	全国民之精神宜与法律精神合一。凡事理所当，皆应合乎此理。若有可疑之处，尤当如此。于可疑之处，常应假定其有利于国民。 若人民权利与人君权利合而论之，则人民权利为胜焉。 国王者，公道之源。国民亦公道之源。 国王不得欺人，国民亦不得欺人。 勿授特权于国王。
国王之允诺，当为确实之允诺。 时光流逝，不妨国王之权利。 其时其所，与国王无碍。	全国民之允诺者，当为确实之允诺。 时光流逝，不妨国民之权利。 其时其所（限日本国内），与国民无碍。
元老者，国王身体之一部也。 造币权乃王位之权，绝不可让，含于王位之权焉。	元老者，国民身体之一部也。 造币权乃国民之权，绝不可让。

愚痴・蒙昧・胡闹①拜稿
伏乞 深泽父子诸君校阅

① 原文为“ヘボ・チャラン・プラン”，将表示日语中表示蠢笨和胡闹的“ヘボ”和“チャランポラン（也作チャランプラン）”二词戏谑地拼凑成外国人的名字。

明治时期的日本人能自由地进行这种改写，他们有自己的一套思维方式，不仅是针对西方思想，即便是传统的儒学或君主的诏书，都可以按照自己的逻辑自由地加以阐释，从内部来加以改变。这样一来，西欧那些规定了绝对王权的法规基本上都脱胎换骨，被加工成了人民主权的法律体系。背后暗藏的这种日本人民的幽默与智慧及思维方式，都为我们提供了极大的启发。

明治十五年（1882）深秋，千叶卓三郎所著《王道论》（文献）中也自如地使用了这种方法，令人啧啧称羡。他不仅援引古代中国政治思想（如《尚书》等）中的儒家术语来解释英国式的君主立宪制，还写了一篇反过来引用《五条誓文》［庆应四年（1868）］和《渐进立宪敕语》［明治八年（1875）］的文章，以“违敕之罪”对明治政府进行弹劾，这就是“拒绝国家约定立宪政体即宪法，拒绝组建国会者，皆按违背敕令论罪”这一章的内容。

平民松泽求策是信浓国（长野县）两万一千多名请愿人民的代表，在明治十三年（1880）单枪匹马地向政府发起了为期五十天的狂热请愿运动。请愿书中采用了当时广为人知的“人民的逻辑”，并进行了以下论证。整体来看，明治以后这种“改写的逻辑”并没有在进步知识分子和社会主义群体中得到延续，反而成为了右翼思想家或传统主义者的主流。例如，权藤成卿和北一辉的逻辑便是这种典型。

陛下还不知道这件事吗？是时代在变，还是因为人民的愤怒？自去年初夏以来，全日本无处不在背诵《五条誓文》，也无处不背诵明治八年（1875）的诏敕，该敕令要求逐步开设国会。人们不分年龄和性别，不论是农民、工匠、商人，还是其他，都在高呼“必须开设国会”，并不遗余力地自掏腰包辗转各处发表

> 演讲，召集同志，结社立党，你追我赶，争先恐后。这种竞争与崛起的精神，与明治革命时的尊王倒幕的志士极其相似。这些同志已经提交了五十多份请愿书，包括来自福冈县和冈山县的请愿书，也还有几十份正在起草或正在组织的过程中。从这一点不难看出，日本全国七百多万户家庭中的大多数人都认为应该召开国会，日本绝不能缺少公议舆论。①

明治十三年（1880）11月，也就是运动如火如荼的那一年，以“JAPAN国法学大博士”为中心的五日市学艺讲谈会的相关人士起草宪法的热情被正式点燃。当月，开设国会联盟第二次代表大会在东京召开，会上决定该联盟将自主起草国家宪法。因此，结盟的各结社相约明年10月之前先各自返乡，分头准备宪法预案。这便是为何民权派宪法草案陆续涌现的原因，五日市学艺讲谈会或许正是响应了这个号召。

从过去十多年经手的庞大文献资料来看，我认为19世纪80年代农村与山村的这种学习热潮在日本是史无前例的。这个现象并不仅仅局限在我调研的南关东地区，即使在东日本全域，不，从北部的津轻到南部的肥前、日向和冲绳，深入调查的话，你会发现这种非同寻常的热情无处不在。如果偶然间，你在身处武藏国的一个小山村里发现了当地一个以民权家村长为中心，从村子的乡绅、校长、学务委员，到神官、僧侣、医生、地主和普通的农村青年，全村上下都在进行学习运动，这也没什么大惊小怪的。只有出生在这样一个时代，扎根在这样一个地区，千叶这般人才能有其大显身手的用武之地。

---

①《请愿之风波》，参见拙著《近代国家的出发》第6章，1966年。——原注

第五节 人民宪法的创制

在流亡了十年之后，TAKURON CHIBA 终于等到了令他幸福的时间与场所。记录中写道，他加入了五日市学艺讲谈会，“会员们均以开拓自由、改善社会为重任，兄弟姐妹们都有着不屈不挠的精神，像一家人一样相互尊重，相处和睦”。而且，他们在村里掌有实权，堪称“地方公社”（本书的“公社”一词并无严格界定）。明治十三年（1880）那个漫长的冬天里，他们在火炉一边听着柴火噼啪作响，一边彻夜进行讨论，这是千叶一生中第一次找到了他的幸福。（据记载，当时九州、熊本的相爱社也几乎连续十天都在通宵达旦地讨论宪法草案，不过最后还是无法达成共识，只得请东京的同志矢野骏男代为起草。）①

令人扼腕的是，近代日本国家终究没能诞生一部基于人民热情、凝结人民智慧的国约宪法。千叶卓三郎在编写宪法草案时与深泽父子一起阅读的文件中至少有下面这些书目。这或许就是千叶在加入大槻磐溪私塾以后，经过三番五次精神探索而得到的学问，我们也不得不对其强大的意志力肃然起敬。

他最常用的文献是“法国法学大博士埃米尔·布瓦索纳德博士”的讲义（值得注意的是，其中大部分是政府文件）。其中包括布瓦索纳德的《法兰西法律书》[明治三年（1870）]、《经济学讲义》[明治九年（1876）]、《性法讲义》[明治十年（1877）]、《法律大意讲义》

①《松山守善自叙传》（亲笔草稿写本）。——原注

[明治十三年（1880）]、《法国民法讲义（财产篇）》[明治十三年（1880）]、《法国民法（指令篇）讲义》[明治十三年（1880）]、《法国刑法讲义》[明治十一年（1878）]、《民法草案财产篇讲义》[明治十三年（1880）] 等。

此外，宪法研究的资料中包括天民馆藏的《英美普法立宪政体一览表》[明治九年（1876）]、田中耕造的《各国宪法》[明治十年（1877）]、密尔的《代议政体论》[明治十一年（1878）]、斯托里的《美国宪法》、张伯伦的《英国国会沿革志》[明治十二年（1879）] 和阿尔贝罗·贝尼的《法国宪法讲义》[明治十三年（1880）]。他还参考了齐布斯克的《法国商法讲义》[明治八年（1875）]、边沁的《民法论纲》[明治九年（1876）] 和《立法论纲》[明治十一年（1878）]、波尔舍的《分权论》[元老院收藏，明治十一年（1878）]、莱瓦尔的《自治论》、温德凯德的《德意志民法通论》[司法省收藏，明治十三年（1880）]、《刑法注释》及《治罪法注释》[正荣堂版，明治十三年（1880）]、织田纯一郎的《治罪法注释》[明治十三年（1880）]、格林·利夫的《证据论》[明治十四年（1881）]、《法国治罪法讲义》[弘令社版，明治十四年（1881）]、《法国诉讼法讲义》[明治十四年（1881）]、《法国刑法讲义》[警视厅藏，明治十四年（1881）] 等。

我们发现其中些盖着“叶卓”的印章，另外一些有红色笔记，还贴有便签。这些文件虽已遭腐蚀，但在深泽村的仓库中偶然幸存下来，不得不说是一个奇迹。

明治十三年（1880）12 月 5 日，宪法起草的准备工作开始了，在北多摩郡府中的高安寺举行了武州恳亲会。这次会议显然是为翌年 1 月成立武相恳亲会（包括武藏和相模两州在内的整个神奈川县的统一组织，也成为县自由党的雏形）而举行的。东京嘤鸣社的肥冢龙受邀前来，第一任县议会主席石坂昌孝与中村克昌、吉野泰三、佐藤贞干这四个干事也全都发表了讲话。其他与会者包括来自三多摩和高座各郡的一些县议会级别的民权家，以及来自五日市的土屋勘兵卫和千叶卓三郎。千叶的笔录极富感性，特收录在此。

啊！我的县议员四位阁下，今日在此相见。首次在府中车站召开我们县民自由党的会议。我激动得手舞足蹈无法自已，甚至忘了身份，不计分寸，冒昧地主动参加了这次会议，目睹了此次盛会的成功与辉煌。啊！这是多么幸福的事情啊！我还期望四位阁下能给予我们年轻人指导与支持，稳步前进，结出胜利的硕果，使得后世的日本人能够如同英国和美国人民一样照耀出同样的光芒。

明治十四年（1881）1月2日，武相恳亲会在南多摩郡原町田村成立。当月15日，自治改进党在府中高安寺成立（砂川源五右门为社长，吉野泰三、中村克昌等为干事），民权浪潮迅速蔓延开来。其中，《嘤鸣社宪法草案》从野村本之助交给土屋勘兵卫，从土屋勘兵卫到深泽权八，然后又到千叶卓三郎，宪法的起草工作也终于步入正轨。参考了学艺讲谈会的审议，权八和千叶集中精力起草关于国民及国会权利的详细条文。这方面所需的专业书籍由豪农深泽名生来购买，他在买书上花钱十分大方。元老院和司法省的内部资料则是由元老院议员中岛信行等人提供的。

五日市草案的第一篇“国帝”部分，几乎与嘤鸣社草案完全相同，后面“国帝之权利”“国民之权利”和“国会之职权”等段落则显得彼此抵牾、相互矛盾，还有一些作为法律条文不太成熟的条款（例如，“若政府于宪法、宗教、道德、信教自由、各人自由、法律平等、财产所有权或原则有违背者，或有伤邦国之防御者，国会必竭力反对，且有追究其根源、拒绝其颁布之权。立法权，第35条）。甚至还有一些细到事关公共卫生与日常生活问题的条款。

此外，当地结社还有关于“两院制是对是错”的辩论，作为上院的元老院议员资格的顺序被确定为：第一，民选议院议长；第二，民选议院议员三届连任者；第三，执政官；第四，参议官；第六即末位，才是日本国皇室与华族，这完全颠覆了嚶鸣社草案中把皇室和华族放在首位的结构。关于“是否可废除死刑”的议题，“凡政治犯不能判处死刑，是否真有罪由陪审团决定”一条对讨论结果加以概括。

如上，TAKURON CHIBA 的草案绝不是把西欧各国宪法囫囵吞枣，也不是对嚶鸣社草案的照葫芦画瓢。我将其称为《五日市宪法草案》，并给予了高度评价，是因为它诞生于五日市地区的“民权公社”，代表了西多摩人民的声音。①

目前我们还无法确认这部宪法的起草工作是何时完成的。但我认为，它应该早于有最好的宪法草案之称的植木枝盛草案与内藤鲁一草案，二者问世都是在明治十四年（1881）8月。我之所以这样判断，是因为种种迹象表明，千叶并没有参考交询社草案（明治十四年5月、6月发表于《邮便报知新闻》），该草案与嚶鸣社草案齐名。此外，还有一个原因是千叶这个灵魂人物同年7月已不在五日市。7月13日，他从北多摩郡的奈良桥寄给深泽父子一张明信片，信中说，小学教师被规定将受到与政府官员相同的限制，“当时，我便断然辞

① 顺便一提，至今为止被人们称为“传说中的宪法草案”的嚶鸣社草案正是在深泽家的仓库里发现的，经由江井秀雄的介绍，其全貌才得以浮出水面。——原注

去教职”，即使自己的未来前途叵测。这明显表示了他对当年7月6日神奈川县颁布的禁止小学教师进行政治活动的法令（《小学教员心得》）的抗议。同年9月，他已经辞去了职务，并感谢政府“对我在贵地工作的诸多恩惠，甚至资助我去海南，给你们添麻烦了”，并“回忆至此热泪盈眶”。①

当时，他似乎已经离开了五日市，住在狭山村。他在信中写道，本打算在“本月25日到家乡村山狭山村的圆乘院，与嘤鸣社诸君举行自由联谊会”，并邀请权八倘若得空也来参加。通过调查我们发现，在9月25日这一天，圆乘院的确邀请了赤羽万二郎举办了一场热情澎湃的演讲会。

当然，他之所以辞去五日市劝能学校的教师职务，不仅仅是出于政府的打压，还因为他与前辈、校长永沼织之丞的矛盾也愈演愈烈。此外，那时起千叶致命的肺结核好像也越发恶化了。

千叶离开了五日市，搬到狭山，他的孤独感似乎越发强烈，不过这反倒加深了他与深泽父子的友谊。权八对千叶的思念更是情深意切。经历过一次分别，千叶重新意识到“五日市公社”已经成为了自己难以割舍的“灵魂的家园”。

明治十四年（1881）10月，中央政界发生了巨大政治动荡（所谓的明治十四年政变），自由民权运动达到高潮。卓三郎拿到新成立的自由党《规约》和《自由党党员名单》，并盖上了自己“叶卓”的印章，说不定他想过要正式入党。然而，当月，永沼织之丞突然辞去校长一职，告别生活了九年的五日市，搬到东京。五日市地区的人们为他举行了盛大的告别会欢送这位“大先生”。他们还恳请卓三郎当该校的第

① 明治十四年（1881）9月15日千叶卓三郎寄给深泽权八的书简，寄信地为北多摩郡狭山村。——原注

二任校长。当卓三郎再次踏上他的第二故乡时，已经二十九岁了。

第六节 “天鹅之绝唱”

千叶校长对学校的管理十分自由，对此从第三任校长对其的批评文中可以窥见一斑。公立劝能学校当时已成为民权运动的一个据点，县里任命的教师大多待不久，纷纷逃离。町长马场勘左卫门在明治十五年（1882）加入自由党，党员深泽权八和内野小兵卫一同被选为学务委员。一切均如千叶之所愿。谁知，就在自由触手可及之时，他的身体却每况愈下，奄奄一息。明治十五年（1882）6月，在同志们的建议下，他到草津温泉休养了六十天。在那里，他依然写了许多信，对政府修改集会条例的做法表示出极度的愤怒。然而，尽管他精气神依然充沛，病情却丝毫没有改善。

> 我从20日晚上11点多开始肠子剧痛，出汗流泪，手脚也疼得发抖。到了21日便秘严重。22日，也就是今天还是没有通，肠子也依然很痛。两天未进食，真的快死了。①

他的结核可能已经转移到肠子，造成了肠梗阻。在剧痛的间隙，他还给权八写了一封信，作为自己的遗书，实在是令人心痛。信中表达了对五日市有志会未来的担忧，“演讲可由你和土屋兄弟承担”，表示绝对排斥那些在讨论中“观察辩论者脸色，放弃真理而选择错误，

① 千叶卓三郎寄给深泽权八的书简。——原注

不站在理一边而站在人一边，不赞成理而赞成人，颠倒是非之人”，并忠告“你父子二人必须率先支持真理，或提出动议，不要让后来的人有错误的先入观念”。他还诚恳地说，民权结社要警戒成为富农俱乐部的危险，也不要成为“手艺差、诗词差、书画差的巢穴”。

在明治十五六年（1882、1883）间，他的病时好时坏、反复发作，已然无药可救。然而，千叶那段时期的备忘录中，并没有任何向“上帝”寻求救赎的痕迹。相反，其中频频出现的是他对于同志遭到政府打压的愤怒，是对“国事罪犯的统计”，是关于“高等法院对福岛县监狱的裁决”［明治十六年（1883）10 月 2 日］。精神方面只有《佛道之奥义》和《山本日谛禅师三字经训》等文章。

也许有人会问，千叶卓三郎以前不是信仰基督教的吗？对此我也心存疑虑。然而，现存的文件、笔录、信件等都没有任何迹象表明他信仰基督教。相反，甚至还发现了他讥讽基督徒的明信片。例如，明治十五年（1882）夏天，他鄙视地写道，永沼织之丞“在锦町的耶稣讲义所恭维耶稣信徒大井宪太郎，并向松井、大越、新妻等这些耶稣小传教士说讲，便召开一人修身讲演会，越发觉得永沼君志向之腐败日甚”。放在这种语境之中来看的话，感觉千叶已经弃教了。

这张明信片是从草津温泉疗养地寄给深泽父子的。在五日市，以永沼为首，千叶吾一等信仰东正教的人士为数不少。深泽父子作为反基督教者很引人注目。父亲名生是深泽村社穴泽天神社的神官，儿子权八也是活跃的反基督教者，他写了一份九卷本的《邪教书目》备忘录。千叶卓三郎与这对父子有着很深的交情，把明明是自由党左翼领导人的大井宪太郎称为“耶稣的信徒之一”，这也能让人揣测千叶可能已经放弃基督教。在接下来的一年三个月，直到去世，他都在痛苦中煎熬，但在他诉说自己痛苦的信中，没有出现一句类似“上帝啊，宽恕我的罪过”的祈祷。

“夫王道为政之大道，而非君主之道……于无君主之国家，亦不可无王道。”这是卓三郎《王道论》的开篇之句，他硬撑着病体努力使自己的政治论体系化。秋山文一（上川口村政府的秘书、自由党员）的跋文中可见，这部著作写于明治十五年（1882）深秋，用每页两百字左右的稿纸写了三十二张，这份用毛笔书写的粗订本草稿被原封不动地保存了下来。

这篇文章的主旨是在中国古代政治思想（所谓儒学原典）的基础上构建宪政理念。例如，它试图用妇孺皆知的《诗经》中的句章来解释“天赋人权”；或者用《周书》（出自《尚书》）中的“天矜民，民之所欲，天必从之”来理解“民极重王道”，即民权思想的原理。与其宪法草案一样，他的立场与宪政体制下君民共治的现实主义是一致的。

“凡使王道衰微者，莫大于卑视民庶，斯亦莫甚于坏败民极。”而且，“王道”是“尊重人权之王道”，“唯知扩充民权，而不知民极（民权之限度）者亦未知王道者”。同时，由于王权必须受到限制和规范（此谓“皇极”），这个“皇极”只能放在与“民极”的大同之中才能得以平衡。如果王权违反了这一规范，那么，正如《尚书》（《书经》）的革命理论中所说的那样，“致颠覆政变”是在所难免的。

> 其如斯建有极、从大同者，王道也。建有极者宪法，从大同者国会。建宪法，以设国会者，立宪之政体也。（他在宪法草案中规定“国会”为“民议院”“上院”“皇帝”三者之“大同”。）

而且这种“建皇极作民极之立宪政体乃睿旨之夙望，乃圣天子少年之志”。（他列举了《五条誓文》、渐进立宪诏书、开设国会的诏书），声称“建立宪政制度、宪法并设立国会，拒绝者均为违背敕令之罪人”。

使用这种思想手法的并非卓三郎一人，它也是当时在野民权家的普遍策略，松泽求策也是如此。考虑到与当时仍然被人们视为进步象征的天皇制的力量对比，以及民众意识的现实情况，这是一种可行性强且普遍有效的反击方法，这一点不可忽视。《王道论》中写道“见明治民权之青年，临终之际，仍呕心沥血，借用传统而创造奋斗”①（市井三郎），但同时它也有陷入国家主义危险的可能。《政教新论》［明治十九年（1886）刊］的作者小崎弘道从新教的角度进行了如下阐述：

> 王道限于一国一政府之上，天国在世界万国之上。
>
> 王道中，建上下、贵贱、尊卑之别，以严格保此秩序为目的。然天国皆反之，无上下、贵贱、尊卑之别，于神前平等。无此差异，则天下之人皆同胞、兄弟、姐妹，彼此相爱。
>
> 王道施教化自上及下、自一国及一人为顺序。天国不然，自下及上，自一人及全国，是为当然。

这种批评体现了一种西欧市民社会类型的个人原则，试图以“上帝面前人人平等”为起点，构筑一个从个人到社会、国家、世界甚至宇宙的秩序，其强有力可想而知。之所以如此，是因为洛克、卢梭的人权论和社会契约论本身便源自该原理。然而，当时的日本民权家并没有接受小崎这种阐释。小崎的近代式思想过于超前，难以融入日本

① 市井三郎《本土思想的再探讨》，《思想的科学》1970年1月号。——原注

人民的传统之中。相反，在泥泞中摸爬滚打战斗过来的地方民权家则采用了千叶《王道论》中这种改革传统的颠覆性方法。小崎的那套近代理论系统则浮于民众之上，反而迅速被上层社会所吸纳。

这看起来似乎是一种历史的嘲讽，但绝非讽刺。一个产生于不同风土与原理的外来思想要在异民族的民众之中发挥作用，难免会出现这样的结局。而这其中的思想性也恰恰象征了千叶卓三郎不断试错求道的一生。

但是，我认为他的“王道论”作为一种思想理论尚未成熟，仍然处于一种可能性的阶段。如果想将其发展成能够指导日本人民解放的新思想，就必须用“TAKURON CHIBA法律格言”式的要素来将这一“王道论”式的要素进行打磨。正是因为“王道论”回避了如何扬弃和超越本土式、“家族”式、地缘共同体式的妥协原理这一问题，所以只有用这块磨刀石磨去杂质，方能磨砺出民极和王极更明晰的本质。

明治十六年（1883）春夏之交，死神慢慢来到千叶的身边。他的朋友们担心地把他送到东京，并资助了五十多元救济金，让他住进东京的一家医院。只可惜已经错过了最佳时机，生命垂危。千叶或许是有所察觉，他用尽最后的气力写了一篇题为《读书无益论》的论文，用二十三张和纸装订。其自序部分与北村透谷《万物之声与诗人》中的一段话极为相似。

> 人乃小天地，天地乃活物也。小天地以身在活物之大天地，必不可无天地之活文章。何谓活文章？……宇宙者，造化设立之大学校；天地者，造化著述之大部书；日月者，造化所悬之常灯……

真正的知识和学问，只有在实际阅读了“此宇宙之大学校中，天地之大部书”时才能觅求到。读万卷书，本身毫无意义。只有你打开心灵之眼，才会在街道上、商店里、锄头中、机器上和工厂里发现真理。“总而言之，即使身处那些大众喧嚣、事务纷扰之处，也可能实现自己的龙场悟道。”

千叶呼吁人们要有实验精神，即使在劳动的时候也要不忘求道之心。勿要“多艺漫修”，要投身于“专修创思”，要“彻底通晓”。“多艺贪读乃浪费懒惰之最甚者。”这种看似自责、严厉的语气又有何用意呢？

何谓多艺？曰：如一日为汉学，数日转洋学，再转修法学，三转为医学，四转矿学，五转天文学……几十转尚不止，到处事半而废、休此去彼，年老而未成一事……不得安身保家，即可谓之多艺漫修。

这说的究竟是谁呢？或许正是他自己吧。或许面对死亡，一个“流浪的求道者”不得不对自己的生活作出清算，噬脐莫及的苦难使他面目扭曲地吐露了内心的悲鸣。明治维新之战以失败告终，他失去了一位又一位的恩师，在全世界的宗教教义中探索行走，渴望着青春的救赎与新生之路，最终发现了“民权公社”，一边制定着自由日本的总体愿景，一边步步受挫，在运动的退潮中孤独而终。上述话语中，难道不也深藏着这位明治人的深深悔恨吗？

关山风雪江河雨，
客路十年事尚违。

半世空过旅窗梦，
杜鹃频劝不如归。

“JAPAN国法学大博士”的TAKURON CHIBA曾自豪地宣称自己是“自由县下不羁郡浩然之气村”的居民，并咏诵了望乡的《客中书（所）感》。我不禁想，就连千叶卓三郎也会有如此感觉，他毕竟是个日本人。

歌德笔下的浮士德博士在结束流浪时发出感叹：“在这个自由的王国，地球上几百万人民在欢呼雀跃!”但我们明治时代的“浮士德博士”却悲伤地唱道“半世空过旅窗梦”，在这里，一道深深的历史断层摆在了我们面前。

但即便如此，明治初期仍呈现过其阳光灿烂的一面。在西多摩的山村里依然回荡着自由的回声，同志们排着长队为TAKURON CHIBA之死默哀。与此相对，明治时代已经过半，日本已发生了翻天覆地的变化，而这种山村的自由将以何种形式发生变化呢？下面这首有名的诗歌中，TAKURON CHIBA的“天鹅之绝唱”以不同的形式得到了延续：

羡慕虚荣，我走上了虚荣的道路，
十年的时间在尘土中过去了。
蓦然回首，看到自由的家园，
恍然已在云山千里之外。

啊！自由存于山林之中。
我诵读诗句，感到热血沸腾。

啊！自由存于山林之中。

我为何而放弃山林？

诗人国木田独步在明治三十年（1897）吟诵了此诗，他也不得不承认，日本的“自由之乡”已远在“云山千里之外”。他孤独地重复着本真的“自由存于山林之中”，只是那是大自然的“山林”，绝非“山村”。

明治十六年（1883）11月12日，卓三郎去世，结束了其短暂的一生，享年三十一岁五个月。他的死给深泽权八的打击很大。他痛惜密友壮志未酬，也为了让自己从悲痛中振作起来，写了下面这首诗。

悼千叶卓三郎①

怀君意气卷风涛，

乡友会中尤俊豪。

雄辩人推米边理②，

卓论自许佛芦骚③。

一编曾草济时表，

百战长留报国刀。

悼杀英魂呼不起，

香烟空锁白杨皋。

---

① 参照《武藏野丛志》第十八号，明治十七年（1884）8月7日刊行（府中市立乡土馆，1978年）。

② 推测可能指帕特里克·亨利（Patrick Henry，1736—1799）。美国独立战争时期的重要人物，以其雄辩的演讲能力著称。积极参加反抗英国殖民者、维护殖民地人民权利的斗争，在美国革命前夜的动员会上的演讲以“不自由，毋宁死”的结束语而闻名。在反对英国统治、推动美国独立的过程中发挥了重要作用。

③ 指法国的卢梭。

第四章　汉诗文学与变革思想

第一节　枕山与春涛——其背后的两大潮流

一提到“明治文化史”，人们讨论的往往是启蒙主义、浪漫主义及自然主义的发展流变，或是介绍文明开化、鹿鸣馆风俗和国粹主义，或是介绍那些著名文明家、艺术家的成果。相比之下，我的这本书似乎有些格格不入。我当然也提到“欧美文化的冲击”这一主题，但基本上忽视了文艺史式的历史划分，而是采用了大量篇幅来挖掘那些不为人知的人物与主题，如“无声的民间”“源于草根的文化”或“流浪的求道者”。或许有些人会质疑这到底叫不叫“明治的文化”呢？不过，我从一开始想写的就是这样的一本书。在本章，我将聚焦最近挖掘出的一位农民的相关资料，通过他的一生来讨论目前还很少被关注的明治时期“汉诗文学与变革思想”的问题。

深泽权八是那个 TAKURON CHIBA 最笃定的理解者、心灵挚友、最有力的支持者。但不幸的是，他仅度过了二十九年生涯就在青春年华里撒手人寰了，与 TAKURON CHIBA 一起湮没在历史的尘埃之下。

七十八年后，也就是1968年的那一天，如果我们没有打开深泽村仅存的那栋小仓库，此二人估计也难以重见天日。仓库内部因潮湿而严重腐烂，文书被虫蛀，上面的字已几乎无法识别。

时光流逝，多少优秀人物终俱往矣。不，准确来说是大多数优秀的人（尤其是民众）最终还是烟消云散。宏观上看，历史这种无情的淘汰功能可能受到某种规律的支配。然而，孰逝孰存，则纯属偶然。尼采曾嘲笑历史学家是"过去的掘墓人"，但倘若真能从坟墓中发掘出那些优秀之人的真相的话，实属幸事。这种偶然中的真相，甚至连这种偶然性本身，都值得人们去反思，否则我们也再无资格去谈论什么历史。

深泽权八便是这样一个能唤起我们历史痛感之人。当时，他曾是武藏国一个约有二十户人家的小山村大地主，不过这些并不重要。重要的是，他短暂的一生几乎没有受过什么像样的教育，却创作了七百多首汉诗，留下了十七卷诗集，这些诗集都是由他自己撰写或编纂而成的。他写诗并不是像江户时代附庸风雅的豪农那样仅仅作为一种娱乐消遣，而是把写诗作为表达革命思想的一种手段，并为此赌上了自己的青春。

当然，这并不是说他的汉诗中毫无娱乐成分，在追求美与真理的诗文之中，游戏或快乐的元素是不可或缺的。他固然也渴望成为一名风雅之士，向往着那种悠然自得的超脱生活。在他心中的某个地方，也是憧憬着那种"雅居无事乐风月"的人生。但也正因为如此，他才能够更为深切地感受到那种来自现实社会的剑拔弩张。于是，他舍弃了心里的归隐情怀，打破了古老的传统惯习，迸发出豪杰之志拼搏人生，从正面迎接了历史的新考验。而这一切均化作了他的汉诗。他的恬淡、他的紧张，都在他诗句的字里行间奔流。

深泽权八从明治十三年（1880）前后开始，像写日记一样每天坚持写诗，一直记录到明治十八、十九年（1885—1886），也就是他二十岁到二十五六岁之间，而这期间也正好是自由民权运动的高峰期到衰亡期。从全国范围来看，这也是明治历史上汉诗文学复兴的高峰期。（北村透谷和细野喜代四郎在这一时期也进行过汉诗创作。）

山路爱山认为，明治时代汉诗文学的流行大约经历了四个阶段：（一）明治十四、十五年（1881—1882）；（二）明治二十年代初（1887年起）；（三）明治三十二、三十三年（1899—1900）前后；（四）明治四十一、四十二年（1908—1909），其中最为鼎盛的是明治十四、十五年（1881—1882）。

上述汉诗的四个流行期也可看作西化过程中的逆流时期。不过整体而言，明治文化并非仅仅是"西化"与"国粹"两波浪潮简单的交错与反复，而是"西化"这个滔天巨浪下微波细浪的逆流。然而，它并非一帆风顺。时而激流勇进，时而停滞不前，抑或是先急后缓，而后又反攻般再次勇猛直前，这或许也正是明治文化的独特之处。

那么，为什么明治十四、十五年（1881—1882）前后会迎来汉诗的全盛期呢？其中奥秘，人们一直不得而知，通常会将其理解为与明治十二年（1879）前后天皇亲信元田永孚等人的儒教复兴（自由民权浪潮的反作用之一）有关；或将其衰落理解为与明治十八、十九年（1886—1887）的西化热潮有关。

前田爱在论文《枕山与春涛：明治十年前后的汉诗坛》[①] 中提出，第一个汉诗兴盛期出现了两个流派，其代表人物分别是大沼枕山

---

①《日本近代文学》第 8 集，1968 年。——原注

（1818—1891）和森春涛（1819—1888）。然而，在我看来，这两个流派不过只是处于引发明治头十年汉诗复兴潮的波峰而已，这股浪潮包括权力“顶端”发起的浪潮，以及其下方“底端”兴起的一场更为广阔的巨浪。

前者是那些好不容易才爬上权力宝座的官僚一种本能的自我粉饰运动——这些官员的“文饰”运动也恰好与美化天皇制意识形态之需不谋而合；后者则是全国数以百万计的豪农、富农阶层由内向外而发的冲动之举——作为一个新兴的阶级，他们从汉诗文学中找到了一种自我表达的手段。无论森春涛还是大沼枕山，倘若没有背后这股暗流汹涌的大潮，他们也根本不会得到如此关注。

其中，森春涛可谓成功地勾勒出了统治者的欲望，因此大获成功。明治七年（1874）10月，当春涛离开老家岐阜进京，寄宿在下谷一间出租屋时，年已五十六岁的他自怜自艾道“怜我飘零”。但是，他无论如何也想不到，几年后自己竟会一跃成为被官员簇拥的东都诗坛的红人。森春涛进京之际，恰逢东京诗坛正处于以大沼枕山的下谷吟社为首，冈本黄石（麹坊吟社）和鲈松塘（七曲吟社）三足鼎立的局面。其中要数大沼枕山的名气最大，求其改诗之人络绎不绝，甚至还出现了“砚心变凹”之盛况。森春涛便是大沼枕山在鹫津益斋有邻社的同门。

大沼枕山比森春涛年长一岁，天保六年（1835）前往江户，很快因第一本汉诗集而声名鹊起，而接下来的四十年间，他与春涛再无交集。

枕山精通于把玩江户的风情，永井荷风也对其钦慕不已。在幕末乱世，枕山没有涉足派系斗争险恶的政坛，而是浸淫在诗酒之天地，他的这种态度有时会被认为过于保守。但他对强权的明治新政府却表现出决然反抗的态度，并毫无顾忌地称“帝王之政不复美”。他也因此而一时受到弹正台[①]的盘问，个人生命也受到了威胁，这与意气消沉的成岛柳北极为相似。

相比之下，森春涛在安政年间作为京都梁川星岩的门生开始为人知晓，逐渐与尊王攘夷派志士有了往来，并作为尾张藩军队（官兵）的一员参加了戊辰战争。然而其诗名远不如枕山。明治初年，他从京阪搬到岐阜，然后又辗转到了东京，并感叹自己“落魄三年四处移”。

明治八年（1875），春涛搬到下谷摩利支天横町，创建了茉莉吟社之后，声名大噪。他的俗才迎合上了新政府达官贵族的虚荣心，很快便有了用武之地。在其业师的嗣子、时任大审院法官鹫津毅堂的支持之下，他迅速获得了政府官员的青睐。同年7月，他创办新式杂志《新文诗》发表了许多高官的粗制滥造之作，滋长了新晋萨长士族的虚荣之心。根据前田爱的说法，在《新文诗》的第一集到第三十二集中，能看见包括伊藤博文、山县有朋、土方久元、玉乃世履、渡边洪基、大江卓、芳川显正、谷干城和后藤象二郎等在内三十多个高官的名字。即使将其视为对官员的一种尊重之情的话，那至少也说明春涛自己对那些拙劣低俗之作并不反感。就这样，他出版了一系列官民唱和的诗集，抬高了自己的文学声誉。吸引来了大官，那些九品小吏自然也蜂拥而至，使得茉莉吟社门口的宾客络绎不绝。

相反，大沼枕山则沉溺于醉里乾坤，酒瘾越来越大。他有意远离达官显贵，秉承逸民精神韬光隐晦。人们敬慕枕山清奇的风骨，“其门士前前后后几乎数以千计”，他却避而远之。枕山肺病缠身，身体也日渐衰弱。明治八年（1875）11月，成岛柳北在向岛百花园举行

---

① 日本明治政府于1869年设置的警察机关。

诗会，有森春涛出席，却未见枕山身影。

明治十年（1877）爆发了西南战争，茉莉吟社里的高官们进军九州，带着西乡隆盛的头颅凯旋。春涛特意极其迎合地出版了《新文诗》第二十四集和二十五集，满篇都是庆祝胜利和辱骂西乡的贺诗。

民间流传着一种“西乡之星向东流”的说法，表示出人们对西乡这位反抗官府的将领的怜悯之情，而春涛却赋诗道“狗犹不食败余肉，焉得魂为天上星”，以此鞭尸。当时，成岛柳北的杂志《花月新志》上面则不允许登载任何迎合官方的诗作，对西南战争不置一词；枕山也挺着自己的那把硬骨头，狷介耿直地进行抗争。翌年明治十一年（1878），枕山出了《江户名胜诗》一集，含沙射影地嘲笑了春涛的《东京新志》。

明治十四年（1881）4月出版的《东京现今文雅台览》（山本大助编）一书中，就像相扑运动员排名表一样，列出了一百多位文人达官。其中大沼枕山依旧名列榜首，而森春涛则排在第四位（在小野湖山和长梅外之后），植村芦洲之前。小永井小舟和鲈松塘也名列前茅，但他俩只是被视作“书法家和诗人”，而间中云帆、沟口桂岩和竹内信山等则位于中间。而成岛柳北、栗本匏庵、福地樱痴等人因曾任幕府时代的高官，其待遇不同，被置于达官系列的最底层（与柳北遭遇相同待遇的，还有中村敬宇、冈松甕谷、鹫津毅堂、重野成斋和山冈铁舟等人）。

其达官集团的第一段位是有栖川霞堂（炽仁），其次是东伏见晚翠、三条梨堂、北白川能久、岩仓具视等人，第二段位是伊藤春亩（博文）、大木乔任、山县有朋、山田空斋、黑田清隆、川村纯义和胜海舟。第三段位及以下级别包括佐佐木高行等五十八人。通过这个巨大的排行榜，我们可以对当时的文学界有一个大致了解。

明治十四年（1881），从知名度上看，枕山仍处于东京诗坛的顶端。然而，从实际所掌握的势力上看，春涛门下的新派诗风逐渐更为那个开放的时代所接受，枕山的衰落也越发明显。事实上，此时支撑着枕山的，正是当地的文人、民权家等生活在社会底层的人们。

明治十二年（1879）5月，春涛受邀参加大政大臣三条实美的诗宴，恳求能够让儿子森槐南从政。明治十四年（1881），槐南便当上了官，最终升为伊藤博文（春亩）身边的亲信。相反，大沼枕山则在明治十五年（1882）的一个秋天中风卧床不起。一年半之后，即明治十七年（1884）初春，南多摩县小川村的自由民权家、被认为是最活跃的自由党党员之一的细野喜代四郎在政治冲突白热化之际，跑到下谷御徒町来看望他以前的老师枕山，殷切地探望了老师的病情。其他各地民权活动家也纷纷效仿。

为什么提倡新体诗调的春涛派当时没能入革命者之法眼，而枕山这位“保守逸民”却受到细野、石坂、深泽为首的诸多地方民权家的青睐呢？说来很讽刺，这其中道理就与民权志士为何会喜欢与维新革命背道而驰的云井龙雄的诗是一样。

人民凭着长期以来总结出的经验作出反应，“见异思迁者必遭人恨”。当春涛嘲弄“西乡星”之时，其诗心就已永远与民心分道扬镳。对此，处于底层的细野喜代四郎和深泽权八更是看得一清二楚。

实际上，民权家们早已看穿中央文坛那些诗人的本来嘴脸，所以才没有被他们所谓的汉诗精神所欺骗。而千叶卓三郎、深泽权八、北村透谷等诗人心中敬仰的安井息轩、云井龙雄、大沼枕山等人才具有真正的诗魂。此前提到，当安井息轩在幕末听到仙台藩百姓“恸哭声”，立刻吟诗哀叹并写信云：“鄙人前后二十年之学问，尽于此诗。其礼乐之事，今二十年过后方可议论。”我们又怎么可以把古学派的学者仅仅看作一介腐儒呢？其弟子云井龙雄也不能说是“反动士族”。

到了晚年，枕山宁可饿死，也“不向彼辈名利之徒乞怜”。这种回应的方式，可见其内心对自己人生道路的坚定之心。而年轻的民权家们也清楚地看到了这一点。信夫恕轩在《大沼枕山传》中写道：

先生年已七十，嗣子游荡而家道顿衰，有人怂恿曰，高龄古稀，可设贺寿之筵，以救其穷。先生曰，中兴以后，世疏阔，彼辈为名利奔走，我所唾弃。今宁饿死，不乞怜侪辈也。

三多摩自由党领袖石坂昌孝（石坂的老师是间中云帆、真下晚菘和平冢梅花）听闻其困境，立即给吟社寄去了大量柴米油盐，而明治初十年（1868—1877）支撑着汉诗文学底层力量的正是这种一方有难八方支援的关系网。[1]

接下来，让我们把话题拉回到深泽的青年岁月。

第二节　历史意识与汉诗精神

深泽权八出生于文久元年（1861）4 月 28 日，是深泽名生的长子，明治维新时权八才八岁，自由民权运动高潮之时他年满二十岁。有一张保存下来的褪了色的老照片，拍的是拿破仑·波拿巴和乔治·华盛顿，写在后面的这首充满憧憬之意的诗作，或许正是彼时其内心之写照：

---

① 柳田泉《明治初期的文学思想》上、下，《政治小说研究》，收录于柳田《明治文学研究》，春秋社，1960 年。——原注

百战功劳敢复言，共和伟绩照乾坤。
人如要识君心事，万里清波月一痕。

此外，大沼枕山和云井龙雄的汉诗也引起了深泽的共鸣，成为其心之所向。他对云井龙雄尤为钦佩。深泽自编的诗集中抄录了许多龙雄的诗作，其中最值得一提的是下面这首绝命诗。明治四年（1871）2月，云井龙雄因为被怀疑密谋颠覆政府而被捕，行刑时年仅二十七岁。云井龙雄昂然之精神浑然诗中。村上一郎评价其“堪称古今东西最出色的绝命诗之一”。[①]

死不畏死，生不偷生。
男儿大节，光与日争。
道之苟直，不惮鼎烹。
渺然一身，万里长城。

时至今日，云井龙雄事件还常常被认为是明治时期“士族叛乱”中的第一个阴谋事件，或称其为“封建反动”。然而，当时在事件发生仅仅十年之后，自由民权家们对云井却是如此推崇，并在其激励之下振作旗鼓迸发出改变历史的动力。明治十四年（1881）1月，东京嚶鸣社的野村本之助在枥木县佐野地区巡游时，当地的一个同志前往他下榻的地方来拜访，谈话中偶然提到了云井龙雄，“慷慨激昂之情不能自已”。他向野村坦白，自己其实是云井的盟友，过去曾相约一

① 村上一郎《云井龙雄的诗魂与反骨》，收录于《纪录：日本人3　反叛者》，平凡社，1968年。——原注

起在日光山举事，野村在报纸上也报道了此事。[1]

然而，深泽权八与云井之间，并不像枥木县那位民权家一样有着直接的关系，而是在发挥思想的“想象力”之下，通过反刍将其内化为一种经验。这种经验是如此之强烈，民权家能够通过这种实践，舍生取义，争取自由，抵抗暴政。在深泽的精神世界中，云井龙雄与赤井景韶[2]二人属于同一条战线。不仅是赤井，在深泽权八的笔记本、备忘录和学习记录的铅笔字中，维新革命中被处决的死者名字接连出现，可见深泽是将他们视为同一脉络上的人物。

他在明治十四年（1881）10月亲笔签名并誊写的《佐仓宗五郎小传》（文书）的开头写道：

> 民权者岂欧米新输入物，而我国古来无一种子乎？古王政之世暂不论……其真称民权之一种子者，唯有“百姓起义”而已。此“百姓”者在高压政府之下，唯命是从，其起义者……

在他备忘录的扉页上，用毛笔写着《大盐平八郎檄文》中的一段话。宗五郎为拯救下总地区数百个村庄的农民而向幕府将军直接上诉，虽然他与他家人一起遭到处决，但他的名字被载入东洋民权家的史册之中。众所周知，大盐平八郎是一介幕府官员，他在大阪城下领导的叛乱是触发未来幕府倒台的远因。他们的牺牲将永远写在日本人民解放的历史之中。深泽和其他年轻人深受其感动，并试图恢复这一

---

① 《东京横滨每日新闻》明治十四年（1881）2月23日—3月18日。——原注

② 赤井景韶（1859—1885），明治时期自由民权运动家，曾在西南战争中参加政府军。后加入自由党。1883年在高田事件中，因起草“天诛党旨意书”被捕入狱，后逃跑被抓，被重判死刑。

传统。这难道不能被称为一种鲜明的历史意识吗？

众所周知，革命家吉田松阴在“安政大狱”[①]中被幕府处死，但我从未想过深泽权八会抄录松阴的遗书《留魂录》全文并珍藏在身。

身虽朽于武藏野，心兮留存大和魂。

图 5　吉田松阴《留魂录》抄本与《佐仓宗五郎小传》手抄

可见这一声呐喊对权八等人产生了多么深远的影响。这张便携式小纸笺上的毛笔字已经黑乎乎一片，只能通过想象来加以推测了。在他们眼中，松阴和龙雄同样是英雄。

① 安政五年（1858），德川幕府的大老井伊直弼因为《日美修好通商条约》的签订及因将军继承人问题而愈演愈烈的尊王攘夷运动派政治迫害事件，镇压了尊王攘夷派和一桥派的藩臣、公卿、志士们，吉田松阴、桥本作内等八人被处以死刑，受牵连者达到百人以上。

据说，明治十九年（1886），当新富座剧院上演高野长英[1]的剧目时，深泽权八的父亲名生与其他同人还一起为该剧院送去了一块帷幔。东京的油井守郎给名生的一封信中描述了当时的情形。权八的备忘录中也提到了高野长英的名字，还有小关三英、渡边华山和佐久间象山等名字。为什么武州山中一介村民会对高野长英如此感兴趣呢？对此我无法从史料上找出答案。但将这些名字罗列如下：佐仓宗五郎—大盐平八郎—高野长英—吉田松阴—云井龙雄—赤井景韶，便可看出深泽是想要继承这些被处刑者的遗志。此外，手稿中还记录着哭悼因福岛事件[2]而在狱中死亡的田母野秀显的诗，还有加波山事件[3]中被施以绞刑的小针重雄及琴田岩松的遗言，以及保多驹吉的辞世诗等，可见其意志之坚定。

深泽权八似乎对自由党党员赤井景韶怀有深深的敬意，赤井在高田事件[4]中被冠以图谋推翻政府的罪名而遇害。权八详细地记述了赤井景韶的为人、信念以及入狱时给母亲的诀别之辞。以下便是《谨奉供于赤井景韶先生灵前，时明治十八年（1885）七月廿七日即刑日也》一诗：

妖氛奈锁此山川，泣拜临刑歌一编。
洒尽先生满腔血，他年染出自由天。

---

① 高野长英（1804—1850），日本江户时代末期著名兰学家。与渡边华山等人组织尚齿会，著有《梦物语》批评幕府政治。1839 年，幕府制造了“蛮社之狱”，高野长英被判终身监禁。1844 年，监狱发生火灾时趁机逃出监狱，后被幕府发现，遭围捕后自尽。
② 明治十五年（1882），自由民权运动的一大根据地福岛县的自由党人遭到迫害，引发了自由党与农民的反抗，最终遭到镇压。
③ 明治十七年（1884）激进的自由党员在茨城县加波山举兵的事件，企图通过暗杀政府的高级官吏来实现自由民权。
④ 明治十六年（1883），新潟县高田发生了镇压自由党的事件。

一死元甘为自由，丈夫心事满神州。
先生应逝后生在，不拂妖氛誓不休。

当时的日本，除了汉诗之外，没有任何其他的文学手段能够表达出这种“不拂妖氛誓不休”的痛彻之情。这种表达方式也适用于以下这种叙景抒情，这是权八在回到村里的真光院路上吟诵的诗：

空林风暖夕阳含，阪路筇留望溪南。
三四钟声何处在，秋深山半古禅庵。

据《武阳诗集》中记载，明治十二年（1879）12月，千叶天舟（卓三郎）和他的同志们一起在邻近的禅寺举行诗宴。与卓三郎豪放的诗风相比，深泽武阳（权八）的诗作以细腻见长。从深泽的《诗题集》中可看到，他的审美趣味与此前提到过的细野喜代四郎属于同一个类型。[①] 他们遵循诗题的季节性，不仅显示出其审美趣味的倾向，还暗示出一种根深蒂固的文人意识和日本人的自然观照。

春天，他们向往着废寺赏花、春夜闻笛、江村春游；夏天，期待着蕉阴小宴、月夜散步、江村晚归；秋天，以中秋吟月、远山暮雨、月林精舍、月夜闻雁为雅好；冬天，以寒江独钓、雪江夜酌、冬日田家之乐为至高。

每个日本人内心深处都有这样一个娴静风雅的世界，都向往着一种回归自然、天人合一，并在其中发觉寂寥而永恒的安宁。这便是一种日本式亦即东方式的，神道式亦即佛教式的传统生活态度。在这样

① 拙稿《明治豪农的精神构造——细野喜代四郎论》，《东京经大人文科学论集》八、九合并号，1965年。——原注

的生活中永生与死亡如影随形，也正如和辻哲郎等人所说的日本人风土式心性的一个横切面。自由民权家们轰轰烈烈的志士精神和革命行动，与另一个死一般静默的寂寞闲适的世界互为表里，从中可以看到其诗魂中的一种张力结构。

事实上，他们的大部分诗歌都属于这种静态的世界。然而，仔细观察的话，会发现这种静态的表面之下是一种克制的平静，其深处则涌动着一股激情和波荡，而非上个时代那种失望与认命编织出的消极世界。村外，正在掀起一场变革的飓风，我们仿佛已经听到了他们的咆哮。对那些有志青年来说，飞黄腾达的诱惑已来敲响了他们的房门，这些明治人心中的冲动之情也已经蠢蠢欲动。事实上，许多年轻人正是因此毅然背井离乡。深泽的身边也有一群年轻人奔往了国家的首都。哪怕是那个认为“山中乐事多”的权八，心中也一定曾经跃跃欲试过。以下是《武阳诗集》中的一系列诗作，由此可窥见一斑。

东海男儿意气豪，激昂决志破狂涛。
他年名遂功成日，始可与谈日本刀。

还有，

咄咄功名我岂期，欲好青山终生涯。
半弓苔地三间屋，两虎争场一局棋。
尘外幽人乘舆至，花间黄鸟带声移。
从来天命何复疑，回头春事淡于梦。

这种诗境与他在南多摩的同志细野喜代四郎高雅的愿望如此接近：

不愿名誉不作奢，从来文学任生涯。
雅居事无娱风月，当处多端忧国家。
进现长安论政道，退潜磐谷避横邪。
只期他日倾银海，坐卧扶桑开化花。

在此，我们看到的是东方文人一种自负的姿态，避开世俗的奢华和盛名，通过提升内在价值来获得满足。不仅如此，在日本文明开化的花丛之中，与国民一起在春日盛宴上举银杯共饮，这种审美意识也自带一种明治式的健康向上。

第三节　地方文人的生态

深泽权八他们一开始都是通过仿写著名诗人的作品来学习写诗，仅手抄本至今就保存了大约 20 册。其中一些是从《明治诗选》中原封不动抄下来的，还有一本自编的诗集，名为《近世诗抄》。此外，权八还有 17 本自己创作和编辑的诗集，书中收录的作品除了他自己的之外，还有其他 32 位同人的作品集。对这些诗作加以分析，会发现一件有趣的事情，那便是当时的自由民权运动与汉诗文学运动的关系其实是相重叠的。

在 1 500 首诗之中，有 788 首，即一半以上都是权八（武阳）的作品。其次是中岛元征（淡海，邻寺禅僧）的作品（303 首）。排名第三的是永沼织之丞（柏堂，五日市劝能学校校长），有 81 首诗。第四位，内山安兵卫（五枫，五日市自由党成员），34 首。第五位，冈野元泰（耕笔，西多摩的禅僧），32 首。第六位，同为禅僧的和泉睦宗（有邻），31首诗。第七位，土屋常七（雪峰，五日市的自由党成员），22首诗。第八位，油井守郎（翠北，寄住党员），21首。第九位，佐藤贞干（卧牛，相州的自由党干事），20首。第十位，羽田宗仙（柯山，禅僧），15首。以下是武村幸次郎（美雪，民权家）、伊东道友（清狂，小学教师、民权家）、土屋勘兵卫（紫水，自由党党员）、赤羽俊良（尚亭，自由党党员）、伊达时（绫洲，相州自由党党员）、吉野泰三（云外，北多摩自由党党员），利光鹤松、久保田久米、中岛信行、嵩地尧平、千叶卓三郎（均为小学教师、民权家、自由党党员）。

诗集《如兰余薰》是以武阳为主的25位诗人的诗集，其成员几乎与上面的人物相同，只是多了五日市自由党党员佐藤新平（一城）和增田默了二人加入。这表明，五日市诗友会（淡交社）是一个由三个圈子组成的交流组织：以深泽权八为中心的自由党员团体，以中岛元征为中心的禅僧团体，以及以永沼织之丞为中心的教师团体。这个交流组织自称“淡交社”，尽管它是由共同兴趣而走到一起的较为松散的团体，但在当地自治运动、学习运动、要求开设国会和遇难同胞救援活动的动员中却发挥着力量。

以文会的总部设在深泽家中，权八称之为天则堂，并亲自负责成员之间的联络以及与东京的通信，这或许就是他与大沼枕山、菊池三溪、马杉云外、栗本锄云、国分青崖、高林五峰、太田华阴等人频繁通信的原因。在他自编的诗集中，随处可见这些大师的红笔圈点，枕山、三溪、云外、五峰等人的修改痕迹也一直保留至今。

其中，枕山的批改最为多见。幕末以降，大沼枕山与武州的豪农及知识分子有着深厚的交情。庆应年间（1865—1868），他与来自武州多摩郡小野路村（今町田市）的富农学者小岛韶斋私交甚笃，常登门拜访。枕山的不少著书至今仍然保存在小岛家中。① 明治十年（1877）前后，只需缴纳一元入门费便可拜入下谷吟社，指导大部分都是通过函授的方式进行，一般来说五十首汉诗的润笔费大约是两元。大沼枕山与三多摩自由民权家的关系很深，也有很多门人。但由于枕山在明治十五年（1882）秋天病倒，大多数门生或许都尚未来得及与之谋面。然而，看看保存下来的一堆堆诗稿，枕山修改润色得如此仔细，令人感动。枕山身上没有一丝大师们常见的那种傲慢和自大，难怪当地学生对他如此感恩戴德。

从明治十五年（1882）起，深泽他们的淡交社还将作品送到东京的鸣文社和薰风社接受指导（这些吟社每首诗收取固定费用，五言绝句 1.5 钱，七言绝句 2 钱，五言律诗 2.5 钱，七言律诗 3 钱，古诗 10 钱，短歌 1.5 钱），明治十六年（1883）起，他还订阅了川崎学社的诗歌杂志《进德余志》，并向其投稿。他最看重的文本是由真下晚菘、沟口景弦编纂，大沼枕山选评的《同人集》数篇，以及小野湖山批阅的《今古诗》和千叶县平民前田梅庄编纂的《青年诗集》[明治十六年（1883）刊]。大约明治十七年（1884）开始，他还与神奈川县各地，包括三多摩在内的全县自由民权家的汉诗同好组织“小梅吟窗”有书信往来，慢慢与该群体走得越来越近。

“小梅吟窗”这个组织是由东京向岛小梅村三〇五号若林美之助的事务所得名而来的，并发行了一本名为《小梅吟窗课题》的小册子，活版印刷，大概二十多页，也就是所谓的同人杂志。撰稿人之中，大半都是神奈川县的自由党成员，其中能看到若林芳山（美之助）、石坂天纵（公历）、榎本南赖（重美）、薄井江村（盛恭）等名

① 现町田市小野路小岛宗市郎方小岛资料馆所藏。其中包括大沼枕山等人的大量资料。——原注

字。他们全都是南多摩郡自由党党员，同时也都是北村透谷曾加盟过的明治十七年（1884）东京神奈川县居民读书会的核心成员。

我们不得不承认，自由民权家的学习结社与汉诗团体之间是有交集的。推测透谷的好友石坂公历领导了政治学读书会，而公历童年起的好友若林美之助负责小梅吟窗会，两位民权家都精力充沛。若林美之助尤为活跃，作为新锐演说家，他的名字常常出现在当时的《自由新闻》上作为宣传。当若林在明治十八年（1885）秋天突然去世时，汉诗小组似乎就销声匿迹了，深泽权八与该会的通信也戛然而止。

由此可见，在权八身上，“自由楼主人、学艺讲谈会干事”民权家的一面与“以文会干事、天则堂主人”的文人一面，是互为表里的。不仅深泽，从他周围许多民权家的身上也都可以看到这种特点。例如，在一本名为《鹭约鸥盟集》的诗集（文书）中，除了权八之外，还收录了以下十位诗友的作品，他们都是自由党成员或民权思想的拥护者。此外，有趣的是，这十人中有八人是从日本各地来到五日市的人：中岛元征（近江）、竹村美雪（近江）、油井守郎（仙台）、伊东道友（仙台）、蒿地尧平（大分）、利光鹤松（大分）、赤星晃（福冈）、久保田久米（三河）、佐藤贞干（相模）、吉野泰三（北多摩）。在这些成员的基础上再加上劝能学校教师千叶卓三郎（宫城）、秋山文太郎（南多摩）、长坂喜作（甲斐）和大矢正夫（相模）等人，我们会发现明治这个时代的人员流动是如此的频繁。据我推断，北村透谷（小田原）在明治十七、十八年（1884—1885）前后也曾追随他的盟友大矢正夫来到了五日市地区。

第四节　政治与文学

明治十六年（1883）11月12日，深泽权八在收到千叶卓三郎死讯时放声痛哭。几天前他才去探望过卓三郎。千叶没有妻子，没有孩子，没有亲戚，也没有可归之所。他就这样孑然一身地闭上了双眼。从葬礼到执行遗嘱等流程，深泽父子就像自己的分内之事一样，事无巨细地为其操持。也正是得益于这份友谊，深泽家的仓库里才保存下了一批与卓三郎有关的文书。

当时，权八身体不好，经常前往东京治疗胃病。在明治十七年（1884）6月，有一阵子他在东京住院。之所以知道这个日期，多亏了权八在这段时间里收到那些被歧视部落的民权家频频寄来的明信片，他们纷纷对深泽的病情表示慰问。山上卓树、山口重兵卫、柏木丰次郎等人也是南多摩郡下一分方村的部落首领，他们很早就加入了天主教，深受人人平等的教义浸润，并参加了自由民权运动，试图将这些教义实施于政治之中，也主动靠近内山安兵卫、深泽权八等人，彼此成为了相互尊重且平等的同志。深泽他们身为民权活动家，最令人钦佩的一点是其拒绝一切对部落民、士族和外国人的歧视，并坚持与那些志同道合者平等相处，并将这种人权思想贯彻始终。

权八的健康状况越发不容乐观，但在失去了 TAKURON CHIBA 之后，五日市的人们自然而然地向他投来期许的目光，怎么可能还允许他安心养病呢？在明治十七、十八年（1884—1884）这两年中，从全国范围来看虽然民权运动逐渐式微，而唯有在三多摩的运动形势依然高涨。从明治十七年（1884）5月到9月，当地活动家细野喜代四郎、平野友辅、木内伊之助等人不顾宪兵队的阻挠，连日在八王子、青梅和府中举行演讲。在五日市，劝能学校的教师中也掀起了“旧忧国组”的复兴运动，借此回应群马事件[①]和加波山事件等武装起义。深泽的好友久保田久米曾试图加入加波山起义，但以失败告终。大矢正夫也曾与富松正安誓约共同起事，但还是没赶上起义，并为此懊悔不已。[②]

此外，明治十七年（1884）8月起，三多摩地区发生了一系列的“困民党”[③] 骚乱，当地的自由党党员为此不得不被迫四处游走调停。据说就在调解纠纷最为白热化的当口，传来自由党总理板垣退助一行前往西多摩的秋川钓鲇鱼游乐的消息。得知此讯，内山安兵卫顿时坐立不安，便给静养中的权八写了封信，期望他能够重新出山。权八自然不会坐视不管。此前，他已经为了保护受压迫的学艺讲谈会，假借佛教演讲会之名组建了一个名为“宪天教会”的伪装结社，为其开展合法活动确保了空间。看宪天教会的成员名单便可发现，与迄今为止介绍的以文会或自由党的成员几乎同出一辙。

就这样，西多摩的民权家们即使在自由党作出解散决议后，依然改头换面地继续着他们的活动。例如，明治十八年（1885）1月，他们向政府递交了一份《缩短国会开设期限建白书》，这种大胆不羁的行为当时在日本国内是极为罕见的。因为它要求修改有关开设国会诏书中部分内容，很有可能使得北多摩结社（武藏野丛志社）以“不敬之罪”而被问罪。于是，草案条文由吉野泰三（正文中作泰造）谨慎

① 明治十七年（1884）5月，群马县自由党人清水永三郎、日比逊、汤浅理兵等以打击专制政府为旗号，组织贫困农民发动的一次激烈的反政府运动。

②《大矢正夫自叙传》（1927年，未公刊，大矢宽子氏收藏）。——原注

③ 自由民权运动末期成立的关于偿还债务问题的农民运动组织，也叫“借金党”。困民党、借金党不单是一种贫农阶层的暴动，它也受到自由民权思想的影响，秩父困民党、武相困民党就是其中有名的例子。

起草，深泽权八为第一发起人，可见他在紧急情况下已经下决心做好了承担责任的准备。

这种长期的压力也导致权八的健康不断恶化。明治十八年（1885）4月，他前往热海进行温泉疗养。然而，五日市的同志们特别是劝能学校的年轻教师们面对政府的镇压和运动的衰退，无法抑制心中愤慨，最后决定与其进行言论斗争，不如直接付诸武力。明治十八年（1885）6月左右开始，他们参与了激进派领袖大井宪太郎的密谋。一切都是在绝密中进行的，深泽权八甚至可能都不知道此事。以大矢正夫为首的三多摩行动队被委以抢劫军队资金的重任，劝能学校的教师们相继袭击了县内富农的住宅和市政府。此时，北村透谷也被要求加入这个团伙，他也正是从这时开始感到万分绝望。直到大阪事件的计划败露，大井、大矢等人被捕，细节一一被报纸广泛报道后，深泽才得知事情的真相。他的好友久保田久米在逃，后在甲州被捕，权八对他的挫折表达了感同身受的痛苦。

满月悲凉向甲州，怀君此日抱孤愁。
东洋万里迷蒙晓，泪洒芙蓉八朵秋。

大阪事件给五日市劝能学校带来了致命一击，而政治运动也被迫停滞了一段时间。随后，深泽等人三次改变策略，开始了“协立卫生义会”运动。他再次与马场勘左卫门（町长）和蒿地尧平（医生）一起成为干事，并选拔出身名门的内山安兵卫为会长。包括民权家在内的三十五名同志被选为西多摩全区的成立委员会成员，从整体上推动了全郡上下的公共卫生事业的运动。

该协立卫生义会是一个自发的为人民健康和卫生事业服务的志愿

组织，正如《条例》第一条明文规定，“本会目的在于就保持增进一般人民健康安全之方法进行探讨，进行卫生上方面智识之普及”，并借此来加强与大众的紧密联系，展开民众启蒙运动，堪称高瞻远瞩之举。

当然，此会成立初时，主要是出于保护居民免受霍乱或伤寒的紧迫威胁。当时，霍乱、斑疹伤寒、痢疾、天花和其他传染病越发肆虐，仅明治十二年（1879）霍乱死亡人数就高达 105 784 人，明治十六年（1883）和明治十八年（1885）的痢疾瘟疫分别造成上万人死亡。除了死于霍乱的 108 405 人之外，明治十九年（1886）伤寒和天花也造成 32 000 多人死亡。对此，明治政府和县政府没有采取任何积极的措施来进行救济，用于百姓卫生的预算还不到购买一艘军舰的一半费用，难怪西多摩的自由民权家们会奋然而起。

此外，卫生义会条例第二十条规定，委员会“分为以下科室”：“公共卫生科”“学校卫生科”“婴儿保育科”“流行病科”和“救济科”等，每个科室都配有一名专门的审事委员。当时，这种配置不仅在日本独立卫生运动中，在医学保健史上也都公认为具有先驱的意义。更重要的是，在三十五名成立委员会成员中，十名干事都由自由党人担任。这表明民权运动是与社会底层人民生活密切相关的一场脚踏实地的运动，以“地方公社”为目标，展现出了“国民运动”的各种丰富可能性，绝非文人书生流于形式的政治主义。从内藤正中和后藤靖等人介绍可知，同样的例子在备前、备后和美作及信州的各个地区都处处可见。[①]

深泽权八后来在明治二十一年（1888）当选为神奈川县议会议

① 内藤正中《自由民权运动研究》，1964 年；后藤靖《自由民权运动的开展》，有斐阁，1966 年。——原注

员。然而，他的病情却并不乐观，也不参加任何公开活动。相反，他的父亲名生的名字却出现在三大事件的提议运动中。

不知他们在阅读了明治二十二年（1889）2 月 11 日政府颁布的《大日本帝国宪法》后，心中会做何感想？我们不难想象，曾经与千叶卓三郎为了起草《人民宪法》而四处奔走，甚至在千叶去世后仍继续订阅《明法杂志》和《宪法杂志》的深泽权八，在读完唯有天皇大权至高无上的《钦定宪法》条款时，心情是多么痛苦！“通读一遍唯苦笑”，这句话又岂只是中江兆民一个人的想法？

千叶卓三郎因何而死？又有多少位同志为开设国会献出了自己的生命？大家如此期待的国会选举却相当受限，每千名公民仅有一名有权成为选民。而深泽权八也在开设国会后不久便撒手人寰。他在明治二十三年（1890）12 月 24 日清晨永远地闭上了双眼，当时他还未满三十岁。深泽名生失去了唯一的儿子，绝望之情不难想象，一年半以后，他也走完了自己五十一年的多舛人生，追随爱子而去。

今天，这对父子的坟墓已经布满苔藓，矗立在深泽村宅子后面的山坡上，恋恋不舍地守望着山谷中的村庄。

以上，我们以多摩的豪农为主要对象，考察了当地民权活动家对“文学”与“政治”的态度，并得出以下感想：

“政治”和“文学”的选择并不唯一。这场运动的态度是悠缓的、全面覆盖生活各领域的、有教养的，甚至是全人类的。这与明治维新志士风格的行动方式，或学生、壮士、大陆浪人以及后来社会活动家的行动模式明显不是一个类型。

究竟是为俗称日本式“政治”愚忠献身？还是洁身自好地放弃“政治”，从中逃离，然后如同文人隐者般封闭在感性的“文学”世界之中呢？二者并非非此即彼的对立关系。毋宁说，二者其实是可以以开放的形式并存的。在基于民众生活基盘上活动的豪农阶层与汉诗文学的这一独特组合中，我们可以看到其现实形态的特点。

细野喜代四郎曾咏道："农事已终犁锄收，闲闲自是入三余。昼为经史兼诗赋，夜来研究刑政书。""农耕""诗文""政治"，三者幸福地融为一体。这对于自耕地主和民权家来说，至少曾经在某段过渡期内是触手可及的。但这对他们来说不过是一场幻觉，幸福转瞬即逝，巨大的挑战随之到来。人们更为真切并强烈地意识到了"政治"和"文学"之中蕴含的真正近代性。然而，在19世纪80年代登场又早早谢幕的深泽的人生在暴风雨到来之前就已完结。

正如我们此前所看到的，明治初期的汉诗文学始于明治维新的革命者，他们赋予诗歌以全新的精神，并在自由民权运动的大潮中，以迅雷不及掩耳之势扩散到底层深处的知识分子之中。这些新兴的汉诗人努力将他们的生活、阶级愿望和政治激情融进这种文学形式。他们通过这种方式带来了从未出现过的新风格，使得诗歌精神浴火重生。

就这样，汉诗的生命力在这场动荡中成功复兴，在历史革命中发挥了作用。如果没有发生这些的话，那么日后夏目漱石、森鸥外、萩原朔太郎等人就不会把汉诗视为日本诗歌之源，并将其传承下去的。

这些事实时至今日还没有得到正确的评价，不得不说是日本文学史家研究上的一种怠慢。

第五章　民众意识的高峰与低谷

第一节　无文字的民声

我一直在关注底层民众的文化创作问题，尤其是从农村地区的知识分子、地主和豪农阶层的角度来加以考察。换句话说，我关注的是“立文字的人”和“有识之民”，因为我相信他们对“人民深处的鸣动”最为敏感，他们身上也是矛盾的集中体现。这种明治式的“中间层”处在一个极不稳定的“基层与权力之间的力量制衡点”。他们本身既是一村之长，也是权力末梢的统治者，因此会陷入一种内部撕扯的焦虑之中。特别是革命时期，这个阶层一直两面受夹板气，危机意识逐渐加强，历史意识也更为敏锐，这也使他们具有一种对时代的预见能力。我认为他们的确具有“人民代言人（spokesman）”的一面，便开始关注他们的思想和行动。

但是，仅凭对他们的研究就能把握整个草根文化吗？大多数老百姓一辈子都没写过字，脑子里会想想，但不会写。我们又是否能将上述那些人视为代表呢？很长一段时间，我都对为此感到困惑。如果想要去追踪底层文化的价值，仅仅止步于此的话，又怎么能够真正抵达“人民深处”呢？

在岛崎藤村的代表作《黎明之前》中有这样一个场景。国学家青山半藏是一个富有的农民，同时也是村长、批发商和旅馆老板。他为了村民的利益操劳工作着，全心全意地四处奔波。但是有一天，他十分信任的一个农民对他说：

“半藏，你觉得有人会把他们的真实想法告诉你吗？”

也就是说，农民们其实从未向他打开心扉，此话着实一语戳心。不仅是青山半藏，即使我们这些研究者听来都仿佛万箭穿心。一直以来，我都试图理解民众的思想意识，而这句话也成为了我将自己的研究进行下去的动力。

那么，面对那些“不立文字的人民”，我们到底该通过什么媒介去把握他们的思想呢？如果想把握整体趋势而非某一部分人群的话，我们就必须从变革时期出现的民众意识和行为的异常表征，以及其表达形式来进行判断。只有在极少数情况之下，我们才有可能接触到人民的话语（呐喊、呼吁、抗议），因为这些话语是用他们自己的语言记录下来的（官方的调查实录、当事人和目击者的证词记录等）。

19 世纪 80 年代大萧条时期发生了一连串农民骚乱，相关的民众文献特别是作为其高潮的“秩父暴动”的相关资料，正是了解明治时期革命中底层民众心态的最佳材料。然而，要发掘出这样的文献实非易事，此前我们也没有借助这些材料对民众意识进行深入而透彻的研究。我所进行的关于武相困民党的研究工作也不过是分析须长涟造、盐野仓之助和若林高之助这些领袖的思想，在此基础之上顺带再捎上底层而已，而没有真正去了解那些与之并肩行动的底层人民，深入探索他们之所以如此不屈不挠进行地下活动的内心世界。①

本章中，我尝试借助前辈学者们发现的数百名“秩父暴徒犯罪相关文献类汇编”探索这个尚无人涉足的未知领域。幸运的是，井上幸治的《秩父事件》于1968年出版，为本研究做好了铺垫，我想沿着这条道路继续走下去。在我看来，不仅要分析那些代表民众意识高涨的巅峰、“高地”的起义参与者的民众意识，也有必要去分析那些对此加以批判和嘲笑的旁观者的民众意识。另外，也有必要参照安丸良夫关于“通俗道德”研究，以及其由“匡世逻辑谱系”② 所开辟的、对参加丸山教等新兴宗教信徒的民众思想之形成的研究，探讨其中独特的规律性。

秩父暴动到底是怎么回事呢？对于不熟悉它的读者，有必要先做一些简单的介绍。以下引用我于1968年10月22日在《朝日新闻》上发表的一篇短文。

> 有一个人被判处死刑后潜藏了三十五年，临死前声称“自己是秩父事件的主谋”。
>
> 大正七年（1918）6月，已改名为伊藤房治郎的井上传藏住在北海道鄂霍次克海附近的野付牛村（现北见市）。据《自由党史》中记载，井上是一个连接困民党与自由党的关键人物。起义时，他曾担任“革命军”的财务官和参谋，明治十七年（1884）11月4日，当主力部队被击溃之际，他和战友们逃到了武甲山的一个山洞里，其后便不知去向。

---

① 拙稿《困民党与自由党》，收录于《历史学研究》247号，1960年；《困民党的思想》，收录于《明治的精神》，1965年。——原注

② 安丸良夫、广田昌希《“匡世”的逻辑谱系》，《日本史研究》85—86号，1966年。——原注

10月的一天，我和井上幸治一起造访了井上传藏的亲生女儿阿文，她父亲在她二十岁时就去世了。从她口中得知，传藏生前曾是“一位阳光灿烂的父亲，有一个开朗和睦的家庭”，“即使在他坦白之后，我也一直以父亲为荣”。从中，我们可知传藏直到死前都对自己的行为坚信不疑，毫无后悔之意。他在给儿子的遗嘱中写道：“那件事情没判成政治犯，我深感遗憾。请替我去趟秩父，帮我为战友们祈求冥福。”

约有五千人（也有人说多达八千或一万人）参加了秩父起义。其中，约四千两百人被判刑，三百人被判重罪，七人被处决，包括总理田代荣助在内的五人被迅速处决，暴乱中死亡的人数不详。国家和舆论都谴责他们是“暴徒”，并将这一事件定性为“暴乱”而封存，这也正是后半生一直折磨传藏的原因。那么，这一事件到底是怎么回事呢？

在东京附近武藏秩父的山村里，突然出现了由两个大队一个军团组成的数千名农民军，他们手持猎枪、木炮、大刀、竹枪等武器，打着“新政厚德”的旗号杀进大宫乡，并占领了郡政府，挂出“革命军总部”的牌子。之后，他们发布了“自治之政”的公告，要“匡正世道”。他们向各村派出游击队，袭击黑心的放高利贷者，甚至试图打到东京去。他们与前来镇压的宪兵队和军队交战了十天，最终在八岳山的山脚下被歼灭，这是一起日本近代史上少见的大事件。

这不单纯是一次农民起义或造反，也不单纯是一次借金党或困民党的暴动，起义从一开始就是冲着明治国家去的，准备要好好与其进行对抗。可能是因为他们接受了自由党的革命思想（“欲改天下之政治，欲与人民以自由，欲为诸民而起兵”），甚至连价值观也发生了转变，认为只有自己的行为才是正义的，而国家则是非正义的。

当然，这并不是说参加起义的数千人都如此。但是据我们了解，在石间村等村庄有这样一首歌谣："钱没有，莫要慌，有了自由党，钱自然到手。"随便一个农民都说要"与板垣公①合兵，变专政为良政"，从中可以看出这种幻想已相当普遍了。至少，这种想法在秩父困民党核心的一百名地方组织者中是根深蒂固的。因此可以说，秩父事件是已经具备了资产阶级民主革命运动色彩的农民起义。

这里还要考虑到当时的经济背景。明治十七年（1884）发生了六十多起与债务有关的骚乱，其中大部分集中在关东山区的桑蚕地带。同年，农民和小商业者的债务总额达到两亿日元（相当于今天的两万亿日元），仅这一年就有近十万个家庭宣布破产。

这便是大藏卿松方正义强行要求重新整治纸币的结果，这一举措也被称为日本资本主义的原始积累政策，即通过苛税掠夺收入。困民党的暴动正是出于对这种财政政策的根本性抵制。

顺便一提，此前的研究者比如平野义太郎等人把借金党和佃农党混为一谈，将豪农、地主与贫农、佃农之间的阶级矛盾归结为其爆发的原因；也有如堀江英一等人，把民权运动的发展简化为"士族民权→豪农民权→农民民权"的图式，并将秩父事件解释为其发展的一种最高形态。然而在我看来，这两种解释都与事实不符。

如果说明治维新的任务是资产阶级革命，那么自由民权运动

---

① 指自由党总理板垣退助。

则是国民用自己的双手推动的一场运动。这场运动由士族民权活动家发起，但最后将其发展为全国性运动的主力却是豪农。必须指出的是，尽管全国各地的自由党都是作为豪农的政党而诞生的，但领导秩父起义的秩父自由党却与豪农的自由党性质截然不同。这一事实直到现在还没有得到澄清，也招致了不少误解。单凭官方的资料或两三个领导人的法庭记录，是无法厘清秩父事件本质的。

1968 年 5 月，井上幸治的《秩父事件》一书出版，顿时拓宽了原先较为片面的研究思路。井上在多年的历史文献研究基础之上，对群马县政府等处珍藏着的三百多名农民的审讯记录进行了彻底的分析，首次厘清了困民党这个惊人的组织中一百多名地方组织者的思想和行动样式。我们可以清楚地知道，与大井宪太郎为代表的左派自由党不同，秩父的自由党党员（困民党的核心）之所以入党，是因为他们自始至终都坚信“传说中的革命党就是自由党”。

最近，若狭藏之助等人发现的风布村当地组织者大野福次郎等人的文书显示，福次郎从起义前的 10 月 27 日开始，短短四天内就为自由党收集到了约五十张新党员证。这证明他们是以邀请的方式让大家加入“革命政党”，并开展起义准备工作的。尤其令人感动的是，当时的自由党其实已经在大阪召开大会宣布了政党的解散。这些人才是秩父起义真正的原动力。

与井上传藏一样，菊池贯平也被判处了死刑。他是秩父革命军的参谋长，在大部队溃散后继续率领大野福次郎等人，从上州转战到信州，后来又在网走监狱中忍受了二十年的牢狱生涯。究竟是怎样的一种思想支撑着这些顽强不屈的抵抗派成员的呢？

“无论是贯平还是其他干部，都坚决避免与军队发生正面冲突。他们十分乐观地认为，无论去到哪里，都有着能够让困民军休养生息的社会基础，并带有一种自由党式的浪漫主义，认为只要将这次暴乱坚持下去，便能激发起甲信地区①的起义。”② 用今天的话来说，这就叫做“格瓦拉式思维”。昭和八年（1933）11月9日，也就是战前左翼运动全面崩溃的那一年，以菊池贯平的名义，在八岳山对面的马流丘陵上建起了一座无名战士的纪念碑，上面写着“秩父暴徒战死者之墓”。

图6　位于信州东马流的秩父暴徒战死者之墓

（1933年11月9日菊池贯平之孙共建）

本书作者摄影

① 指古甲斐国与信浓国，即今山梨县和群马县。

② 井上幸治《秩父事件》，1968年。——原注

战后，度过“狱中十八年”的德田球一等人闻名于世，但那些“潜藏三十五年”和“入狱二十年”的明治英雄们却从未被追认；时光荏苒，历史的阴翳中有数百名无名战士怀抱着理想、投身行动，又默默死去，他们坚韧不拔的思想却从未被提及。

第二节　无名战士的思想

在此，让我们深入这几百名人民战死者坚毅的思想世界。他们带着理想行动而起，又为了理想而亡。

参加秩父暴动的人数据说是五千或八千人，但根据井上幸治所述，核心成员在一百至一百三十人之间，他们动员的武装起义者大约是三千人。三千人这个数字并非仅指那些“附和者”，而是指那些长期在核心组织者手下可以随时待命的人员，一旦发出紧急呼唤，便能随叫随到。核心成员是包括村里选出来的数十名组织者（指挥负责人）在内的困民党组织者，由一村组织者（村总代表）和村落里的耕地组织者合并而成。井上将他们称为战斗分子（militant）和活动分子（active）。

这一百多名核心成员中大概有三十名是正式的自由党员［秩父郡，明治十七年（1884）5月统计］。所以自由党中有一半都是困民党的指挥部成员，其他党员虽为自由党，但与暴乱毫无关联（拒绝参与）。因此，我们确定发动起义的不能说是“秩父自由党”，而应该改为“自由困民党”。

以下人员为该事件的领导人：秩父自由党总理田代荣助（58岁）；

副总理加藤织平（37 岁）；财务官井上传藏（31 岁）；大、小队长坂本宗作（30 岁）、落合寅市（34 岁）、高岸善吉（38 岁）、上州组织者小柏常次郎（42 岁）、信州参谋菊池贯平（37 岁）等。他们都是这个类型的自由党成员。而以这个领导层为中心，身边聚集着一百多人的村庄或耕地的组织者。从大野福次郎的例子可以看出，这些人在起义前就加入了自由党，并开展了大规模的招募活动，招募农民加入革命自由党，这样他们也被视为参与了困民党的起义计划。

我想关注的是这些没有文字的人们的思想与意识。在这些人中，“立文字之人”差不多只有井上传藏、菊池贯平和落合寅市，其余的即使识字，也不会像豪农民权家那样能够用文字来表达自己、说服他人。起义时田代荣助五十八岁，据说他非常具有人格魅力，多年来周游各地，替民众发声，也经历过种种苦难。据说他的家族在秩父享有很高的声望，代代是名主。但明治维新后，家道中落，只留下三四反[①]田养蚕，到最后连这些也几乎都要落入放高利贷者的手中。他之所以被推到了总理的位置，或许是因为田代的声望和其日常事务中培养出来的成熟老到的待人处事能力。同时，他也是一个具有政治敏感性的人，在武州和上州地区同时组织起义，并且一直坚守到最后。不过，他绝不是一个造反主义者，而是一个能够深思熟虑地将合理主义发扬到极致的政治现实主义者。

副总理加藤织平身上也有一些相似之处。他被看作是一个拥有许多手下的放高利贷者，被说成是一个黑社会小混混，但事实并非如此。调查过他的检察官回忆道，在所有领导者中，“加藤的性格最为沉稳”。当织平被委以起义领导的重任时，在加入起义前他先主动撕

① 日本土地面积单位，1 反为 300 坪，约为 992 平方米。

毁了自己借给村民的一百五十元欠条。后来，他的长子也成为村里的一名小学老师，这一事实表明织平的家庭还是很有规矩的（见井上前引书）。

与荣助和织平一样，小柏常次郎或许也可以称作“老江湖”。小柏当时四十二岁，没有成家，作为一个屋顶木板工四处打工，过着流浪的生活。他的口才相当好，深受人们喜爱，有时还会客串一下说书先生，他工作也很勤奋。来到秩父后，一边帮着养蚕一边进行组织工作。之所以有魅力，是因为他走南闯北，见多识广，有说不完的话题，而且很喜欢与人打交道，深得人们的信赖。只要是小柏发动起义的村庄，村民们都会一直顽强战斗到最后。

被称为“半根古[①]的寅市”“染铺的善吉”“龅牙宗作”（或“铁匠宗作”）的这三个人，便是秩父郡吉田村“困民党三人组”（落合寅市、高岸善吉和坂本宗作）。他们都是出身贫穷的农民家庭，同时也是出色的起义组织者，在一百多位核心成员之中独放异彩，正是此次艰难而漫长的组织工作的最大功臣。他们大约在明治十七年（1884）初加入自由党，多次利用合法的大规模请愿运动，吸引大量民众参与；在背地里，他们说服荣助和织平成立起义司令部，还通过与上州和东京的总部的联系，做出周密的安排，巩固自身组织。

落合寅市是一个十七八贯[②]的大个子，耕种了七八公顷的田地，也干着烧炭的活儿。坂本宗作是一位热心的养蚕专业户，曾经在儿玉郡的蚕茧共进会上展出了自己养的蚕并获了奖。二人都十分勤奋。高岸善吉算是三位农民中的大哥，但他为人实诚，近乎愚直，也因此流传下不少有关他的趣事。

---

① 指秩父市石间的半根古耕地。
② 日本的重量单位，1 贯约为 3.75 千克，十七八贯等于 63.75—67.5 千克。

到了起义当天，“鲍牙宗作”在白头巾上写了“悟山道宗居士”，这是他死后的戒名，可见他已做好了视死如归的准备。即使在主力部队被击溃、指挥部遭到歼灭之后，他仍带领拔刀队转战信州，直到被处死，可谓一直战斗到生命的最后一刻。

通过宗作他们的生活，我们可以了解到其思想是如何形成，他们又是如何打开对社会制度的批判之“眼”的。一方面，他们本身便是大众道德坚定而勤劳的实践者。特别是宗作，为了维持自己的生计，一直致力于技术改革。然而，无论他们如何努力，如何隐忍，都无法改善眼前的现状，反倒濒临破产。面对这样的现实，他们别无选择，只能眼睁睁看着自己被推向破产的边缘。他们终于明白，这不是因为生产力，也不是因为生产主体，而是缘于生产关系本身的结构所致。起初，他们将其归咎于面对的那些放高利贷者和官僚的蛮不讲理，所以他们才讲尽各种道理、用尽各种办法恳求、请愿，但还是一次又一次地被警察带走，或者受到侮辱，被遣返。他们恳求过政府当局，但官员们并不接受他们的申诉。正是经历过这些之后，自由党的社会观才将他们推上到一个对更上层权力（统治机构）加以批判的高度。

井上幸治有句名言：“激浪能够揭示人间百态。”当我们翻阅群马县和埼玉县警察局审讯的数百名起义参与者的文献记录时惊讶地发现，这些迄今为止从未被关注过的人民的意想不到的言语、坚定的信念和无畏的态度，简直是令人震撼！这场动乱的激浪洗去了尘埃，让我们看到了人民身上久被隐蔽的那些优秀品质。

上日野泽村的木村又吉（本名）在回答警察局审讯时说：“我叫河野直七，五十四岁，平民，职业是木工，不识字，无前科。”他曾突围到信州佐久平的马流，11 月 9 日正在营地吃早饭时突然遭到枪击，兵败被捕。这位五十四岁的半无产者坦然讲述了自己的故事。他同意兄弟们所说的“放高利贷的都是那些不守规矩、贪图利息之人，不偿还也无大碍”的观点，之后他自己也成了组织者。他先是向警察局情愿，然后多次向债主乞求，要求延期付款，屡遭到拒绝后终于揭竿而起。在荒川对岸的金崎村战斗中，他在甲大队长新井周三郎手下持枪作战，在小鹿野警察署时则声称“全凭一己之意冲进去的”。当一位警官询问他“你开枪是想射杀官员吗?”“你一定是想要杀人，所以才瞄准二楼开枪的”，又吉则平静地回答：“你说是就是吧。”

从他这种半无产者到大山诘神社神官宫川津盛那样的知识分子，上日野泽村有五十多人参加了起义，其中大部分都被指控刑事犯罪。这个村子的小队长是村竹茂一，他一开始也是老实哀求放高利贷者，但逐渐对他们冷酷无情的行为感到愤怒，于是与二十八个村子代表一起向大宫警察局局长请求对放高利贷者进行训诫。然而，警察反倒为债主辩护，拒绝听取人民的意见。他最终走投无路，参加了非法的群众集会。问他为何决定起义，他坦言：“他们说为拯救同胞人民，这是最好的方法了。我为之感动，且举双手赞成。”他的审讯答辩书整体看来坦荡率直，也许由于已经是四十六岁的年纪，语言朴实无华，坦诚直率，毫无畏惧，其中有这样的问讯记录：

问：你领导的五十多名暴民，各自都负责什么？

答：竹枪组四十人、枪支四杆、持刀营十几人，准备了三列，我负责指挥他们的进退，烧毁或破坏房屋。

这位农民小队长在起义过程中却因指挥不力而受到指责，让位给了柴冈熊吉。但他自己依然认真地留在战场上，甘心当一名小卒。在秩父的大部队被击败后，他转战到八岳山脚下，在海之口被俘。正是这样一个具有杰出人格和道德品质的人，才不会背叛人民，才有可能成为真正的民众领袖。同村的森川作藏也是与河野直七和村竹茂一等人一同在信州突围而出的人，但在马流被俘，被判处十五年监禁。

第三节　山村公社

武州秩父郡石间村曾经流行过一首脍炙人口的歌谣："钱没有，莫要慌，有了自由党，钱自然到手。"这个村子总共一百七十五户人家，不愧是加藤织平本人所在的村子，组织工作落实得很彻底，五个人动员起了一百八十人的部落，组织率极高。新井繁太郎是一个典型的石间耕地①组织者，被审问时他明确交代说漆木耕地的三十五户人家中有三十户是由他和另外一个人动员起来的。田中千弥在《秩父暴动杂录》中称："漆木耕地的繁太郎放弃了他的家业，教他的妻子和女儿操练长刀。相信自由之妄说而无心产业者比比皆是。"此外，新井福太郎还对自由党和借金党的不同目标作了明确区分：

> 自由党的目标是废除学校和减少税收，众人用武力砸毁县厅及警察局；而借金党的目标则是通过烧毁户主办公室里的公证书和债主的证明来使之无效。

1884年，日本的山区出现了一个真正变成公社的村庄，还传唱

① 在秩父地区，集落被称为"耕地"。

着解放之歌，“自由自治之乡”那种意气风发的精神在这里落地生根。这一切并非幻梦，而是真实发生的。仅石间村后来就有二十人被捕，被告上法庭，这个公社最终也只是昙花一现。11 月 4 日下午，新井繁太郎得知指挥部已经四散逃亡，便怀疑荣助和织平等人携款潜逃，并决心“找到他们，痛揍一顿”，但又不知该去哪里追，于是就想翻过山去信州。但是他转念一想，又觉得“这种情况之下很难达成目的”，便打道回府，谁知在回来的路上不幸被上州村民抓住了。上州自由队的队长小柏常次郎也陷入了同样绝望的绝境。从中我们可以看出，日本的这个公社组织还是不够成熟，也十分短命。从它成立的那一刻起，导致其解体的各种矛盾因素已经显现出来了。

与石间村一样，风布村是另外一个强有力的村庄。这个村子是在秩父起义中打响了第一枪、最早点燃起义狼烟的地方。风布村中也曾出现过类似公社的状况。在起义前的五天，部落组织者大野福次郎便收到了大约五十二张自由党入党加盟证。其中超过一半都来自风布村，有二十八张。翻看这些卡片，会发现下至十九岁的男孩、上至六十六岁的老人都加入其中。这是一个只有八十户人家的贫困山村，但在大野苗吉以及其身边的大野长四郎、福次郎等部落组织者的领导下，全村上下都投入到从困民党向自由党转变的运动之中。他们被称为“风布组”，非常团结，总是作为先锋队作战，即使在战争形势恶化的情况下也没有四分五裂。风布村的小队长是石田酒造八，大野长四郎曾证明说他一个人就带领过一百四十多人。

他们大多是贫困的蚕农，饱受附近村庄高利贷和放贷公司的压迫，而后者却受到警察和法院的庇护。他们中的很多人都被债主追债。风布村的大野新吉等十二人从金崎村的永保社借的本金和利息高达一千零八十二元二十钱，而大野长四郎本人也在井户村的一家放贷公司那里欠下了八十五元，福次郎还欠着井户村放债人野口惣五郎二十一元。福次郎有一份文件，上面记录着债务的金额，在他被捕时，这份文件连同其他重要文件一起被没收了。

10月31日晚，这位耕地组织者大野福次郎头系白布条、身缠白带子，佩着刀与田岛龙助一起率领其他十四五人赶往上吉田村的集会点，在皆野村遭遇到警队，被捕后关押在小池户长的家中。当时，他把田岛随身带着的文件藏在榻榻米下，自己装作是“附和者”交了些罚款就不了了之。被释放后再次秘密潜入小池家试图取回文件，不料又被抓到，这次被判处了七年半的重刑。文件中记载着为起义做准备的五项条例，并规定一旦领导人被捕，应当“引爆炸药，和警察同归于尽”，以及“除了国税之外，废除所有地方税收和学校”，这些都显示了这次骚动实非一次简单的债务纠纷。文件中还有一首和歌，“愿此世清澈无浊，八年后更获盛誉”，可见他们对于开设国会还是抱有幻想和期待的。福次郎尝试了各种合法的请愿方式也无果，就“未经同意便付诸武力，破坏了中仙道铁路，捣毁电报机……为拯救贫民而配合地坐在协商席上”。这显然带着对抗国家权力的意图。就连部落组织层面中也有这样的政治声明，这一点值得关注。①

位于大野福次郎和长四郎之上的是风布村代表组织者大野苗吉。在起义的时候，他拔刀威吓道：“不揣冒昧，加入我们，一起干翻朝廷！”这件事经过井上幸治的介绍后广为人知，如此惊人之举足以令人相信他对抗官僚、反对权力的意识。“不揣冒昧”② 是封建时代人民向上（领主和代官）禀告时使用的惯用语，近世时期大多数农民的

① 埼玉县相关秩父暴徒审问调查资料、大野福次郎供述书等（若狭藏之助氏收藏）。——原注
② 日语汉字写为“乍恐”。

文书中都以“不揣冒昧，斗胆奉上此函，敬请垂注”开头，但这并不代表着尊王攘夷的思想。苗吉本人是一个被“身代限”① 所迫的困民党，但在村子里却被称为自由党成员，并在甲大队长新井周三郎手下担任副大队长。

11 月 4 日下午，他是在干部们溃散之后开始作战的。当时周三郎已经身负重伤，将队长的旗帜交给了坂本宗作，而苗吉则率领一支约五百人的小分队袭击了本野上的警察局和市政厅，然后越过山脉，沿着秩父新道冲向儿玉郡的平原地区。当他们接近八幡山镇前面的金屋村时，已是过了晚上 11 点半。在那里，他们与匆忙派往该地区的东京镇台第三大队的主力部队发生了冲突。

起初，镇台兵无法打抵挡暴徒的强大力量，于是便暂时躲退到竹丛中避免正面交锋，然后炮击暴徒的右翼。暴徒们踩在尸体之上负隅顽抗，并被围剿到了镇子一角，逐渐败下阵来。他们来到百姓家中，用榻榻米搭成掩体，一直打到凌晨 1 点 25 分左右……②

此外，根据埼玉县警察总监镰田冲太撰写的《秩父暴动实记》中所记，农民军一看到镇台兵就大叫着开火，在十四五间③的近距离内把榻榻米立在前面，继续奋战。第三大队的指挥官平田大尉反复进攻了三次都没攻下，于是便带领所有人拔刀呐喊着前进，终于才攻下了

① 即破产抵债。所谓“身代限”制度，指债务人不于法院判决所规定期限内完成清偿，则法院可以发布“身代限”命令，命令债务人变卖其“身代”（即财产），将价金按债权额比例偿还给各债权人。

②《土阳新闻》明治十八年（1885）11 月专辑报道。——原注

③ 表距离，1 间约 1.8182 厘米，十四五间约为 25.45 至 27.27 厘米。

这支负隅顽抗的部队。

大野苗吉也成为这场战斗中无名的牺牲者之一。他的尸体被埋在山林某处，一直没有被找到。然而，他试图突破中仙道的这一战略意义深远，说明即使在指挥部崩溃之后困民党的战斗意志依然昂扬。而这种战斗意志背后究竟又蕴含着一种什么样的思想呢？或许就是“朝廷”、政府无“正理”，我们的“造反”才有理。换句话说，就是坚信“正义并不在国家一边，而是在我们这边”，人民口中能说出这样的话实属不易。在我看来，苗吉之死正表明这种价值观的转变是多么难能可贵。

甲大队长新井周三郎因疏忽而不小心被俘虏里的一个警察砍成重伤。据说他原是秩父隔壁男衾郡西入村的一介平民，曾当过一段时间的小学教师。听说石间村那里缺人，便去拜访了加藤织平，其间加入了该计划。他说自己之所以投身运动，是因为“目睹了村民之贫穷，不忍袖手旁观”，并且在审讯中还愚弄了审讯者。

> 警察进而追问：你有没有想过你用这种暴力要什么呢？
>
> 被告笑着说：我想成为大总督。
>
> 问：什么大总督？
>
> 答：日本陆军的大总督。

这种不把政府官员当官儿看的刚烈风貌，冲破了贯穿日本民众历史的政治权威主义这一弱点，焕然一新的人民形象应运而生。新井周三郎此时只有二十三岁，但周围的人常说他看起来四十多岁，可见其人格魅力和坚强的信念令人心生敬畏。秩父的许多农民接受此人的领导，为了“社会变革”而赌上性命，这表明他们“反上抗官”的意识不断高涨，这与抵抗权[1]的思想仅一步之遥。尤其是这一百多个地方组织者的意识，恐怕是最接近这一思想的了。

秩父郡上吉田村的耕地组织者岛崎嘉四郎住在一个叫做千鹿谷的部落，作为游击队队长奋战在武州、上州和信州多个地方，在战争形势最为危急的时候（当他听到大野苗吉等人在金屋战败的消息，并得知为数众多的军队和警察正在赶来），他迅速振作起来，说道：

> 我想去信州，召集大批人马后再回来此处。惜命的人可以就地解散回家……（再来之际）火速赶来。

上州、南甘乐郡平原村做兽医行走江湖的大河原鹤吉（34岁）在队长的号召下回了家，他说："千鹿谷队长说从信州召集人手后再过来，到时火速赶来。我心中决定等他们再来的时候便去参加，便匆忙回家了。"这时大概有三十人追随嘉四郎转战信州。这里的运动言论堪称反映了明治民众意识的巅峰。

大野苗吉高呼："不揣冒昧，加入我们，一起干翻朝廷！"新井周三郎也放言："我想成为陆军大总督。"千叶卓三郎写道："国王死，国民不死。"福岛的农民柳沼龟吉（新井、千叶和柳沼都是小学教师）因在发表演讲时说到"人与人本应同等同权……然而那些叫做帝王之恶人，身居高位却被授予滥施淫威之权"而被捕入狱。从中，我们可以清楚地看到一种人权优先于国权的思想。当然，这些例子并不能说明当时的民众之中有走向共和制的愿望，也不能说明其对现实中天皇的反叛。在我看来，这个问题并非如此简单。在看似满身泥泞的传统

① 抵抗权指法律规定当国家滥用权力时，任何国民都可以使用包括武力在内的一切手段对政府进行抵制和反抗的权利。当代如德国宪法中对此有明文规定。

外衣之下，实则蕴含着更为复杂多元的思想内涵。

不管怎样，没有地方组织者这种热忱的变革意识做基础，便没有高层那些极具自由党特色的发言。来自信州的自由党党员菊池贯平、井出为吉，以及来自秩父的干部党员井上传藏，能够与大众谈论他们希望在全国范围内同时发动起义的意愿，成立了旨在早日开设国会、减税和推翻专制政府的“革命军”，高举“新政厚德”的大旗，这些全靠地方组织者将他们与民众的还债骚乱事宜相挂钩，以此作为一种沟通、发动群众的桥梁。

11月4日以后，战局陷入混乱，领导层打消了在上、武、甲、信等地同时起义的革命幻想，开始溃败。能够维持战斗力的唯一精神力量就是以地方组织者为核心的那一百多人经历过考验的人民思想观念。而这种思想，正如开头中提到的，是建立在一种革命乐观主义基础之上的，那就是只要他们避免与军队正面发生冲突，确立起自己的核心力量，便会拥有社会基础。无论走到哪里，都能复活困民军，永远战斗下去。打进信州的菊池贯平、坂本宗作、岛崎嘉四郎等部队被认为还具有一种自由党式的浪漫主义（期待全国性地同时发动起义）和格瓦拉式的游击队观念。在此之后，这一精神在日本近代史上再未被激活，直到1945年战败。因此可以说，秩父事件中民众思想史之精髓及相应的媒介链条，正存在于这一百多个地方组织者思想形成的过程之中。①

① 埼玉县相关秩父暴徒审问调查资料、大野福次郎供述书等（若狭藏之助收藏）。——原注

第四节　摆脱通俗道德

参加秩父起义并受到惩罚的约 4 200 人之中，据审讯记录判定有 261 人成为了刑事被告。井上幸治分析道，就笔录显示，该案参与者的读写能力水平之高超乎想象。有读写能力与无读写能力的比例是 4 比 6，当时报纸将他们描述为“目不识丁之辈”是不正确的。并且，从年龄结构来看，30 多岁的人最多，有 83 人；其次是 20 多岁的人，有 63 人；40 多岁的人有 53 人；50 多岁的人有 34 人。30—40 岁的青壮年占大多数。年龄最小的是 17 岁，最大的是 72 岁——他们手里握的武器不是竹枪，而是拐杖。关于资产情况，大多数是中农和贫农，属于“困民”，但也有富农、地主和商人。261 人中有七成是农民，另外 15 人是烧炭工和林场工人，11 人是半无产者，包括搬运工和建筑工，11 人是小商人，5 人是木匠和泥瓦匠。很明显，这是一场全村性的劳动人民运动。

报道中声称秩父事件是由赌徒煽动起来的，但是 261 人中只有 7 人有犯罪前科。其中，1 人逃过兵役，5 人是赌博犯，这个数据也说明了警方的虚假宣传是如何扭曲事件真相的。倘若这次起义果真是一个流氓集团的暴力行动，那么它在民众思想史上则毫无研究意义可言。但是，在我看来，秩父的组织者不仅不是“恶棍”，相反正是民众道德忠实的实践者。从这个角度来看，我想就一般的民众道德（通俗道德）与革命思想之间的关系进行更为深入的思考。

秩父事件究竟是否如政府、媒体和民间煽动者所宣称的那样不过是一场“恶棍”的暴动呢？“恶棍”真的能领导民众吗？答案是否定的。日本自近世以来，民众自律的能量膨胀，确立了一套以自我为主体的“通俗道德”。而所谓的“恶棍”却藐视通俗道德，打破了作为内部纪律的道德准绳。换言之，“恶棍”正是那些无法忍受勤劳、节俭、诚实、和谐、谦让和孝道等自律道德的人。他们脱离了民众的劳动生活，沦为游手好闲、放荡不羁、奢侈、争斗、粗暴和不听使唤的败类，是一帮“无用之人”和“无赖之徒”。因此，当时被人们打上“恶棍”的烙印，基本上就等于被宣判为一个不合格的人，意味着将被贴上不是人、废物和游手好闲者的标签，并会遭到“村八分”① 之类的排挤（这里的“恶棍”“流氓”与“侠客”是不一样的）。

这样的“恶棍”一开始就不可能领导起像秩父起义这样的民众运动。不仅如此，秩父的困民党原本就在忠实地践行着通俗道德。最初，通俗道德就是小生产者为了适合社会动荡并生存下去而发展出来的生活原则，所以秩父人民努力工作、勤俭节约、全家合作、忍耐和坚持，试图以此来挽救他们的产业，以为这样能在松方财政政策下的萧条与税收剥夺之下不至于濒临破产。然而，即便有如此超出常人的勤劳、节俭和诚实，他们也没能在19世纪80年代那场激烈的、内在的资本原始积累的掠夺和高利贷中幸免于难。人们如梦初醒，终于意识到无论他们如何老老实实地遵守国家法律和社会法规，无论他们如何践行那些通俗道德，严于律己，都无法保护家园和自己的幸福。通俗道德的生活方式已经走不通了。直到这时，人们才开始感到深深的彷徨。然而，通俗道德中无法生成任何一种逻辑能够审视和批判整个社会体系。为什么我们“工作工作再工作”，却越来越辛苦呢？问题究竟是不是出在“自己”身上？问题是不是自我否定得还不够彻底

① 指村八分制裁。江户时代以后，在村落实行的一种非官方制裁方式。对那些扰乱村子秩序的人及其家属，全体村民约定除了葬礼和火灾两种情况之外，断绝其他所有往来。

呢？还是“国家的法律和社会的规章”本身有问题呢？人们茫然而不知所措。

就这样，人们试图从并不久远的历史经验中寻求解决方案，将视线转向了江户时代，想到了天明（1781—1788）、天保（1830—1843）年间大饥荒时村里贷款的案例。那个时候，当村民饱受年贡或债务之苦时，村里的官员或富农会“出于慈悲”而批准延期付款（本金冻结几年，在十多年之内按年度分期偿还，等等）。在一些村庄，甚至会批准四十年的分期还款。当然，明治时期的高利贷与之截然不同。它们不是村内部贷款，且利率极高，逼债也极其严苛。借来的钱必须偿还，除了向高利贷者申请延期付款之外别无出路。起初，欠债者还是用一种类似乞求的卑柔态度，但渐渐地，他们被这种不合理的做法激怒，便三三五五聚集在一起，不断向高利贷和借贷公司请愿。

从通俗道德的角度来看，欠债还钱，无可非议。但是，这种追求暴利、残暴催债的行为已经背离了“诚实、和谐、妥协”的道德准绳，是令人唾弃的，人们对此也形成了共识。这也导致了下述的一系列行为：先是对债主的个人请愿，由代表发起，据理力争；进而出现了集团谈判，集体强行上诉——这些都是事态不断升级的必然后果。这整个过程必须要有一个领袖，而成为领袖之人，必是能够成为民众楷模之人。民众的道德就是通俗道德，只有那些以此为信条身体力行、严格要求自我之人，才会抱有坚定的自信，成为对外部也就是社会的尖锐批判者。只有这样的领袖、组织者站在斗争的最前线，将通俗道德的思维方式提升到极致，对己对人都秉承同样的原则严格叩问之时，才有可能从内部突破通俗道德的界限。

让我们再次将视线转向坂本宗作、高岸善吉和落合寅市这困民党三人组，通过梳理其行迹来考察这一突破通俗道德的过程是如何发展的。他们是如何在遵守民众道德的制约下，攀登上了法律的最后一级台阶的呢？更重要的是，他们又是如何与大众一起，一步一步前进，跨出了法律框架之外的重要一步呢？

明治十六年（1883）12月，三人组向秩父郡政府第一次发出请愿，恳求郡长去警告这些放高利贷者，却被政府拒之门外。在此之前，他们应该都已分别向放高利贷者提出过申请。明治十七年（1884）3月，三人组改变了战略，根据请愿条例采取请愿行动。然而，由于户长不愿意在请愿书上盖章，正式的请愿手续无法完成，他们便再次向郡长请愿，但仍没有被郡长受理。就这样，三人组的合法性运动受挫，举步维艰。

明治十七年（1884）8月，困民党组织已经在各村基本成形，并在山谷或山林中召开联络会议。根据协议，坂本宗作等人成为总代表与放高利贷者谈判，要求延期四年偿还债务，并在四十年内分期偿还，这或许是参考了过去江户时期的历史经验。但是，在警察和法院的撑腰之下，债务人强硬地拒绝了。次月6日，大约一百六十名组织者再次在山林中聚集，并频频遭到警察局拘捕，但他们并没有放松组织的建设工作。大约在9月初，三人组得到田代荣助和加藤织平等人的加盟，强化了中央领导层。他们第三次发起了针对债主和警察署的合法请愿运动，并主动成为几十个村庄的总代表，提交了联名委托书，向大宫警察署署长请愿，要求警方出面告诫债主。但是这也遭到了拒绝。不过也取得了一个小成果，他们获得了警察总监的谅解，可以公开与债主进行单独谈判。这时，三人组、村里的组织者和困民群众几乎是站在同一战线上了。10月5日，约有六百名债务人涌入小鹿野町，使警察措手不及。这一波民众活动持续了大约十天，在秩父的每一个村庄里都激起了深不可测的连锁反应。

这种做法不仅让困民党民众都以个体形式直接获得了斗争的经验，这种体验也让他们意识到合法斗争的局限性，培养起了彼此之间强烈的团结意识。为了确保战果，组织者干部转而采用了总代表团的方式进行谈判。在这样谈判中，新井周三郎等人充分发挥了其能言善辩的优势，以合法主义为依据，祭出民众道德，要求严格执行《利率限制法》，将放高利贷者逼到绝路。然而，由于受到“法律”和政府衙门的庇护，“债主们依然气焰嚣张，完全听不进去”。（正如一位放高利贷者在八王子困民党事件时所说：“只要有明治政府在，我们就一点也不让步。”）

这时，大众之中出现了使用武力的呼声，但被组织者们压下。为了依照民众的逻辑把事情做到底，也为了将他们的视线从眼前的敌人转向远在其身后的权力关系，他们曾三次按手续向警方进行了请愿。在此期间，面对困民群众，法院、警察和县政府都成了放高利贷者的“同伙”。只要放高利贷者受到政府制定的“法律”的保护，要想突破法律，不对这个世道进行“革命”，是无法从根本上解决问题的。事实上，群众也已在亲身经历中对此有了一部分直接的感受。

10月12日，干部们在秩父郡上吉田村的井上传藏家秘密集会，决定举行武装起义。之后，直到举事前最后一刻他们还在岩殿泽与一百二三十名当地组织者会面，同意继续开展请愿运动。当然，这次请愿依然被拒绝，最终不了了之。不仅如此，债主们还出现在大宫法院，反向债务人的家里寄去了大量传票。收到传票的农民心中的恐慌感骤然加剧，他们反对那些走法律路线的干部，要求立即发动起义。总理田代荣助站在井上传藏和群众面前，呼吁再给他们三十天的宽限期。然而，大家没有接受。“要求推迟十五天也不行，推迟一周都不行。”

田代和井上想说服大家，如果能宽限三十天的话，“不仅埼玉，群马县、长野县、神奈川县和山梨县的人民必定同时发动起义”。这样一来“也更容易迫使政府减税”。[①] 从田代供词的逻辑中可以明显地看出，困民党的诉求与自由党的革命浪漫主义合在了一起，指向推翻专制政府、早日开设国会、废除恶法、建立厚德新政，从中可以看出一种针对整个社会制度的批判思想。然而，民众坚持要用自己的双手，通过起义的方式马上实现这些要求。田代“持满毋发”[②] 的念头开始动摇。

就这样，明治十七年（1884）11 月 1 日，一支由两千人组成的农民军首先行动起来，向政府各部门开火。

我们无法知晓，这些人民在自发奋起之时，是如何抑制住内心悲恸的，心中又承载了多么沉重的悲哀！一个叫岩田的农民加入了困民党，这在他家里酿成了一起惨案。当时是吃饭时间，妻子恼火地说：“你去自由党的话，让三个孩子怎么办?”坚决不让他吃饭。丈夫被她的话激怒了，当场用一把日本刀砍死了两个孩子。[③]

敦厚老实、吃苦耐劳、禁欲克制的山村人民对“上头”的畏惧高于一切。他们究竟是如何冲破多年来的消极主义，昂然挺胸地与权力进行对抗的呢？其秘密便在于他们坚持自律这一内部道德，问心无愧始终如一地贯彻着这种民众道德，直到被逼到最后一步才爆发，突破了这一道德限制。换句话说，当他们勤勉和真诚地不断请愿，反复进行自我否定，最终无法忍受之后，才将目光从自己身上转向那些站在他们面前的傲慢之人，并对其道德卑劣和无情无义而进行反击。经此

①《田代荣助供述书》明治十八年（1885），府下各报纸刊登。——原注
② 语出司马迁《史记・李将军列传》中的“汉兵死者过半，汉矢且尽，广乃令士持满毋发”，意为不到时机成熟的时候，不要随便放箭。
③ 井上幸治《秩父事件》，1968 年。——原注

一举，他们才开始发现自己道德的优越性，从而转为自我肯定。只有这样，人民才能实现自己价值的转变（我认为印度甘地领导的“非暴力不合作”运动，即道德、精神和非暴力抵抗运动的思想与之有着共通之处）。

至此为止，这种“回心”的心理过程与天理教创始人中山美伎、大本教教祖出口直和丸山教教祖伊藤六郎兵卫等人本质上是相同的。然而，与中山美伎、出口直和伊藤六郎兵卫等人不同的是，在高压化之下促使人民意识的思维方式从通俗道德向社会革命型转变的媒介，并非是宗教性的，而是基于自由民权的世界想象这一政治思想性媒介。（关于中山美伎、出口直、六郎兵卫等人“回心”的精神过程，参见安丸良夫等人的研究。）①

这就是坂本宗作和伊藤六郎兵卫之间的区别，是自由困民党和丸山教之间的区别，也是政治意识形态媒介和宗教媒介之间的区别。然而，二者之间有一个共同的前提，那就是他们都是诚实的民众中的一员，都是自律性极强的人，都是自始至终坚持不懈地遵守大众的通俗道德规则，并因此造成意识的高压状态，最终通过与权威相悖的价值原则，从内部推翻了观念之墙。伊藤六郎兵卫是武藏国登户村一个贫农的儿子，通过一种巫咒式的宗教媒介，将自己隐秘的信念转为至高无上的神谕，树立起权威，并在追求“天下泰平”这一目标跳跃到批判整个社会体制的原理。因此，他对改革的热情俘获了 19 世纪 80 年代处于水深火热之中的农民之心，使得丸山教的信徒人数迅速膨胀到几十万。他们有时也与困民党民众一起批评恶政，成为威胁到权力末

① 参见安丸良夫、广田昌希《“匡世”的逻辑谱系》，《日本史研究》85—86 号，1966 年；《大本七十年史》上卷；村上重良《近代民众宗教史研究（增订版）》，1963 年等。——原注

梢的重要力量。

然而，丸山教的社会革命设想作为一种意识形态，带有幻想与巫咒色彩，无法组织起合理的革命运动。相比之下，秩父起义的人民则没有那些巫咒色彩。虽然自由党对自己的革命性质有着些许幻想，但其推翻和认识敌人的理性突破了通俗道德的思维藩篱，转变出更为广阔的社会视野和冷静思考双方力量关系的现实主义。如果没有自由民权运动带来的这种革命的世界形象作为思想中介，这一切简直无法想象。

如上，正如安丸良夫等人所阐明的那样，早在德川后期，日本人民便获得了通俗道德中一种唯心论式的思维方式（通过践行通俗道德而发掘出人们“心”中蕴藏的无限财富，从而带来五谷丰登、荒村复兴、阖家安泰、幸福繁荣的认识），以此剔除了一直以来渗透到百姓生活方方面面的巫咒性、不合理、消极、认命的因素，也催生出了合理、主动和自发的人文主义精神与新的生活态度。换句话说，他们通过投入巨大的自律能量，实现了一场精神革命，一个新的主体便应运而生。

然而，即使通俗道德的思想方法在某种程度上能够实现日常生活层面的人的解放，但涉及对整个社会制度认知之时，它们却是极其虚幻和无力的。秩父困民党的意识形态可以被评价为突破了该体系的一角。而其中前卫的那部分，以及民权活动家遗留下的对于大众革命的那种潜在的愿望，被中山美伎、出口直和伊藤六郎兵卫等人的大众宗教激发出来并得到了组织。它也因同一时期竞相发展起来的报德社运动[①]而得到充实，这或许便是19世纪80年代出现在农村地区的大众

① 报德社最早是在江户末期由小田原的商人们建立的小田原报德社，初衷是为了改善处于极度贫困中的农民生活。后来，在二宫尊德的指导下，发展为一种民间的金融组织，主要遵循二宫尊德确立的至诚、勤劳、分度、推让四大纲领。在此报德思想指导下建立起来的“报德社”事业广泛，发展为全国性报德运动，并建立大日本报德社。

意识的全貌了。其共同点是，所有团体都是从通俗道德的思想母体中诞生，并以将其彻底化、合理化，以及将对其的超越作为任务。以上正是该时期大众思想的基本特性。不可否认，这与都市町人的传统截然不同。[①]

在前面第三、第四章中，我试图厘清千叶卓三郎、深泽权八等人通过继承并重新阐释传统思想，从而形成其变革思想的路径。读者们或许已经注意到了，这条路径与本章中论述的困民党阶层形成民众思想的路径有些许不同。对深泽这种豪农民权家而言，不能说以通俗道德的践行为直接前提，毋宁说，在思想上他们深受的是作为统治阶级教养的儒教道德之影响，从人民的角度将儒家中普世主义的一面推进得更为彻底，并在复苏其的过程中发现了革命的逻辑。也就是说，将诸如“天”“王道”“仁”“放伐”和“易世革命”等儒家观念从统治阶级的立场中剥离出来，使之泛化、普世化，并反向从被统治者（人民）的角度加以重新审视，在将其彻底落实的过程中发现激烈变革的能量。

如上所述，基于西方人权理论的各种自由民权理论成为了这种转变的催化剂。因此，尽管他们同为民众，但我们已经意识到，在“立文字”的富农层和“无文字”的底层人民之间，思想形成的方式上存在着本质上的差别。既然豪农和底层人民之间都存在着如此的差异，那么他们与所谓的都市知识分子之间的差异更堪称断裂。

---

① 参照高尾一彦《近世的庶民文化》，1968年。高尾将安丸等人所谓的通俗道德与日本上方（京都一带）商人的町人道德加以比较，认为其代表了后来农村地区民众思想的一种普遍性。——原注

第五节　底层的思想斗争

在论述知识阶层和民众之间的思想究竟有哪些本质上的区别之前，我们有必要先来谈谈民众内部发生的那场无声而激烈的思想论争。

由于官方严酷的信息管制和故意传播虚假谣言，关于秩父起义的真相几乎未向媒体或一般公众披露（各报社也无权直接采访或报道）。尽管如此，据民权派部分报纸或是来自该地区游客带来的信息可知，此次事件既非普通的农民起义，也非赌徒骚乱，而是民众与自由党成员联手的一场严重的暴动叛乱。

在这种情况下，我们发现起义人民的思想和诉求如同水渗入沙子中一样不断扩散，企图阻止其传播的行为反倒助长了底层在思想意识上的攻势。即使起义失败，只要井上传藏、菊池贯平、大野苗吉、岛崎嘉四郎等人的思想没有失败，只要条件允许，他们便会像佐仓宗五郎那样在农民中口口相传，甚至会被当作人民的楷模，化作一种传统，从而转变为革命的能量——这在 19 世纪 80 年代那种情况下完全可能。

内务卿山县有朋手下的全体警察对此极为紧张，保持着高度警惕，生怕发生跟秩父事件一样的起义，并采取了一系列举措，这想必是上面传达下来的命令，要求“阻断”“抹杀”那种游击队思想。

然而，这种意识形态上的封锁行动仅凭官僚机构是无法实现的。靠那些发行量只有几万份的报纸传媒也是无法实现的。我们不得不追问，究竟是谁发挥了这种意识形态的作用？又是谁扼杀了大野苗吉等人的革命思想，并反过来把他们贴上“法外之徒”的标签而湮灭在历史尘埃中的呢？我认为，其中一股势力正是底层那些不动声色的“老江湖”，或者说是“乡村宣传员”和“小煽动者”们。

这里有两本小册子：明治十七年（1884）11月出版的《秩父暴徒退散故事》和同时期撰写的《时势阿房太郎经》。[①]

前者是一本五张十页的袖珍书，上市价格为两钱（上），由东京马喰丁吉田印刷销售。这次起义的规模在书中被错误地夸大，还向国民灌输了很多不实信息，如写道，虽然有些自由党成员参加，但起义主要还是由田代为中心的那五千名讨伐高利贷的暴动者发起的，气焰极为猖獗。

> ……此暴徒的大队长是田代荣助，菊池十郎、井上清三、小泽胜藏、柳原正雄、新井园治和落合寅藏，还有占据常陆筑波山和加波山的暴徒也都参与了骚动，在大木村准备了三千支枪。随着一声巨响，暴徒们拿着枪袭击了末野村的高利贷公司，烧毁了欠款记录及凭证，又闯入金井村的联合政府，烧掉一切文件。呜呼！呜呼！他们还四处乱闯，被其抢走的钱财数不胜数。

这段文体是说书艺人小调，不是《时势阿房太郎经》那种说教的风格。

现存的《时势阿房太郎经》写本由秩父郡野上町长瀞的栃原家收藏，是用十七张和纸装订、毛笔誊写而成，估计事件发生后便开始起稿，于翌年出版。从其文体、教养、内容记录上看，这本书应该是明

① 《秩夫暴徒退散故事》与《时势阿房太郎经》的写本由秩父市图书馆提供，我承蒙井上幸治相助得以借阅此书。——原注

治十七年（1884）11月12日动笔的。作者可能是某个熟知当地之事的豪农、豪商，某个文笔很好的地方知识分子；抑或是当时关东地区流行的说书小调的艺人（说书人）、话本作者，也有可能是某个上州人士。不管怎样，接下来我们会分析，这是一本巧妙引导民众的说教用书。

《时势阿房太郎经》究竟用的是什么样的策略误导那些附和追随的民众，施计使其陷入怀疑，从而抹杀秩父起义的意义的呢？创作者企图将困民党组织者们四处传播的危险思想之影响一笔抹掉，这种主动出击的强硬架势令我诧异。该书作者是具有历史眼光的，在解释秩父事件时援引了从明治维新开始要求“匡正世道”的民众起义、一系列士族叛乱、福岛事件和加波山事件等自由党的激进事件，还有后来神奈川县的困民党动乱，对其一律加以批判。接下来让我们看看这本书中出现的各种误导民众的战术和逻辑特征。

> 王政复古的维新时期，废藩置县的改革也相应进行。当时赌徒的头目打着“匡正世道”的旗号伺机而动，大张声势。他们聚集了大量的贫民和愚民，捣毁粮铺，摧毁酒铺，要求典当商归还他们所有抵押的物品，要求债主退还他们的借条，这种无法无天、强词夺理的暴行虽猖狂一时但最终毫无裨益……
>
> 众所周知，日前在神奈川县八王子附近，附近村庄的贫民正不断聚集逼近，催促他们的债主宽限四年然后每年分期偿还债务。债主不应，他们便认为对方在装聋作哑，便拼命动手拽耳朵，或扯嘴巴，这帮家伙毫无慈悲或怜悯之心……

首先，他们把起义者或困民党称作“不法之徒”。书中强词夺理地称举事者不遵从民众道德、肆意行使暴力，将暴乱者视为“不法之徒”加以唾骂。至于人民为何会被逼上绝路，又为何会揭竿而起，作者一律不提，对这一过程熟视无睹，只是给他们强扣了一顶名为“不法之徒”的大帽子。他们的秘诀就是将人民批判为道德低下者，并使之心生畏惧。

那么，这种方法为什么会奏效呢？这首先是因为民众忽略了自己走到这一步的原因，也就是忽略了曾不断自我否定，并为此付真诚努力这一极为重要的过程（《时势阿房太郎经》的作者自己则是故意对此加以抹煞的），只留下了说书人植给他们的那些印象，好像暴乱是突然发动起来的。这一点对于那些习惯于自我谴责、反求诸己的民众来说，无疑是被抓到了软肋。人们不信任那些不能严于律己之人。在漫长的历史长河中，民众往往都只有被逼到自我否定（自我问责）的极限才会出现思想上的飞跃。说书人很清楚民众的这个弱点，因此他们无视放高利贷者无法无天的行径，过度夸大人民的暴力，歪曲事实，给他们打上“不法之徒”的烙印，站在道德制高点给其扣上了“不懂慈悲不懂怜悯之徒”的帽子。

其次，另一个常见的方法是强调“上头”高人一等，高人必胜，与高人作对是“蠢人”的行为。甚至像西乡隆盛这种不可一世的“逆贼也不过螳臂挡车”。这种逻辑说穿了就是身为老百姓要知道本分，不能做蠢事。

……政府之威力无人匹敌，四海风浪在治世中平息，却有愚人不知感激此太平之世。明治十五年之秋福岛事件之后，今年又发生了常陆、筑波的骚乱……

西乡等人的叛乱、福岛事件和加波山起义，在这里都被贬低为是一种以卵击石的愚蠢行为。不管怎样，明知会输依然反抗，有点生活常识的民众都会觉得这么做太过愚蠢。可将这种思维方式延伸至国家大事层面之后，人们对于事情发生的原因反倒是睁一只眼闭一只眼了。在民众眼中，高人即有能力有智慧之人，敬畏"上头"的这种封建制权威主义已根深蒂固。因此，我们也不难想象，当大野苗吉等人四处呼吁"不揣冒昧，加入我们，一起干翻朝廷!"时，人民是多么热血澎湃了。

第三，民众最害怕的是被称为"自私之人"。一旦被指责为"自私"的话，就很难在村里生存下去了。民众的道德观是诚实和节俭，此外他们还认为最重要的规矩是遵守共同体内部的忍让与和睦原则。这种民众道德在这里被反向利用了，也就是说书人借用了"自私"的这套理论，将起义者说成试图按照自己的意志来改变既定的国家法令的人，从而对其加以谴责，此外，不讲道理、不讲逻辑地用这套理论来扣帽子，这也是说教者的一种手段。

> 最近在埼玉县的秩父郡，熊木老大（熊木村的田代荣助）被任命为队长，他一直叫嚣要减少税收，废除学校，修改征兵令，并将债务减为按年度分期付款等，为所欲为……声势浩大，比企郡、儿玉郡、幡罗郡、榛泽郡也纷纷响应。他们扛着猎枪，不顾漆黑的夜路，也不惧山谷的危险，一路往前冲……

第四，在这种逻辑之下，困民党群体成了一群不辨是非的"田夫野人、暴民"。田夫野民、贫民、愚民、懒人、缺德的人、无知卑贱之流……多年来，人们在使用这些侮辱性词语时，丝毫没有动脑甄别，把它们当作同义词一样用。这些民间的偏见也使得这套话术趁虚而入，它与民众内部的事大主义、雅俗观念、奴隶式的精神结构互为表里。这些应该遭到历史淘汰的缺陷恶习，在这里却被用来作为说服民众的一种逻辑方式。

然而，就连《时势阿房太郎经》的作者也提到了秩父人民是如何勇敢地与警察和军队英勇斗争的。特别是在儿玉郡金屋战役中，大野苗吉等二十八人阵亡，还有许多人受重伤，而这也间接地证明了“不明事理”的农民军的战斗意志是多么高昂。对这样的斗志，作者在书中却全无正面描写。

> 数百名警部与巡察……对他们进行训话，但这些田夫野人、暴民，并不明事理，极其强硬地集中火力拼命开火，连警官都犹豫了，叫他们不要白白送死。贼军们听后越发嚣张，开始高喊着“胜利、胜利”并开始狂欢喝酒……
>
> 贼军与官军和在八幡儿玉町和金谷之间交火，官兵几乎没有受伤，而二十八名贼军被当场击毙，还有很多人有不同程度的负伤，身体还能动的那些暴徒也都惊慌失措，狼狈四散，而随后沿路又不断受到追击。
>
> 暴徒无奈逃到长野县信浓国，来到南部偏远的佐久郡逃窜，全无之前嚣张之气焰。在这里他们再次聚集人马，并在高野、马流、海尻一带大肆抢夺钱财和衣物，并向警察施暴并开枪，导致长野的警官中出现死伤。双方一时相持不下，官兵便暂时撤退，观察形势。高崎营地的士兵驻扎在岩村田车站和臼田一带，甲州口的宪兵队也出动了。……

这里值得注意的是，“贼军”和“官军”二词的区别。对于“官”的那种根深蒂固的敬畏感，就连文字表达上都使用敬语，体现了当时官尊民卑的风气。而当一支部队被称为“贼军”时，无论其进行过多么英勇的抵抗，也只会被视为一种变相的“暴行”或“抢劫掠夺”。

第五，利用催泪煽情的方式，针对民众面对家务事时情感脆弱的心理下手。反叛“上头”最终殃及家里的妻儿老小。想到脆弱的受害者之感受，便“泪流满面”，这其实是一种伪人道主义式的假象，也是这个时代的当权者们惯用的伎俩。按照这种方法，他们（“上头”）高高在上地将全体人民视作亲人，而实际上对家人施暴的是“暴民”们，家人则是这些“不法之徒”的牺牲品。请看下面这段话：

> 将其一网打尽之后，才发现这不过是一群无足轻重的借金党升斗小民而已。这些穷途末路的人夫姑且不论，其家中想必还有年迈的双亲、妻子儿女，时常牵肠挂肚……（家属们）会前往小鹿野町一个叫仁王[①]的地方，或许是因为“仁王”二字与“重逢”谐音[②]。促使他们不畏路途艰辛毅然踏上旅程的，正是一种父母的恩爱之情、妻子的忠贞之心，以及子女的孝顺之行，使人闻之潸然泪下。……

说书人很清楚明治民众的弱点，他们绝不是作为“个体”而存在的，而是肩负着祖灵，身边有妻儿亲友，只有从作为“家”的存在中才能为自己的生命寻找到意义。因此，这种策略让他们直面“家族”

① 原文作“二王”，此处应指埼玉县秩父县小鹿野町观音院中的仁王像。
② 古代日语中“仁王（二王）”的发音与“重逢”（日语为“二度会う”）谐音，此处为双关语。

命运共同体的致命危机，以此来打压其个人主体的思想性。

最后，《时势阿房太郎经》作者另一个伎俩是巧妙地将起义总结为“你们做了一个噩梦”：

> 后来，总理队长和其他头目也尽数落网……首领点知[①]掠走金银财宝，乔装后携款潜逃；其余剩下的同伙仿佛被狐狸、狸猫等所惑，鬼迷了心窍，而如今才大梦初醒般前去自首，但这样做也毫无意义。聪明的人是不会被花言巧语所骗去干坏事儿的。当初如果深思熟虑的话，就不会被煽动入伙，误上贼船。只有全心全意地操持家务，循规蹈矩，方能守得柳暗花明，猴年[②]坏事散去。普天之下，四海泰平。千秋乐[③]中祈民富，万岁乐中求长寿。万众齐颂盛世年，可喜亦可贺。

也就是说，作者给革命领袖的个人节操泼污水，这是挑拨领袖与大众关系的常用套路，让民众之中产生“我才不会上你们的当”的怀疑心态。与此同时，他又告诉大家“一天万乘”的君主仁政必带来长治久安，此处笔法颇具行家之风。这些恶意中伤的伎俩经过漫长的封建时代的打磨锤炼，在分裂人民方面效果极为显著。事实证明，明治时期许多起义和民众斗争都因这种传统逻辑而从内部开始瓦解。

这种无名的意识形态宣传家运用以上这几种类型的逻辑方式阻止民众的危险思想的行为并非受命于他人，而是自发而为，而且还主动积极出击，我们不得不承认天皇制国家的确是幸运的。他们在人民面

① 此处“点知”二字原书标注意思不明，也可能是误植。
② 日语中的“猴子（さる）”与“散去（さる）”同音，此处为双关语。
③ 千秋乐与万岁乐均为由源自中国的一种日本宫廷雅乐。

前洋洋自得，在权贵面前又摆出一副忠义之态。正是这种地方上的“专家”，也就是那些数不胜数的说书人和老江湖成为了近代帝国天皇制统治社会的真正支柱。

我把这些说教者和地方组织者之间的斗争称为底层的思想斗争。关于天皇制意识形态和民众意识的思想论争并不一定都是由加藤弘之和井上哲次郎这些御用学者发起。民众甚至可能连加藤、井上等人的名字都没听说过。正是《时势阿波太郎经》的作者那样成百上千默默无闻的无名说书人，一边忍受着生活的苦难，一边将天皇制统治逻辑作为自身的通俗道德进行吸收。

如果植木枝盛、大井宪太郎、马场辰猪和中江兆民这些自由民权思想家能够更为深入地思考民众精神史中这些曲折，能了解民众自身的内部逻辑及独特的形成方式，把握并挖掘出他们发生在底层的意识形态激烈斗争之意义，那么日本的革命思想将会截然不同。不过，面对历史，我们本就不应只盯着那些本来就没有的东西。明治维新已经过去了一个世纪，现在的我们也已可以冷静地对其进行审视观察了。

第六节　从高峰到低谷

通俗道德式的自我约束本来奠定了对于民众思想而言极为重要的共识基础，后来却削弱了民众的自发性、内部性，自律也被外化（从内在认识变为外加的存在），逐渐变成一种来自外部社会的规训而强加给民众中的每一员。这究竟是从何时开始发生的呢？根据长冢节的小说《土》描写的情况，至少在当时关东农村地区，它已变成了一种具有强大外部监管力的社会常识。我在第七章中将会详细描述与此相关的一些悲惨案例。在我看来，明治中期的二三十年代（即 1887—1906 年间）正是这种通俗道德的一个过渡时期。

秩父起义失败的十六年后，埼玉县浦和町曾经流传过一本小册子。这是一本明治三十三年（1900）5 月出售的名为《真话小调》的数数歌集，其中从“数一”到“数二十”，将通俗道德的思想和各个纲目精巧地概括为说教歌谣：

> 相信我，真话小调是真的，没有骗人

我不知道这首说教的和歌是谁写的，谁谱的曲子。这种歌流行在大宫或秩父，并流传到西多摩等地。在南多摩和相模地区，一种被称为“淘宫术”[①] 的通俗道德（心理训练教）开始在以豪农阶层为主的群体中流行，在明治二三十年代风靡一时，明治末期开始衰落。民间思想这些快速的变化也与明治农村地区生产关系的根本变化相呼应，它表明了通俗道德的性质即将发生重大变化。

> 你数一我数一，生而为人，恪守人道。斯言信哉！
> 你数二我数二，光阴不复，切勿虚度。
> 你数三我数三，赚钱重要，付诸行动。
> 你数五我数五，人生几何，内外和谐。
> 你数七我数七，三千世界，阴晴圆缺。
> 你数十三我数十三，三千世界，里重于表。斯言信哉！

① 江户年间由横山丸三创建的开运教义，据说一个人可以通过培养自己与生俱来的性情获得好运。又称淘道。

对“勤勉”“勤俭”“和谐”“孝行”有同等尊重的通俗道德如今为何变成了这种消极、小气而又庸俗的东西呢？由此，道德实践变成了一种自我标榜，人们变得如小资产阶级一般患得患失，彻底失去了审视身边大千世界的现实和变化过程的客观视角。在这样的逻辑下，所有的问题都被归为一点，那就是自己的“心”，而在世间获得幸福的唯一条件就是让这颗“心”保持平和，安于它的本真。在通俗道德的历史形成期中，“心灵”哲学本来具有人文主义的意义，它使人们相信无限的可能性，克服他们认命的心理，并使人转变为积极的主体。然而，到了明治中期，这种“心学”已经退化为“不说别人的闲话”“不说不足之处”“三千世界，唯心最大”这样的消极观念。

过去，中山美伎以绝对神灵天理大神的立场，痛批“对世界为所欲为”的政府当局，痛批“上头”“高山”，并教导人们“人乃神之子，所以要珍惜我们的心，改造它们，只要过着道德的生活，便可以迎来理想的世界”，这种自律和“心灵”哲学与后来的情形相较，更让人心生无限感慨。

> 只要内心强大，世界繁荣昌盛。（《神谕》一・9）
> 四海皆兄弟，不分你我他。（《神谕》十三・43）

将其与之前《真话小调》中的“三千世界，阴晴圆缺”相对照，可以看到其中思考的方式是完全相反的，在20世纪初，通俗道德已经成为一种欺骗性的社会常识，并被收编入统治思想的翼下，不再发挥其打破统治思想作用。这样一来，民众越是认真践行自己的道德，就越是从下而上地支持统治体系，也因此陷入了一个恶性循环，越发找不到自己的出路。而这些社会常识一旦建立起来，革命者反倒会被民众视为异端，受到通俗道德的严厉抨击，使他们不仅被当权者排斥和边缘化，也被大众社会所排斥疏远。

在《秩父暴徒退散故事》和《时势阿房太郎经》之后仅十六年，大野苗吉、井上传藏、坂本宗作等人即使在自己家乡也失去了容身之处。我们必须考虑一个问题，那就是城市知识分子并没有意识到，天皇制也推动了底层的改变，并为其层层加码。由此，对近代日本影响最深远、最重要的意识形态便瓜熟蒂落了。而明治的思想家和文学家中又有多少人意识到了此时的这股暗流涌动呢？

图 7　位于信州东马流的秩父事件无名战士之墓

本书作者摄影

如上所述，底层民众日常中的思想斗争是一种双方都以通俗道德为盾牌的虚伪意识的攻防战，而非知识分子偏爱的那种痛快淋漓地揭露统治思想、正面发起进攻的战斗。

这是一场底层民众集团的想象力之战。

秩父和上信山岳地区的山谷中的泉水依然湍湍而流，清洌可鉴。山谷中的村庄里，那些躲过一劫的老人和妇女面对他们的孩子，会发挥集体的想象力，栩栩如生地讲述“秩父暴徒”是如何英勇无畏地战斗，无论权力如何打压、谩骂诽谤加身，人民都不会屈服。正如大江健三郎所说[①]，这种集体产物远比区区个体的单薄想象要沉重得多。

据若狭藏之助说，有一个关于秩父暴动的“民众版阿房太郎经”一直流传至今，它是由秩父市番场地区的一位老妇人和上州南甘乐郡净法寺村的一位老人口传下来的。番场的老妇人因为担心遭到打压，从未在公开场合唱过这首歌，只有一次唱给了她最信任的人。而上州的净法寺村也正是宁死不屈的战士新井周三郎（死刑）当过小学老师的地方。

① 大江健三郎《活字另一面的黑暗 1》，《群像》1969 年 7 月号。——原注

第六章　明治文化的中流砥柱

第一节　日本知识阶级的形成

虽然人们公认战后对自由民权运动的研究已经有了相当大的进展，但事实上其全貌的三分之二尚未浮出水面，许多领域仍然无人问津。尽管如此，迄今已知的民权派结社（政治结社和学习结社）已高达数百个，其中高知县就有五十多个，神奈川县也有五十多个，加起来数量过百。如果我们把日本三府四十二县都算进去的话，这个数字甚至可能过千。

明治初期，人民第一次通过自己的力量建立起结社，它不仅是一个育人的孵化场，也是各种运动的“根据地”。在这里，人们呼吸到了新时代的气息，真切地感受到了什么是自治，各自梦想着人生的未来和日本的蓝图。我上文提到西多摩村的结社只不过是其中一个案例。想必在同一时期，类似的结社在全国各地都曾蓬勃兴起。如今可以讲述这个故事的第一手材料并不多，当时《东京横滨每日新闻》《朝野新闻》《邮便报知新闻》《自由新闻》等报的都市记者曾经收到村庄结社的邀请，也尝试写过几十篇地方宣讲报道（纪行文等），读后便可清晰地了解到19世纪80年代全国基层曾是多么活跃。

像五日市学艺讲谈会那样，仅仅一个结社便造就出好几种，甚至十几种有个性的全新民众。如果是有一千个结社的话，那明治历史上本可萌发出多少思想和文化的种子啊！我一直强调，自由民权运动原本就不仅仅是一场狭义的政治运动，而更是一场举国上下的全民学习运动，孕育出了后来成为运动主力的地方知识分子。19世纪80年代农村山村这种空前繁荣的背后，正是这种知识的进取心与自治精神，这也正是“明治的活力”之源泉。

北村透谷在三多摩流浪时便亲身获得了这种思想的初始体验；牧野富太郎来自南国土佐佐川的一个豪商家，高举着自制的大旗来到自由党野外恳亲会，创立了理学会展开学习活动；木下尚江出生于日本中部阿尔卑斯山脉环绕的信州盆地，在自由的感召之下长大成人；正冈子规少年时也曾摩拳擦掌、踊跃参加爱媛松山地区的政谈演讲会。正是19世纪80年代这种生机勃勃的世风，激活了如此之多的地方青年的求知欲，并赋予了他们一种贯穿终生的思想气质、自由精神和文风底色。

北村透谷大约在明治十七、十八年（1884—1885）前后造访过五日市地区，其当时撰写的汉诗和纪行文与深泽权八和千叶卓三郎的表述和风格极为相似，可见透谷同样是以此处为原点开始形成了自己的思想的。事实上，他一直非常钦佩南多摩郡川口村的豪农、极具风骨的文人秋山国三郎，这种深深的感情和敬意贯穿其终生。

如果自由民权运动没有受挫，如果能再坚持上十几个年头的话，那么日本知识阶级形成的方式和性质或许就会迥然不同。至少，像深泽权八这样的地方知识分子的文化活动就不会中断，不会与民众及都市知识分子割裂，说不定还能够顺利地作为国民文化的主要缔造者登场，透谷、藤村、漱石、尚江等人说不定也可以避免最终被孤立的悲剧。当然，这毕竟只是一种想象，事实上民权运动过早流产，来自草根阶层的文化生长势头也因此严重受阻。

作为农村民主主义运动中坚力量的豪农民权家在这一政治打压下受挫。自下，他们受到困民党和其他下层民众的顶撞；向上，他们又与权力当局对峙，陷入两难境地，因此逐渐改变了自己勇往直前的积极态度。如三多摩屈指可数的活动家细野喜代四郎就从农民领袖最终变成了困民党与债主之间的调解人，当他被政府任命为户长时又变成了困民党的反对者。如此一来，其身为汉诗人的内部紧张结构急遽崩溃，其自由自在的魄力也逐步减弱。这种精神结构上的变化立即反映在他的作品之中，那种生机盎然的汉诗精神销声匿迹，迅速蜷缩成了一种自恃清高、孤芳自赏的文人意识。其过程与细节我在其他地方已经详细讨论过了，在此不复赘述。[①]

从汉诗文学史上来看，进入明治时期之后又出现了两三次汉诗复兴时期。然而，19 世纪 80 年代那种大范围下的汉诗精神的澎湃之势与革命功能则如同逝水东流不复返。这种村庄为单位的退潮趋势不仅表现在汉诗上，也反应在民众文艺、思想、技术及生活文化创作中的萎靡之风上。

农村民权运动趋势的这一变化，使村子不再吸引那些雄心勃勃的有志青年留下，加速了地方知识分子向都市的“逃亡”。19 世纪 80 年代成立的许多大规模的结社和学习结社，要么因失去主力而解散，要么变身为实用性的组织，如蚕桑改良或农业研究会。村民也不再对

① 前引拙稿《明治豪农的精神构造——细野喜代四郎论》。——原注

自己的村庄感到自豪，并受到投机主义思想的影响，认为只有在城市里才能发迹。此外，中世以来的那种日本原始的“都鄙雅俗”的民众情绪被重新唤醒，以城市文化为中心的观念不断被强化。

此外，日本资本主义和作为其襁褓的明治国家以强行牺牲农民为代价进行资本的原始积累，导致了19世纪80年代末席卷全国的经济衰退，约有六十万户自耕农破产，两百多万户人家妻离子散。为了反抗这种掠夺政策，自由民权家中的一些激进团体采取了武装抵抗的手段，并多次与军队和警察发生冲突。然而，还没来得及等到自由党的同时起义，便在加波山、秩父和饭田等事件中连连受挫，惨遭镇压。

此次运动中，豪农阶层产生了分化，有些人失去财产家道没落，有些人流离到城市，而有些人则干脆聚敛越来越多的土地，成为了衣来伸手饭来张口的寄生地主阶层，并与国家小官僚联手巩固他们在农村的统治地位。因此，所谓的农村地主制随着资本主义的确立而更为普及。农村不仅失去了思想和文化上的活力，也失去了经济上的活力，变成了保守和落后的地区。“进步的农村，落后的城市”这种观点到了明治末期已经不再被提及。

明治文化正是在这个“进步的城市”中开花结果。然而，我们绝不能忘记它是在哪里生根，又是在哪里发芽的。为了弄清真相，让我们再回顾一下成为“明治文化的中流砥柱”的那些人是究竟从何而来。下表1中列出了现在被认为是各文化领域缔造者的代表性人物。然而，那批出生于1850年前后的人并不在其中，我将他们命名为“第一代明治青年”。这是因为这些人与其称为文化活动家，还不如称为“政治家兼某某家”更为恰当。他们是河野广中、末广重恭、矢野文雄、马场辰猪、星亨、小野梓、末松谦澄、大石正巳、田口卯吉、田中正造、金子坚太郎、伊藤巳代治、原敬、奥宫健之、植木枝盛等。

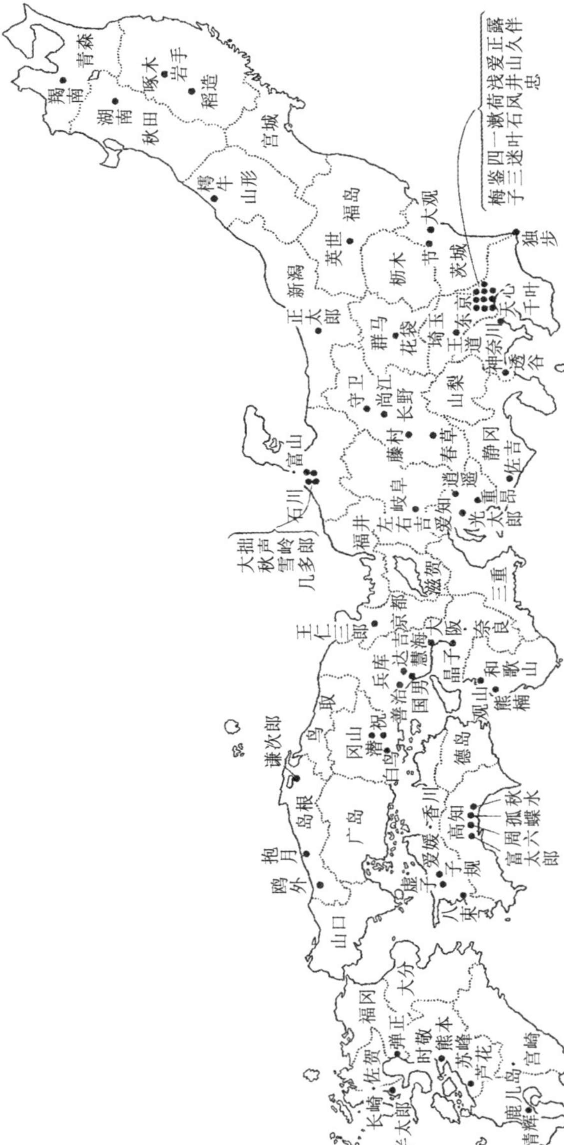

图8 明治文化缔造者出生地分布

表 1　明治文化缔造者——出生年份及出生地

领域	代表性人物	
宗教	海老名弹正（1856 福冈·柳河） 内村鉴三（1861 江户） 铃木大拙（1870 金泽）	植村正久（1857 江户） 河口慧海（1866 大阪·堺） 出口王仁三郎（1871 京都·曾我部村）
文学戏剧	坪内逍遥（1859 美浓·太田村） 二叶亭四迷（1864 江户） 幸田露伴（1867 江户） 德富芦花（1868 肥后·水俣） 马场孤蝶（1869 高知） 岛村抱月（1871 岛根·久佐村） 田山花袋（1871 上州·馆林） 岛崎藤村（1872 信州·马笼） 高浜虚子（1874 爱媛·松山） 正宗白鸟（1879 冈山·伊里村） 永井荷风（1879 东京）	森鸥外（1862 岛根·津和野） 正冈子规（1867 爱媛·松山） 夏目漱石（1867 江户） 北村透谷（1868 小田原） 高山樗牛（1871 山形·鹤冈） 国木田独步（1871 铣子） 德田秋声（1871 金泽） 樋口一叶（1872 东京） 与谢野晶子（1878 堺） 长冢节（1879 茨城·冈田村）
美术	浅井忠（1856 江户） 冈仓天心（1862 横滨） 横山大观（1868 水户） 菱田春草（1874 信州·饭田）	小山正太郎（1857 新潟·长冈） 黑田清辉（1866 鹿儿岛） 下村观山（1873 和歌山） 荻原守卫（1877 信州·东穗高村）
思想	陆羯南（1857 津轻） 志贺重昂（1863 爱知·冈崎） 大西祝（1864 冈山）	三宅雪岭（1860 金泽） 德富苏峰（1863 肥后·水俣） 西田几多郎（1870 石川·宇之气村）
学术其他	片山潜（1859 冈山·弓削村） 梅谦次郎（1860 松江） 黑岩周六（1862 高知·川北村） 牧野富太郎（1862 高知·佐川町） 长冈半太郎（1865 长崎·大村） 津田梅子（1864 江户） 丰田佐吉（1867 静冈·吉津村） 田中王堂（1867 埼玉·富冈村） 本多光太郎（1870 爱知·矢作） 美浓部达吉（1873 兵库·高砂） 柳田国男（1875 兵库·田原村）	横井时敬（1860 熊本） 穗积八束（1860 宇和岛） 新渡户稻造（1862 盛冈） 岩本善治（1863 兵库·出石） 山路爱山（1864 江户） 内藤湖南（1866 秋田·毛马内村） 南方熊楠（1867 和歌山） 木下尚江（1869 松本） 幸德秋水（1871 高知·中村） 津田左右吉（1873 岐阜·下米田村） 野口英世（1876 福岛·猪苗代村）

与这群人相比，图中的“明治文化缔造者”或许可称为“第二代明治青年”（19世纪50年代末或六七十年代出生的人）。他们之中有不少人都是始于对第一代乐观派政治的怀疑，抱着一种略显偏执的阴郁心态。如图中所示，他们中出生在东北地区的人少，出生在关东以西的人较多，且均匀地分布在全国各地的城下町①和农山渔村之中。江户地区之所以有这么多人，可能是因为它是前幕臣的聚集地，或许还要再加上明治维新后许多人从全国各地过来务工的缘故。

此外，从出身上来看，一半以上来自富农、豪农商人阶层（包括一些乡士），将近一半的人来自“农村”，其余的则是士族，其中幕臣的比例极高。同样值得注意的是，多达二十五名代表性人物来自长野、富山、石川、冈山、岛根、高知、爱媛、熊本等自由民权运动活跃的地区。

这些人在19世纪八九十年代便在各自的领域发挥了独特的先锋作用。这个时期，我国各类社会上学校培养了数以千计的文化从业者，一个特定的受众阶层也同步出现，因此我们可以确定，一个真正的“知识阶级”诞生了。然而，这个知识阶级中占主流的并不是前文提到的在明治维新或自由民权运动中培养出来的地方新知识分子，而是从农村颠沛流离到都市的逃亡者，以及想飞黄腾达的移居者。他们与同样来自地方城下町的知识分子，以及都市知识分子合流，共同活跃在东京这个舞台之上。

也就是说，明治时代民众中仍有着一股反抗藩阀政府的精神，都市知识阶层的血液中也充满着野性与田园式的活力。因此，明治文化才具有如此蓬勃的创造力。日本农民和商人长期在底层磨炼出来的坚

① 又称作城关镇、城下镇。以封建领主的居城为中心，在其周围发展起来的城镇，日本现代的主要城市大部分由近世的这种城关镇发展而来的。

毅意志和机智的才华也趁机爆发出来。也许正是出于这个原因，明治文化中才没有大正文化中小市民阶层的那种岁月静好、云淡风轻。它是激烈的、实验性的，是原创和模仿相融合的，是西化和国粹相交错的，是令人眼花缭乱的。还有明治维新以来那种举国的热情，以及民众心中的那份苦楚，均在都市文化最前线缔造者的内心激荡着，发生着强烈的交互反应。可以说，夏目漱石、森鸥外与武者小路实笃、芥川龙之介等人的分量之差正源于此。

如上所述，日本知识阶层是在地方和都市知识分子合流的基础之上形成的。而自由民权运动作为一场重要的文化运动，其经历的高潮与挫败，在知识阶层形成的过程中为其赋予了特殊的历史性。如前表中所示，地方知识分子将近一半都是豪农出身，而民权运动兴盛之地的文化也尤为蓬勃。但是，这种地方的知识分子并没能成为日本知识阶层的主流。其主流依然是传统的士族知识分子和一部分町人或是都市化的知识分子。

然而，明治知识分子与养育自己的乡村、农民依然有着深厚的情感纽带。当年，德富苏峰便是通过他的平民主义和乡村绅士理论设想出日本的近代化蓝图，将九州实学党①的豪农的实验精神普世化；“下野②百姓”田中正造身上也凝练了日本民众道德的美德——勤劳与诚实，其斗争的一生正是百姓政治激进主义的真实写照。日本农民那种的求知若渴的好奇心与进取心、乐观主义和对大自然的热爱，铸就了国际知名的牧野富太郎、南方熊楠和野口英世等学者的美德，并使其闻名世界。倘若没有这些农民坚持不懈的探究精神和合理主义，

---

① 指幕末时期熊本藩的藩士长冈是容、横井小楠、元田永孚等人，要求改革藩政而结成的集团。又称作“肥后实学党”“熊本实学党”。

② 下野为日本旧地名，相当于现今栃木县。

也就没有片山潜、丰田佐吉等人的成就。

如果我们把柳田国男看成日本农民身上神秘主义和生活哲学的体现者，把正宗白鸟和中里介山看成是农民深沉的虚无主义及怀疑社会之秉性的体现者，把出口直看成是农民虔诚、道德和自然感召力的系统化体现者，我们就会意识到，尽管许多知识分子经常被批评脱离群众，但他们用来加以创作的文化种子，不少都承载着民众的优质基因，因此才能结出硕果。

当然，从民众个体的角度来看，柳田国男、南方熊楠、田中正造、出口直等人都与我们截然不同，是令人仰视的"巨人"般的存在。这些人是民众身上诸多特质大规模的综合（集约），但同时他们本身也具有超乎其外的世界普遍性。他们本身是日本民众创造出来的，但使他们成为"巨人"的，却是他们的创造，这种创造亦即普世化的能力孕育出了不同的民众个体。如果这种基本的循环结构得以成立，两者间能够活跃交流的话，那么明治文化或许就能够转化为一种日本民族的"国民文化"，这些"巨人"也能拥有更为广大的群众基础，共同蓬勃发展，从而实现他们的抱负。至少，其中某个"巨人"就不会这样描述自己的极度苦闷了：

> 如果认为只有日本才是我们唯一的国家，你或许会感到失望。但是，我是世界的公民，不只是日本的公民。如果我认为北美洲的草原、南美洲的森林、西伯利亚的荒野……和加拿大的森林都是我的国家的话，我就不会再抱怨这片土地的狭隘，也不会因为贵族和豪商的专横跋扈而愤怒……
>
> 如果认为只有日本人才是同胞，你或许会感到失望。但是，如果我认为所有的人，无论什么肤色，无论说什么语言，只要是

非分明的人都是同胞的话，我就不会感到失望。南非，那些为自由和独立而斗争的布尔人是我的同胞；菲律宾，那些三年来一直没有屈服于美国人的淫威、为建立东方第一个自由国家而奋斗的他加禄族人是我的同胞；欧洲北部，当其他黄种人都沦为俄国沙皇奴隶之时，那些坚持种族尊严而遭遇全民族被驱逐之厄运的芬兰人，他们也是我的同胞。日本的政治家们一味地盲目遵从政府的政策，哲学家们除了忠诚与爱国之外也没有任何主张。然而，我对整个人类并不感到失望。四海之内皆兄弟，其他国家好的事物很快就会传到这个国家。我们不能指望从我国的政治家和哲学家那里得到的东西，却可以从世界其他国家的政治家和哲学家那里得到。[①]（内村鉴三）

第二节　面向内部的开眼

序章中已提到，日本是一个特殊的国度。无论从“风土论”，从“岛国文化论”，还是从长期锁国的历史来看，日本很多地方都缺乏一种与异民族交融磨合的文化感觉。特别是日本长期以来的万世一系观念，使得中世以来社会中的长老主义、家族主义、身份主义和共同体（部落）意识依然大量残存至今，并且成为了制约近代文化的枷锁。

自由民权运动活跃之时，万世一系的观念遭到动摇，这种制约的枷锁似乎从内部得到了突破。特别是这一时期民众意识不断增强，甚至具备了一种可能性，让人期待他们可以超越长老主义、身份主义和

① 内村鉴三《希望的区域》，《万朝报》1901 年 3 月。——原注

部落意识，达到一种更广泛自由的、民权结社式、“公社”式的社会意识层面的高度。当然，对日本民众而言，就算是“公社”式的社会意识，也并不会是洛克和卢梭那种基于个人主义原则的社会契约式产物。它可能是始于基于地缘式的共同意识，并试图在这种传统形式中创造出一种新的民主内容。然而，即使是这些尝试也随着自由民权运动受挫而以失败告终。

日本居民社会原本便与西欧式市民社会并非同一类型，19世纪80年代开始（伴随寄生地主制的发展），它展现出更加迥异的资产阶级社会特征，也让越来越多的日本知识分子发出绝望的声音。当他们接触到展现出西欧式公民社会精神的基督教、近代文学和艺术杰作时，往往会被其古典近代性的端庄之美所震撼，并为自身的扭曲而羞愧不已。

明治二十年代（1887—1896），当日本年轻的灵魂从新教、拜伦和歌德的话语中感受到个体的尊严和人性解放的浪漫主义时，他们的“自我”突然觉醒，可以想象其价值观发生了怎样翻天覆地的变化。从那一刻起，年轻人开始觉得自己脱胎换骨，成为截然不同的另一种人，是一个与日本本土出身者毫不相干的异邦之人。正如序章中所说，高村光太郎在巴黎便产生了这样的体验：

> 身在这深不见底的世界之都的一隅/我时不时会忘掉国籍/遥远、渺小而又寒酸的故乡/俨然只是喧嚣的乡下/在巴黎，我第一次懂得了雕刻/领悟了诗歌之真实/在那里一个个普通人的身上/看到了文化从何而来/悲伤之情束手无策/感到了无可比拟的落差/日本的一事一物、所有的国情/皆令我怀念又否定。

在民权运动受挫后，像北村透谷和夏目漱石这些二十多岁的年轻人虽然对明治社会的黑暗感到绝望，对守旧和毫无人性的精神氛围进行反抗，但同时也被西欧式近代性或是市民社会的辉煌（的幻觉）所折服，感到一种来自灵魂深处的震撼。这又有何不可呢？在这种颤栗的体验中感受到近代的自我与内部生命，后来不也成为了他们创作的源泉吗？而这不也意味着为日本的历史增添了一笔前所未有的国际性、普世性的人类精神财富吗？

有人认为知识分子面对西方冲击时的这种敏锐反应无法作为形成民众思想的方法，故将其一棒子打死，这种短浅的想法带有一种浓浓的本土主义色彩。知识分子即使再爱自己的国家、爱自己的民族，但倘若不能将其作为客观对象加以严格审视，从没经历过失望，那又怎能站在全球视角，对日本“真正的近代”进行叩问呢？

我想说的是，知识分子必须打消那种想用自己的方法理论去覆盖或蔑视民众的方法理论的无知念头。知识分子应满怀真诚地去追求创造的独特性，并以此达到一种具有普世意义的认知，否则就无法像北村透谷、田中正造和内村鉴三那样重新接近民众的精神世界。当然，我们绝不是小看这一点。只是，当今日本的问题，抑或在当下的历史研究中，关注民众意识的问题更为重要。迟早有一天，这两者在理论上在实践上都会经过扬弃而得到统一，这一点总有一天会实现的。但我认为，这并不能通过知识分子对民众层面的拔苗助长（启蒙、指导）达成，而是要民众通过自身思想的自立、自我变革来实现。

1891年，北村透谷二十三岁，在他的诗歌剧《蓬莱曲》中，失望的流浪者柳田素雄有着以下独白：

> 我奇怪的双眼只看到我的里面，不看外面的事物，/我里面

的各种神秘，被窥视得殆无孑遗。/奇怪的是，我的眼睛曾经在光明中只看里面，/现在却投向黑暗，不看里面，而想要看清外面。（以下省略）

我体内似有两种永远无法调和的本性，/一个是神性，另一个是人性，二者在我体内，/争斗不休，毫不间断，直到我生命的尽头，使我生病、疲倦和烦恼。

这种苦闷属于以前日本人并不知晓的精神领域。透谷在这一领域不断深入，并通过《内部生命论》（1893）、《我的监狱》和《每个人内心的秘密宫殿》（1892）等文章为日本的自我形成史奠定了基础。透谷认为，个人的尊严作为近代人类观念的根基，正是存在于"内部生命"之中的，而内部生命渴望的也是一种根底上的自由，可从日本人民的历史之中（作为"地底的大河"）加以追溯，不过他最终并没能如愿。透谷之所以给我们指出这个方向，是因为他自己就是一个与人民共同行动的民权家，一边遭受挫折，一边又为了复兴民权思想而苦苦奋斗。只是对于透谷来说，将原本政治上的民权自由理念转入了人的"内部世界"并使其根植其中，最为直接的媒介大概还是明治的基督教。

明治的基督教，尤其是新教，在明治时期对日本知识分子产生了莫大的影响（堪与昭和时期马克思主义的影响相媲美）。通过进入基督教世界，接触到"神"、"传教士"和"教堂"的氛围，许多没有直接受过西欧近代化洗礼的明治日本人也获得了一种近代市民社会的感受。当然，这其中可能有一定程度的异国情调和浪漫主义在起作用，但基督教中"唯一的绝对者与作为个体的人彼此相对"的严格原则，对于习惯于八百万神以及延续至今的神佛混淆现象、多年来生活在对各种思想原则无限抱拥的精神氛围中的日本人来说，无疑是极具冲击性，也是具有革命意义的。

所谓西欧近代化的洗礼往往通过基督教来完成。然而，并非所有成为基督徒的日本人都能达到透谷的那种“内部生命论”的境界。基督教带来的冲击越大，随之而来的疏离、混乱和昏沉感就越深。根据《日本基督教会史》记载，明治二十四年（1891）至明治三十二年（1899）间，有七千七百七十名受洗成员，但是后来有过半数即三千七百九十五人被除名。没被除名，但不知不觉中弃教的知识分子也为数不少。岛崎藤村和正宗白鸟就是这一时期的弃教者。

这些知识分子的目标是实现与天皇制国家具有不同逻辑的近代化。而如北村透谷和田冈岭云等人就对近代化本身持有根本性的怀疑。然而，直到明治中期，抵抗天皇制的反动势力仍然是其首要任务，人们仍然在追求“市民的近代”价值。1892—1893 年间的关于“《教育敕语》和基督教”的大论争便是其象征。这场论争中，基督教团体在进步知识分子的帮助下，在理论上一直占上风。但它并没有批评一直以来被视为禁忌的皇室和天皇制（没有一个真正的基督徒敢于向核心问题开刀而被逮捕和殉教），最终以乏善可陈的方式收尾。此外，争论过后立刻迎来了中日甲午战争的爆发，大多数日本人都被爱国主义浪潮席卷而去，基督教信仰也迅速衰落。

第三节　文明观之诸相

1894 年至 1895 年甲午战争、1900 年日本加入八国联军侵占北京、1904 年至 1905 年日俄战争，日本的这些对外战争使得知识分子的思想和民众意识发生了诸多变化。日本加入西方帝国主义阵营一事对国民意识的变化究竟带来了何种影响？这其实是十分重要的，只是目前还未看到较有成效的研究。有泉贞夫曾对《相泽日记》进行分析，追溯豪农的意识变化史，这样的例子可见二三[①]，但对于整体情况的实证研究难度较大，前景不容乐观。

甲午战争的胜利把福泽谕吉重新拉回到国民的视野之中。当他发表《文明论之概略》（1875）时，这位明治初期伟大的启蒙思想家向人们展示了"文明"是一种普世性的东西，而非西方所垄断之物，并呼吁日本抵御西方列强的同时，尽早采纳"文明"这一普世价值。然而，随着自由民权革命运动的迅猛发展，以及日本和中国在朝鲜问题上关系紧张的加剧，他却转过头发表了《脱亚论》（1885），要求日本迅速与亚洲的"恶友"割席。也就是说，他认为日本理应和欧美一起，站在"文明"的立场介入"野蛮"的亚洲，并通过武力使其觉醒。十年后，吸收了"文明"并建立起军队的日本使亚洲中象征"野蛮"的大清帝国屈服。这次胜利让福泽谕吉欣喜若狂，并告诉日本国民："明治维新之伟业现已完成，这正是日本文明之胜利。"

正是从这时起，日本知识分子的文明观出现了严重的分裂。内村鉴三发表了一篇自我批评的文章，为将甲午战争公开认识为一场"正义文明之战"的错误而谢罪，并提出了究竟何为帝国主义国家文明的问题。木下尚江、幸德秋水等人进一步站在劳动者阶级的激进立场上对之加以诘问。内村、木下和幸德三人超越了基督徒和社会主义者的分歧，在当时最大的日报《万朝报》上拉开战幕，揭露明治政府"近代化"政策和社会"文明"的虚伪表象并加以猛烈抨击。他们的文明

① 有泉贞夫《明治国家与祝祭日》，《历史学研究》1968年11月号。——原注

观基于基督教和社会主义为中心的人类普遍观念，不义之行无论东西内外，概不宽恕。从幸德秋水的《帝国主义》（1901）书中可以看到他试图站在劳动者阶级的立场，通过对现行体制的批判，提出一个真正文明社会的理想愿景。

但是，对于日本这样一个落后的国家来说，除了西化，还有没有另外一条出路可以实现社会的文明化和近代化呢？明治时代的日本人当然无法通过具体的例子来描绘心中愿景。如果他们不能勾勒出西方化（实际上是帝国主义）以外的近代化蓝图，便别无他法，只得像冈仓天心在《东洋的理想》（1903）中那样，高举“亚洲原理”；或者像田冈岭云那样，高举反近代主义、反文明主义的旗帜来进行对抗。

对这些人来说，“文明”的原理不再是单一的。“西洋文明”被对象化，成为作为亚洲原理的“东洋理想”所要超克的对象。在冈仓天心早期的笔记［《东方的觉醒》（1902）］中，他认识到，即使是甲午战争也是西方挑起的战争，目的便是挑起亚洲的内讧。天心思想之根本在于以亚洲殖民地解放运动的原理去对抗西方帝国主义统治。然而，天心早期的这种激进主义也随着日本走上帝国主义道路而被不断削弱。

其中，日俄战争也是一个重要的转折点。日本战胜了强大的俄罗斯帝国，这一惊人的胜利在欧美诸民族中间引起了一种对“yellow power（黄色力量）”来袭的恐慌，这就导致了所谓的“黄祸论”的流行。对此，天心给出了日俄战争的理由，并用英文出版了作品《日本的觉醒》（1904）和《茶之书》（1906），介绍了日本传统的和平意志和艺术精神，并摸索出一条非西方式的近代化道路，同时否定了“黄种人恐惧”论。然而，1902 年天心在印度与独立运动的斗士们一起抨击西方帝国主义的文化破坏，并愤怒高呼“Asia is one（亚洲是一个整体）”时表现出的那种激情已不复存在，天心的求索前功尽弃。[①] 日本也走上了帝国主义霸权之路。这在日本知识分子的思想深处引发了一场排山倒海的变化。然而，许多知识分子并没有意识到这种隐约细微的转变。

日本在甲午战争（1895）中的胜利正式开启了亚洲全面的帝国主义时代，而日俄战争（1905）的胜利则正式宣告了亚非全面的民族解放斗争时代拉开帷幕。日本击败了西方帝国主义大国俄罗斯的消息震撼了亚洲、阿拉伯世界和非洲人民的灵魂。1905 年的这种“Japan shock（日本冲击）”不仅影响到了泰戈尔、孙中山、甘地和鲁迅等人，也影响到了从苏伊士的阿拉伯码头工人到非洲黑人，以及土耳其、印度、菲律宾等地的民众，他们都强烈地预感到未来前途的一道“光”。很多证言也都证实了当时的这种反响，这也让我们日本人倍感痛心，因为事实上后来的日本背叛了这些期待和愿望。但他们曾在幻想中得到了力量，揭竿而起为民族解放而斗争。

这种世界史的分裂同样让二叶亭四迷等人进退两难。日俄战争后，二叶亭四迷在《我是一个怀疑论者》（1908）中写道，“我认为20 世纪的文明将一文不值”，表达了他对生活和艺术的根本性质疑。同年，他在《我半生的忏悔》中也感叹自己的人生被撕扯在两极之间，并发出如下感叹：“在与生俱来的帝国主义式的爱国主义热情与社会主义理想之间，我不断地在这两极之间摇摆，始终无法摆脱这种苦闷。”二叶亭并没有将其作为一个个体性情的问题，而是从根本上去思考它为何会成为一种无法解决的现状，但终究未果。不仅是他一个人，夏目漱石和森鸥外在明治四十年代（1907—1912）也都感到了

① 拙稿《东洋告知者天心：人生如戏》，《冈仓天心》，1970 年。——原注

自己被拉扯在两极之间，痛苦挣扎。但根本原因是当时日本知识分子面临的客观趋势、世界性的分裂，以及天皇制完成的同时意味着内部危机的外部化，这些必然造成国民的严重分裂。那些有良知的人当时并没有意识到，这将使他们最终失去和平的安身之所。

当然，人们的生活方式各不相同。如永井荷风就对这种历史的变奏漠不关心，只是一味沉耽于近代西方的美学幻想中，并毫不掩饰对卑微猥杂的明治文明的蔑视与厌恶［《法兰西物语》、《新归朝者日记》、《欢乐》、《冷笑》（1909）］。高村光太郎等人则把对明治文明的批评内藏于心，并不公开，只关注于内部世界的探索及内部生命的具象化。

石川啄木在谈到荷风的生活方式时写道："打个比方，他就像乡下小城镇一个有钱的浪子来到东京一两年，被新桥柳桥的艺妓们追捧宠幸，回到家后逢人便骂本地女人的土腥味。他的口吻令人生厌。而荷风本身也不过一个富豪家长子，一个从早到晚游手好闲无所事事的闲人而已。"并痛彻地抨击道："如果真的不爱（国），只要离开便好……既然不能离开，就应该先改善其国。而改善一国的国民生活必须先从改善自己的生活开始。"①

啄木这种愤慨之辞可能正是出于他就身处被荷风所鄙视的明治文明底层，看到了不计其数无名的日本民众的身姿。这些民众才是明治文明的真正缔造者，他们却被那些醉心于西方近代主义的城市资产阶级知识分子所无视。啄木极度厌恶这一点，并从一个同样生存于社会底层的个体的立场出发对此加以谴责。而当时啄木心中暗含另外一个根本性批判，那就是明治的文学家们对于国家权力问题的回避。

① 石川啄木《百回通信》，1909 年。——原注

然而，在啄木的这种批判之后，荷风的“文明论”就真的会被推翻吗？答案是否定的。最好的证明就是在荷风发表《新归朝者日记》六十年之后，这类出版物依然还在不断地出版，直至今日。

那些接触过欧美近代文化精髓的日本年轻知识分子回国后，并没有变成一个浅薄的模仿者或崇拜者，而是经历了灵魂的震撼而回到祖国。可当他们看到祖国的“市民”和“市民社会”时，会不由得深感绝望。我相信，这种思维模式在不远的将来还会不断循环下去。

第七章　非文化的状况与知识分子

第一节　绝望的明治农村

明治三十八年（1905），一场寒流袭击了日本东北三县。这是自天明、天保时期以来收成最差的一年。比如宫城县，收成骤降到往年收成的二成，导致该县共约九十万人中有二十八万人贫困潦倒。自明治维新以来，收成一直不好，有六年歉收，分别是明治二年（1869）、十七年（1884）、三十年（1897）、三十五年（1902）、三十八年（1905）和四十三年（1910）。直到明治末期，东北地区农民萧条惨淡的状况也一直没有好转，贫困依然是根本问题。

明治三十五年的歉收带来的满目疮痍尚未愈合，日俄战争又爆发了。各种直接间接的影响导致了有史以来最大的一次灾荒。即使是自耕农和佃农等中产阶级，也苦于生计，其中不少都失去了土地和房子而沦落为了下层贫民。……而众多底层农民不仅秋收颗粒无收，还失去了生计。饥寒交迫时，住在山村里的部落还能靠捡拾坚果和挖草根充饥，但暴雪降至，这已不再可能，他们别无选择，只能像平原上生活的贫民一样，不得不束手等待救援。①

这本《宫城县凶荒志》向我们揭示了当时民众惨不忍睹的生活实况。

明治三十九年（1906）1月25日，由于收成不好食不糊口，宫城县玉造郡一栗村农民远藤久治（53岁）一家四口已经连续好几天都揭不开锅了。邻居当晚经过久治家门口的时候，听到他口中呻吟着“我要饿死了!”，于是便拿来了年糕。但久治没能吞咽下年糕，第二天早上便死掉了。他的妻子阿松（56岁）也因风湿双手瘫痪，又过了一天也死掉了，留下了一个患病的长子和一个更小的孩子。久治的死因被申报为慢性支气管炎，不过村政府“认定其为长期没进食而致死”。

氏家友助（51岁）也是一栗村农民，他一家六口住在一间租来的小房子里，墙壁已完全剥落，就算挂上草席也根本挡不住寒风。屋顶几乎都破烂了，坐在家里抬头就能看到天空，根本无法遮挡雨雪。“极寒之中，家人单衣褴褛，袖不达肱、裾止于膝，幼子藤助衣窄小而不蔽体”，露着肚皮，连个盖的东西都没有，“睡在火炉边上取暖，枕着草席而眠”。②

上述材料是斋藤博在其力作《绝望的明治农村》一文中介绍的。文章开头是明治天皇的一首御制和歌：

县令要留意，穷人家的灶台上，有没有冒烟。③

---

① 藤原爱之助编《明治三十八年宫城县凶荒志》，1916年刊。——原注
② 同上。
③ 这是1905年严寒袭击东北三县时明治天皇的御制和歌。

真是令人心如刀绞。我读到这里，心中不禁产生了这样一个疑问，那就是人民为什么都被逼到如此绝境了，还能忍气吞声，默默死去呢？为什么他们不打砸抢，不大喊抗议，不请求帮助，而只是咬牙忍着，挨饿等死呢？因为他们饿得没有力气去反抗吗？这种理由无法令人信服。人难道不应该在迫在眉睫的危险到来之前，先用脑子预测这种情况的发生，并想尽办法避免此事的发生吗？这难道不是生物的本能吗？

诚然，天皇制国家的统治像一张大网，笼罩住每一个村庄、部落的每个角落，并在地主的协助之下暗中掌控着人民。但这并不能回答上面那个疑问。既然如此，不，在此之前，他们自身内部难道不也存在着某种精神上的东西，紧紧束缚住了自己吗？这种内缚力会不会就是我们前几章曾论述的“通俗道德”呢？只有这一点吗？会不会是村庄“共同体”的一种规矩呢？抑或是农民上百年来深入骨髓的一种猜疑与绝望的体现？究竟是什么迫使他们走到自杀式的饿死这一步呢？让他们能够忍耐到灭亡的这种动力，又是出自何处呢？我很想彻底探明这一切。带着这个问题，我感到有必要重新阅读长冢节的《土》（1912）和真山青果的《南小泉村》（1909）这两部作品。

无论是《土》还是《南小泉村》，作品中的农民对于本村村民都有着一种观念，那就是无论自己多么饥寒交迫，宁可死掉，也不能乞求别人的怜悯，或是被人鄙视。特别是在东北地区，他们最怕被称为“臭要饭的（ガスッタカリ）”或“饿死鬼（あんにゃ）”，与其这样还不如选择一声不吭地饿死。“ガスッタカリ”意思是用饿死勒索，也叫做“乞丐（ホイトタカリ）”[①]，“饿死鬼”则是山形秋田的出羽

① 日语中的“ホイト”指乞丐，“タカリ”指敲诈勒索的人。

地区对那些生来就注定挨饿的男人的蔑称。

> 即使食不果腹，两三天没吃饭了，很多人依然耻于向别人乞讨，宁可吃那些无法言状的东西来果腹，勉强维持生命。在柴田郡川崎村字元砂金附近，有的贫民常常号称去伊势朝圣，跟村民暂别后离开村子。他们会去其他郡的村庄乞讨食物，反正也没人认识他们，但他们在自己村子里却从来不哭穷。①

明明在自己的村子里，就算快饿死了也绝不哭穷；哪怕两三天都吃不上饭也耻于向别人乞食，这究竟是一种什么样的自律？人们去郡外的村庄行乞就可以活下去，在自己村子里反倒只有饿死一条路吗？村落共同体倘若真的是一个自助自救的共同体的话，那就应该向自己的村里人求救，但现实中的明治民众道德却截然相反。

主动选择饿死，这是一种多么痛苦的自律！如果说这是民众自发的一种思想的话，我们不得不说这种思想令人发指。然而，如果到了其他村庄，这种自律就变得不再重要的话，那就说明只有在本村这个共同体里，自律才会默契地强加到每一个体的意识之中。也就是说，只有在本村，这种念头才会被认为是一种“耻辱”，从内部规范着每一个村民。从这个意义上来看，虽然它成为了一种社会的共识，但并非在普遍范围内建立的一种市民社会的意识。况且，村庄的居民社会也不再是一个能够保障共同体成员彼此平等和生活安全的互助社会了，而显然已经沦为一个由地主阶级控制的拟制共同体（半强制性组织）。因此，对于穷人来说无论是留在自己的村子里还是去到其他村

① 藤原爱之助编《明治三十八年宫城县凶荒志》，1916 年刊。——原注

子，都是死路一条。他们最后的那根救命稻草便是他们的“家”，但就连这个“家”也在连年歉收中不幸坍塌，迫于生计，妻离子散。

远藤久治也是这样一个没能离开自己村庄而饿死的农民。他们这种贫民的女儿只能成为缫丝女工，或是卖身青楼才能生存；男人们则成为外出打工的渔民或土木工人，或是成为煤矿工，在矿井地下拉板车或推煤车。一家支离破碎、流离失所，但无论他们走到哪里，都难以摆脱这种宿命的观念。

真山青果对东北农民的态度极为冷漠，他是这样评价的：“悲惨且不值一提的人生”“丑陋的一生”“屈服的一生”“下贱的嘴脸”，他们知道“无论如何挣扎，长期以来的习惯告诉他们，这些痛苦的束缚是无法挣脱的”“地上爬虫的一生”“留下很凄惨，出去也凄惨”，等等。①

一直以来，他们被灌输要认命的思想，之所以变得贫穷或不幸，都是那些无法忍受世间的传统道德与规矩的父母与孩子的罪过，无可奈何——这进一步加剧了悲惨的状况。那些在矿井下面拉板车的矿工自嘲为“下贱工”，那些每晚在猩红的床上、被男人沉重的躯体压着满身香汗的女人将其处境理解为一种“职分”，也正是这种“地狱意识”扎根的产物。而将此等屈辱用“下贱工”“炼狱的职分”等词来表述，恰恰如实地映射出底层民众的真实想法。

据说那些在近乎监禁状态的寄宿制下工作的缫丝女工唱过这样的歌：“把碗端眼前，杂粮饭中不见米，满眼泪汪汪。”（其实这种怨恨的歌曲在全部女工歌曲中所占比例并没有想象得多）这些人没有忘记家乡的父母还在吃草根充饥，所以即使看到《女工哀史》作品中描写

① 真山青果《南小泉村》，1907—1909年。——原注

的这种不公正和不仁义，也不会感到多愤怒，更不会产生出想要改变现实的意愿。在这方面，地主和资本家非常巧妙地利用了民众的这种贫穷感和贱民意识，真实地拿捏着民众这种观念，并加以操控。相比之下，那些进步的知识分子却没能觉察到民众的这种意识，这也就是为什么他们解放人民的呼声几乎没能传到底层民众的耳中，也没能被接受。

不理解民众的实情，再怎么去强调其相对贫困的一面，也都无法孕育出变革的契机。明治初期社会主义者的大声疾呼不但没能抓住民众的心，如幸德秋水等人反倒被视为“非国民”①，被隔离、被孤立，最终孤独地死在刑场。我认为这种悲剧之所以会发生，也是有上述原因存在的。

第二节　“地狱”的意识

当然，日本底层的民众也并非全都笼罩在上面这种消极的黑暗之中。《土》中的主人公贫农勘次，尽管被作者长冢节描述为“宛如野兽”，却真实地向我们展现出民众身上一种不管不顾的生命力，使其能够从地狱的深渊中挣扎往上爬，能够在矿井发动暴乱并舍身反抗，撼动当局。以下来看看来自陆军中一名上等兵的手记，其中一首新填词的军歌可以让我们看到另外一种为所欲为的底层人民形象，足以让知识分子大跌眼镜。

---

① 指日本对忘记国民义务的人的蔑称，特指在第二次世界大战前和大战期间，对军队和国家政策持批判、不合作态度的人。

比如有一首以“耸入云端高千穗”起调的纪元节①和歌，士兵们给它填了新词。这种改编有一个特点，就是旋律虽然一样，但歌词中的地名等都会有改动。这首歌应该流行于陆军上等兵大泽敬之助在千叶县佐仓陆军第二步兵团服役两年后，即明治三十二年（1899）底退伍前后，歌词如下：

> 青楼高耸入云，灯光明亮耀眼。我们两年的情分，今日即将分别。抬头望着天空，从此踏上旅途。遥拜皇宫，泪流满面。一路花都绚烂，难忘昔日下总②佐仓城。

这是士兵们与妓院里相好的女人挥泪告别时的一首抒情歌。有意思的是，它借用了纪元节小调的旋律，且同时歌咏了皇宫与天皇。士兵们享受着这种挑衅“不敬”底线的快感。那个时候，天皇还不是“现人神”，民众借用他来凸显自己的爱欲。诸如“遥拜皇宫，泪流满面”，这种对仗式的表达方式真情流露。想不到那些在《军人敕谕》或长官面前直挺挺地站着、大气都不敢喘的士兵们居然还有着敢在兵营中歌咏男欢女爱的机智诙谐的一面。

这一点在下面这首歌中表现得更为直接明了。主人公从男人变成了女人，士兵们也假托女子的心理唱出了自己的感受。士兵其实和妓女一样，都属于没有自由的“禁锢之躯”。二者之间就这样不知不觉

---

① 纪元节为2月11日，日本四大节日之一。明治五年（1872），把《日本书纪》中传说的神武天皇即位之日作为纪元开始而制定的节日。第二次世界大战后废除，但在昭和四十一年（1966）又把该日定为“建国纪念日”。

② 指下总国，又称总州、北总。位于日本千叶县北部，茨城县西南部，埼玉县东隅，东京都东隅。原为古总国之一部分，大化改新后，与上总国、安房国分立。明治年间，与上总、安房再次合为千叶县。

地建立起了一种共鸣与情感投射的关系——当下“职分之辛劳”与渴望期限结束后就可以过上快乐日子的心情，这些只有底层民众才能感同身受。

这些歌词是用毛笔写在印有“战时使用”的军用信笺上的，由上等兵大泽记录于明治三十七年（1904）6月。当时他接到征召令，匆匆上了一艘船，便被送上了旅顺的战场。与这个笔记本一起被发现的还有四本日俄战争日志和大量军事相关的邮件。

这一次为了父母，我与心爱的男人分离
被卖到了陌生的国度，不知东西与南北
不得不辛勤工作，为了父母我别无选择
我并不厌恶工作，但一旦受伤
冷酷的医生，会检查我那个讨厌的部位
是我的秘密花园，连我的父母都不给看，也不想给人检查
这是上头的规矩，我别无选择
如果客官你觉得我可怜，请为我赎身
我接客是为了家，不接客是为了爱（情夫）
等我到了明年，就可以与我的爱人生活在一起
手拉手和睦恩爱，一对枕头，一床被子
枕边谈着私房话，父母所赐战舰般的胴体
来骑在我上面，乘着红尘的风扬起帆
忙着掌舵，快乐出航
无以言表，这是出云之神
结下的姻缘，感激不尽
当到达爱的港口时，放下锚走下船

二人一起去参拜，可喜又可贺。

（战时使用笺）

这首歌乍看是一首风情万种的青楼艳曲，却极其真实地体现出浓厚的民众意识，可以说是日俄战争中最好的一首军歌了。这首歌的隐喻性和戏谑性在战争时期尤为妙趣横生。如果将歌词换读成字面背后的潜台词，就是："这一次为了父母（国家），我与心爱的男人（女人）分离，被卖（送）到了陌生的国度，不知东西与南北。不得不辛勤工作，为了父母（国家），我别无选择。我并不厌恶工作，但一旦受伤，冷酷的医生（老兵），会检查我那个讨厌的部位……"这就是一个被送往陌生的大陆，对内务班的部队生活感到恐惧的新兵的哀歌。

那么，为什么要使用这样一种潜台词式的手法呢？在这个上等兵笔记本的同一页前后，还写着这样一段歌词，这显然是一个妻子写给要去参加日俄战争的丈夫的一首情歌。

这一次为了国家，我与你暂别向西远航
我将与你小别，你也将与我暂别
等到重逢那天，**不知东西与南北**
茫茫大海不知身在何处，四面无边无际
我与你暂别向西远航，自此杳无音信
一夜夫妻百日恩，相思之情比海深。
（以下略）

这段标有着重号的地方与前一首完全相同。此外，"我与你暂别向西远航"的反复和"不知东西与南北"的重叠展现出了歌中包含的

无限思念。可以肯定的是，这两首歌的创作思路几乎完全相同。不过，为什么这首情歌直接就变为新兵的哀歌了呢?

日本军队中老兵对新兵的施虐现象堪称日本等级社会阴暗面的一个缩影，也是性变态的一种体现。读者们没有过军队内务班生活的经历，很难理解这种难以洞察的心理错乱，它类似于妓女起家的老鸨盯着新入青楼的姑娘时眼神中那种阴森的感觉。在老兵这种眼神的凝视之下，新兵们就像用来给猫玩的小鸡仔一样，浑身颤抖，不寒而栗。这大概与妓女们面对性病体检的大夫和老鸨时的那种厌恶心理不谋而合。因此，当这首歌曲在军营中响起，新兵们一定对歌词会产生深深的共鸣。对不断隐忍的他们而言，这首歌便是一种慰藉，支持着他们直到成为老兵的那一天。

而老兵们也一定很享受这首歌带来的受虐快感和感官情欲，同时他们也会期待着退伍，会心想“等我到了明年，就可以与我的爱人生活在一起”。

这首歌中所表达的那种日本民众的心理与知识分子有着天壤之别。例如，对于那些“卖身青楼的女子”，知识分子往往是站在“人道主义”的制高点来可怜这些“堕落的女人”。但上面这首歌中丝毫看不到知识分子的这种哀悯之情。无论是不知名的作者，还是这首歌的演唱者，都是站在与那些女子同样的立场之上，在同样的境遇之下，以相同的身份坦然歌唱，这样反倒会让人感觉更为真实。

比如，这里丝毫不认为只有那些在矿井下拉煤工和农民的艰苦劳动是神圣的，也不会歧视地认为那些为了“家”被迫从事卖春的工作是低贱的。这首歌中更是表达了我们不能去指责那种为了“父母”和“恋人”而应尽的“职分”——“不得不辛勤工作，为了父母我别无选择”，这也与那种不管前因后果而只是单独把卖春的行为挑出来，看做一种罪恶来批判的通俗道德截然不同。即使被逼到绝路，也没有丧失人性，并没有堕落成自暴自弃的奴隶。“我接客是为了家，不接客是为了爱。”这是一种态度的转变，她们可以自由地选择客人，而这些客人其实也都是有着相同境遇的熟客。歌词第二部分建构出了一个想象中的欢愉世界，这也是留给那些最底层的女性的。

歌词的第二部分忽然转为明快。那些知识分子可能认为，一旦掉入这样的“地狱”，一辈子就结束了，不会再有什么希望和梦想。但出乎意料的是，向往欢愉（幸福）的女性形象被描绘得栩栩如生。修辞上看着或许略带感伤，但也难掩其背后的强烈情欲。

“等我到了明年，就可以与我的爱人生活在一起。手拉手和睦恩爱……枕边谈着私房话……忙着掌舵，快乐出航……”这里展开了无尽的遐想，男男女女陶醉其中，带着一种不管不顾的无赖，认为只要有一颗真心，不管当下如何，一定能找到幸福。这体现出一种开朗向上的精神结构，幻想世界中充满着陶醉、欢愉和希望，所以才能忍受住眼前“职分”的耻辱煎熬。当然我们也应该看到，一旦属于她们“心灵”哲学的真相被打破，仅剩下活着的欲念时，就会变成那个无法得到救赎的、干涸的精神和负面性的精神结构，关于这一点我们也必须加以反思。

尽管在上流社会或是知识分子们眼中，这种难以想象的精神世界看起来似乎是反道德，甚至是不道德的。然而我们可以从中窥见民众身上一种非观念性的、桀骜不驯的思想和生命力。这与民众的多愁善感截然相反，背后有一种强烈而鲜活的我执[1]与欲望。想象一下樋口一叶《浊流》中的阿力、长冢节《土》中的勘次，还有德田秋声《野

① 佛教用语，小乘佛法认为这是痛苦的根源，是轮回的原因。

性的女人》中的阿岛，以及今村昌平《日本昆虫记》中的女主角等一系列艺术形象[1]，那些一味谈论民众前近代性的知识分子，如果连这种民众精神结构都没摸清的话，仅凭这种苍白无力的逻辑，难怪会以失败告终。

但是，这种军歌的另一个功能，就是一个小型天皇制，使天皇制思想得以自下而上地萌生。为什么这么说呢？对于那些坠入“地狱”的女人来说，这首歌会成为救命稻草；对于那些失意的士兵来说，这首歌也会成为其为心灵的抚慰，人们因它而关联在一起。歌曲第一段中“不得不辛勤工作”“上头的规矩”与人民的“爱欲”相矛盾（这一部分为哀歌），而第二段想象的世界却很和谐，并以“可喜又可贺”收尾。在此，批判精神的萌芽已被扼杀，歌中把“为了父母”“为了家人”替换成“为了国家”“为了君主”，把床上的“职分”换成“军队供职”，把“医生”换成“长官”或“老兵”，把“一年过后”换成“退伍”来思考的话，这首歌一边对战争中的工作满腹牢骚，一边又将“家”与“国”，“父母”与“君主”进行类比，其结果却变成了对当局体制的一种肯定，带有一种安抚士兵的意识形态功能。

对于民众来说，所谓的“统治思想”就正是这样变为了具体且感性之物而为人们所接受，也就是通过这种扩展被情感化、固定化，不断地进行再生产。

在藏王山靠宫城县一侧的山脚下，有一个船冈村。明治四十三年（1910）的一场洪水过后，有二百二十二人都濒临饿死。翌年，到了寒冷的2月，村政府对四十五户“需要紧急救援的极度困苦农民”进

① 樋口一叶《浊流》，1895年；德田秋声《野性的女人》，1915年；今村昌平《日本昆虫记》（电影），1963年。——原注

行了视察，并将一份《贫民调查报告书》记录上交给了柴田郡政府。现在看来，这四十五例中基本上都是因为失去土地而沦为前期无产者（日结工）。其中大部分人都惨到仅剩下一身衣服，家人有的“在病床上呻吟”，还能干活的那些人要么“因降工资而无法维持生计”，要么干脆失业，“放任不管的话只会饿死”。

这四十五个惨痛案例都是那些家中有患不治之症的家人老小，或是被外出打工的劳动力所抛弃、离家者音信全无的家庭。不仅农民失去他们的土地、失业，就连本应成为社会保障对象的病入膏肓者、老人和幼儿也痛苦无比。一直以来被这些人视为庇护伞的“家”也遭瓦解，家人四散流离。

很明显这些问题已远远超出了通俗道德所能解决的范畴。明治三十年代（1897—1906）的增税、战争负担（日俄战争期间，船冈村大部分贫民都上了战场。八十七名应征入伍的士兵中有三十人死亡、重伤或残疾），两年一次的洪水、严寒和歉收所导致的长期饥荒，地主和高利贷催债剥削，以及沙眼、风湿病、哮喘、胃病和肺结核的蔓延等一系列的灾害也让他们难逃一劫。

不仅是“极度贫民阶层”，据报告显示，在小农之中也出现了“洪水过后，因户主S（长男）离家出走举家走投无路，债主拿走了所有的家具，包括寝具、被褥、门和隔扇什么的，惨不忍睹”。越来越多的人逃离船冈村，同年［明治四十三年（1910）］，有四十一人离开村子去当纺织女工，还有几个女孩被人贩子拐卖，有的是拖家带口冒着风雪逃到了北海道。这一年，船冈村的外流人口超过百人［在宫城县，迁往北海道的人数从明治三十六年（1903）的一千人增加到明治四十年（1907）的一万六千人，是之前的十六倍］。

鉴于上述事实，斋藤博指出：[①]

> 从那里逃离或脱离的情形不仅限于悲惨的青春期。户主和户主的儿子也得独自外出打工，甚至还有举家逃离村子的。妻离子散，家庭生活的“温暖”被打得粉碎。讽刺的是，本应支撑起近代日本的家庭制度，却成为东北农民为了生存而不得不破坏的对象。没有他们家庭的支离破碎，日本近代化基础就不可能实现。农村的大地主和豪农阶层以及城市上层阶级的那种井井有条、欢快明朗的家庭体制，正是建立在农村广大的中农、贫农的外出打工、移居者家庭分崩离析的废墟之上的。

日本的无产阶级便是在这段悲惨的历史背景下应运而生。他们肩负着解决这种“悲惨”现状的历史使命来到大城市、工厂和矿山。有关于这一群体的实际形成过程，目前已经有了相关研究，但关于其意识的形成过程却尚未得到解释，这实在是研究史上的一大缺憾。

大正二年（1913），虽慢了一拍，船冈村的地主们还是组织了船冈报德社：“旨在执行《教育敕语》和《戊申诏书》之精神，改善本地环境，振兴民风。”报德社与日俄战争期间村中组建的爱国妇人社、村兵事议会、青年团以及地主会等携手，试图重建这个濒临解体的村庄。政府、地主和资产阶级政党对农业危机超乎预期的恶化和惨状也感到震惊，并试图通过出台一系列措施与这些来自下层的动向相呼应。似乎直到此时，知识分子才意识到事态之严重。

① 斋藤博《绝望的明治农村》，《独协大学教养诸学研究》第3号，1968年。——原注

第三节　丧失理想的时代

田山花袋的《乡村教师》是一部关于“满大街常见的那种普通而平凡的年轻人、小学教师”的小说。主人公出生在关东平原，尽管心怀梦想，但二十四岁时就因病去世，到死也默默无名。当花袋读到现实中的青年原型小林秀三的日记时，发出了这样的感慨：“在辽阳沦陷的日子里……在那个日本取得了世界性飞跃的辉煌日子里，普天同庆，却有一个年轻人孤独地死去了。没能建功立业，甚至没能当兵上过战场。”他被这位不知名的地方青年之死所感动，巡访了从埼玉县羽生町到行田一带、利根川沿岸的村庄。因此，这部作品极其逼真地描绘出了飘荡在明治末期关东地区农村的那种死水一潭般的氛围。

> 一天晚上，学校门口猛然响起了火警的钟声。他（林清三）穿过竹林来到对面，看到昏暗的天空火红一片（一家农舍着火了。这家人的命运又将如何呢？——本书作者按）在贫困的乡下，想要盖一栋新宅恐怕需要一个人拼命奋斗一辈子啊（相比之下，那些不把农民放在眼里，而只是一门心思只想进京的朋友们又如何呢?）。他不由地将熊谷和行田的那些唯有功名、学术热心的朋友与那些苦于生计的人们加以对比思考。他也想成为名人，也想要过奢侈的生活。但是，有太多的人过的都是平凡的日子。没有必要为了追逐功名而去牺牲一家人的幸福，尤其是牺牲体弱多病的母亲的幸福。相反，他对自己平凡的生活感到非常知足。

他边走边想（他带着这种想法去环顾四周，他的眼中看到了之前所没有看到的村庄的意义）。

他还去过一个挖掘出来的小河沟，那是在一个寒冷的日子，一个老头儿曾经冻死在这里，当时身体僵直地扎进泥里。在那里，芦苇和萱草已吐新芽，青蛙跳进水里，发出扑通的声响。在森林里，有一座破破烂旧的神社，从森林的一角可以清楚地看到富士山，田里铺满了紫云英。就这样住在那里，不用打听也能听到很多关于这个村庄的各种故事。一个女人因不堪家务之苦而跳水自尽的悲惨故事；一个保姆被游客骗到树林里遭到强奸；三个强盗带着刀钻进上村富农的家，把夫妻俩绑起来抢劫钱财；一个丝绸商和酒馆女侍殉情……听得越多，越感慨这个他曾以为很平静的村庄里，居然也有如此痛苦、悲伤的生活。他渐渐了解到地主和佃农之间的关系、富人和穷人之间的悬殊，曾经以为自己生活的农村充满着纯洁的理想主义和一片自然宁静，没想到却是一个充满纷争和贪婪的地方。除此之外，他还惊讶地发现，农村是一个充斥着猥琐与放荡的淫靡之地。

与其说是乡村教师明白了这一点，不如说是作者田山花袋明白了这一点。乡村教师在乡村的生活中找不到“自豪感”或“生存意义”，即便如此，也无法抛弃他贫穷而善良的父母。有一天，他带着学生又去了利根川的河畔，当晚在日记中写下了这首新体诗：

夕阳遥落松原，利根流水缓缓
这风光萧瑟的村庄，是我一年的蛰居之地
放弃了虚无的爱情与俗世，无欲无求孑然一身我孤独地唱着歌，如何才能让歌声听起来不那么悲伤？

在日俄战争之后，“眼泪”与“孤独”、“流离”和“无常感”等字眼迅速充斥了半个日本流行歌坛，与这首诗是如此相似。在这个年轻人眼中，田园风景看起来死水一潭，爱情和飞黄腾达的理想如东逝水，再加上自己住的是临时棚子，漂泊的感伤越发强烈。为何自己会沦落得如此凄惨呢？为何自己不能抱有希望顽强地活着下去呢？其中原因，乡村的小学老师不懂，作者田山花袋也不懂。这就是为什么小说会在一种浓郁的、对于“哀愁”的共鸣中落幕。据说这部作品一经出版，就在全国农村各地的年轻人和教师中引起了极大的反响，这也表明这种“哀愁”是多么真实。

读到这里，对于田山花袋的作品，我心中油然而生一种别样的感受。与19世纪80年代明治时期的农村相比，小说的色调可谓有着天壤之别。同样是关东地区的农村，但与二十年前沸腾在自由民权运动中的上州、武州、相州和常总的那些村子相比，二十年后这个村子俨然已经陷入了停滞状态，如此强烈的反差着实令人诧异。

本书第四章之前，详细地论述了武州多摩郡的案例，数以百计的反政府的学习结社不断涌现，其讨论的范围小到村庄自治，大到宪法起草。同样的蓬勃朝气在关东地区乃至全日本随处可见。

明治十四年（1881）3月，国友会成员堀口昇报告了北多摩郡布田（现调布市）一次学术演讲会的样子。据说当时听众约有两百人，甚为壮观。最后环节是讨论会，有一个人提出：“我国制定宪法时，应该让人民起草方案。”另一个人对此进行了反驳，“唇枪舌剑了好几轮也不分胜负”。

一年后，当堀口到武相地区报道巡回演讲时，写道：“两郡的壮士们争先恐后地登台，各抒己见。”直到散场大家也迟迟不归，于是换了个地方，“到了12点众人依然慷慨激昂，堪称盛况”。①

19世纪80年代，末广重恭、堀口昇、草间时福、肥冢龙、野村本之助等人在东日本各处的农村、山村和渔村见证了数百次巡回演讲，他们在为报纸撰写的报道中均使用了“堪称盛况，人如潮涌”这一表述。况且，这些城市记者并非自己主动去的，而是在各村的强烈要求下才应邀前往，所到之处都被卷入了论争的风暴之中。明治十五年（1882），《东京横滨每日新闻》刊载的草间时福的《枥木纪行》、青木匡的《磐城纪行》中也提到了当地“以人力不可制之势”，以同样的感想开场：

> 我当下之社会，地方与政治联合之精神如洪水汹涌，其势之大以人力不可制。联合中最为偏远之山区小部落要数枥木县的安苏、都贺二郡。②
>
> 政治思想之发展日新月异，势不可当。近年来，各地区人民意识到不可不开发智识，不可不培养政治思想，便纷纷举行政谈演讲之会，召开政事法律的讲学会。有时还会策划邀请东京有识之士前来，听取其对时政之见解。我亦应邀至邻近各县做演讲之采风，现在足迹几乎已经遍及日本八大州。因此，一直希望有机会去更为偏远之地漫游，寻求更多志同道合之友。于是明治十五年（1882）3月上旬，福岛县磐城国东白川郡植田村的有志之士吉成谦四郎、吉成英七郎等人写信致嘤鸣社，邀我社成员出席当

---

① 堀口昇《武相纪行》，《朝野新闻》明治十四年（1881）3月24日，明治十五年（1882）5月7日。——原注

② 草间时福《枥木纪行》，《东京横滨每日新闻》明治十五年（1882）2月4日。——原注

月 16 日召开的政谈讲演会。[①]

关于《自由民权家演讲纪行》全貌的材料，因为有江井秀雄的翻刻与介绍，我们才得以身临其境地了解当时的实况。[②]

相比之下，长冢节的《土》一书中描绘是明治末期关东地区农村一派停滞不前的景象。正如田山花袋所描述的那样，利根川沿岸的村庄是如此黑暗。之前，真山青果（《南小泉村》）和岛崎藤村（《破戒》）也真实地描绘过一片“绝望的明治农村”的景象。这与夏目漱石的《坑夫（矿工）》（1908）和国木田独步的《穷死》（1907）里的内容如出一辙。出乎意料的是，明治时期作家的作品都感受到了一种底层人民意识的停滞和变化。这或许是因为底层正濒临毁灭，而社会各个角落也逐渐显露出这种暗流涌动的强烈预兆，知识分子们也身处这个轰隆作响的地壳之上。夏目漱石最为敏锐地捕捉到他们身上这种“漠然的不安”，诗人石川啄木也从根本上对这一时期知识青年表示出深深的理解之情。

看！哪里能找到我们前进的道路？……

围绕在青年四周的空气已静如死水，强权的势力遍布全国各地。现代社会组织在每个角落都极其发达，其发展程度已近乎完美。

在 19 世纪 80 年代，“围绕在青年四周的空气”曾是如此激荡，而如今早已静如死水，因为强权的势力已遍布社会的每个角落。因

① 青木匡《磐城纪行》，《东京横滨每日新闻》明治十五年（1882）4 月 11 日。——原注
② 江井秀雄《自由民权家演讲纪行 2》，《东京经大人文科学论集》第 22 号，1969 年。——原注

此，知识青年不得不回避强权的问题，“失去理想、失去方向、失去出路，这种状态下长期以来的积郁，一个人已难受其重”。他们的“内讧式、自毁式倾向”越发明显，并陷入一种“丧失理想的悲惨状态”。为了“从自毁的状态中摆脱出来”，石川啄木主张“必须倾注全部精神来思考明天——对于我们身处的时代加以系统性的考察”。[①]

在那个时代，这种观点已经远远超出了大多数作家对社会体制的认知水平了。可就连啄木本人，即使意识到了强权的问题，也未能够认识到操控民众思想的那张意识形态的大网，以及在思想层面上闭塞的现状。啄木也是在贫困潦倒中终老一生。他本是老家岩手县涩民村的一名乡村教师，来到北海道后成为一名漂泊的地方记者，来到东京后又在贫困生活中挣扎，其人生经历就是下层人民的一生。即使是啄木这样的民众诗人，能批判那些丧失理想的知识青年，却依然无法把握像远藤久治那些最底层人民绝望的精神状态。

原因何在呢？这个问题难以作答。不过，其中有一个原因是，啄木的精神世界早已摆脱了通俗道德式的民众意识（如在《云彩是个天才》中可以看到他年轻时的浪漫主义，便是对这种通俗道德的反抗），并转而将这种反抗投射在享乐派诗人（明星派或颓废派）的群体之中。也就是说，其诗作和思想的形成，也都是在知识分子这种向往近代西方的精神氛围中孕育而成。其人生轨迹看起来似乎与英年早逝的先驱北村透谷有些许相似，但事实上并非如此。

北村透谷是自发成为一名民权运动斗士的，他也曾有感于自由党的激化事件和困民党的骚乱，并在运动受挫、民众流亡失所的过程中形成了自己的思想。就此而言，他也与啄木一样与下层人民为伍，过

① 石川啄木《时代闭塞的现状》，1910 年。——原注

着清贫的生活，还加入了浪漫主义团体。但是与明治末期的颓废派不同，透谷是在批判民权运动的基础之上提出的内部生命论宣言，并为树立起反对一切压迫的近代人生观而奋战。透谷虽然不像啄木那样，用短歌那种极具生活实感的方式来吸引民众，但他很早便已经向世人警告明治文明的欺瞒，其“外面的欢声”背后是“里面的血泪”，繁荣的背后相应的是人民的腐败、衰病与贫穷。因弑子而发疯的穷女人带给他极大的冲击，也从陀思妥耶夫斯基《罪与罚》中对“现代病”的审视中感受到了内部生命力的一种深深共鸣，从而能将自己思想的坠钩下沉到“最下层人民”的底部。透谷公开的文学活动始于《女学杂志》的投稿，他打出的第一枪便是下面这段抨击现状的檄文，这一点值得铭记：

> 明治文明在表面上确实表现出不可估量的进步性，然而这些又到底有多少人民能够享受到呢？……
>
> 看看现实中的家家户户，在天寒地冻的大雪天里，又有几家能够面色红润地围坐在温暖的火炉旁呢？而街头上，满大街都是面如土色的妙龄少女、无书可读的孩童，又有多少人流落街头？简直数不胜数。母亲生病了，但家里有小孩子无暇照顾；出门干活，买完药后当天赚的钱已所剩无几，只得与家人一起等死；或是自杀以求解脱。日复一日，月复一月，社会的表面被粉饰得太平美好，但里面实际上却在腐烂、衰病，精疲力竭，这些现状又怎么能用一种偶然的观念来打发呢？人生固然不如意，但穷人越来越卑微、受轻视，富人越来越傲慢奢侈，这才是国家真正的灾难。[①]

① 北村透谷《期待慈善事业的进步》，1891 年，收入岩波书店《透谷全集》，1950 年。——原注

当透谷在 19 世纪 90 年代撰写这部作品时，80 年代农村地区的那种活力已经荡然无存。80 年代末还不到一百三十万的东京人口急遽膨胀，接纳了数百万农村人口而变为庞然大物，寄生地主制的统治和国家的掠夺政策更是加速了这一进程。大量逃离农村的穷人沦为廉价劳动力，拖动着日本资本主义车轮滚动前行。接连不断的战争加快了这一循环的节奏，无论是在城市还是农村都无情地生成了两个极端，一面是极度的繁荣，而另一面则是极度的绝望与贫困。北村透谷的批判正是站在“人民”的立场，以尊重内部生命的“人”为名，针对近代化结构本身发出了彻底的抗议。

20 世纪初的十年，日本滑向了帝国主义战争的深渊，农业危机也日益加深。如上所述，到了这个阶段，农村不仅失去了活力，甚至一度呈现出近乎绝望的样貌。当然，只有从人民的视角出发才能看到这些。

这种绝境在人民生活的各个方面都爆发式地凸显了出来，不仅是歉收、饥荒和破产，还有肮脏、缺粮、冷漠、绝望、无知、沙眼、风湿病、哮喘、肺结核、精神错乱、酗酒、淫乱、水肿、堕胎、饿死、夜逃和上吊。根据古代东方政治哲学的“圣贤之教”，这些礼崩乐坏的状况都是王者之罪、王道不治，即为天皇制之罪。然而，令人恐惧的不仅是这种悲凄惨的表象，而是以一种与之相应的逻辑，从内部束缚着人民自身。一旦当天皇制作为一种“内部束缚的逻辑”渗透到民间，其可怕之处已经不再是什么“王者之罪”可以相提并论的了。想象一下，当你突然发现天皇制正透过东北农民那张呆板、扁平、卑微的脸庞、带着一丝狡黠的坏笑望向自己时，即使在大白天也会不寒而栗。

竹内好说他曾经在高村光太郎《吊坠之国》[1] 之中窥到了天皇制的这一面：

颧骨突出、嘴唇厚实、三角眼，脸部像名匠三五郎刻出来的吊坠/他看起来好像灵魂被抽走了，呆滞/像一只毫无自知之明、心胸狭窄/贱命的/虚荣的/蜷缩一团，极为知足的/像猴子、狐狸、飞鼠、虾虎鱼、鳉鱼，像一片瓦当，像饭碗碎片一样的日本人

竹内说，这种一气呵成的表述直截了当地捕捉到了天皇制的本质。[2] 我在读到真山青果《南小泉村》中一节的时候，也感受到了同样的战栗：

不管大人小孩儿皮都很厚，面部蜡黄，毫无光泽，极为干燥。长相属于牙齿与下颌宽大的扁平脸。眼睑松弛，还以为里面长了一只绦虫。四肢粗大丑陋，而据说十人有八都是平足。胸前与肩膀的肌肉丝毫不紧绷，下腹部的皮囊也是那样重重地下垂。

他们的嘴部邋遢，长着一个卑贱的鼻子。最令人生厌的是他们的眼神。是一对像是害怕人类的野兽之眸。嘴角还会浮现出一丝愚蠢的冷笑，那对狡黠的褐色小眼睛始终滴溜溜地东张西望。每当看到这番光景，我就会回忆起在土耳其看到的吉卜赛贱民的双眼。

---

① 高村光太郎于大正三年（1914）发行的诗集《道程》中的一首诗，日语为“根付の国”。

② 竹内好《权力与艺术》，筑摩书房，1958 年，收录于《竹内好评论集》第 2 卷。——原注

> 我无论再怎么过度谦虚，也不愿意相信自己的身体中也流淌着和这些小民相同的血液。曾经有段时期，我把丑陋诅咒为一种罪恶。丑陋，丑陋，农民的一生就是那样丑陋的一生。[①]

但是，真山青果，你的身体里也流着同样的血液啊。

如果天皇制作为一种全民精神结构覆盖了所有的日本人，那么外国人的眼中是不会对具体的个体加以区分的。在纽约的一个街角，或者在加尔各答的某个大堂，虽然日本人的穿着和体格已经有了明显提高，但依然长着那双“害怕人类的野兽之眸”，“嘴角还会浮现出一丝愚蠢的冷笑，那对狡黠的褐色小眼睛始终滴溜溜地东张西望”。面对这种日本人的普遍形象，外国人投来的那种眼神犀利而扎心。

---

① 真山青果《南小泉村》，1907—1909 年。——原注

第八章　作为精神结构的天皇制

第一节　作为历史传统的“国体”

近代天皇制首先被看作一种统治机构，其体系在1889年《大日本帝国宪法》中得以完善。借助这一体系，天皇制通过政治、经济和教育对日本人民加以统治。同时，它也是国家富强之力量和民族主义之源泉，使日本摆脱欧美的压迫，成为了一个独立的近代国家。

我们不能为了谴责天皇制而有意去无视这一事实，这样太过于感情用事。在这个国家，资本主义的法则只有在与天皇制兼容时才能够顺利地渗透到日本社会之中去。

当然，对于这种以经济、政治和教育等为手段实现的天皇制统治来说，一切都只能通过某种程度的幻想，通过民族共同体的幻想为媒介，才能植入民众心中。在本章中，我将从这样一个视角来论述幻想中的天皇制。这超越了狭义“天皇制意识形态”的范畴，涉及国民的精神结构。将其作为研究对象来看的话，它属于一个极难限定的观念性领域。然而，注定要有人与这个问题进行一次正面交锋。

知识分子对天皇制的愤懑之声极高。然而，天皇制真正的可怕之处并非绞杀幸德秋水等人时那种明目张胆的排除异己的手段，而是能够令东北山村农民在“我要饿死了”的呻吟中慢慢死去的那种碾杀式的逻辑思维。

正如上一章所示，天皇制这种无形的精神结构是一个巨大的暗箱。无论日本知识分子还是大众，都会不知不觉走进这个伸手不见五指的暗箱之中，且不知自己为何这般受苦就不明缘由地在哀叹中死去。更恐怖的是，这种幻想中的状况，以及不允许将这一整体状况加以客观审视的自我束缚的逻辑，正是来自大众内部。能够驱使日本大众去屠杀朝鲜人和中国人，这样的天皇制已经令人不寒而栗；而它还能够令本国人之间也萁豆相煎、互相残杀，须长琏造与井上传藏等人的历史被尘封，很大程度上正是出于这种灵魂深处的虚无状态。

天皇制俨然融入了日本的“风土”之中，民众也几乎已经把它看作一种共同体式的观念，而不是一种统治体系。正如竹内好所说，它是一种“被包裹起来的东西，无法直面”。因此，近代天皇制在每一个日本人身上都留下了无法磨灭的印记，制造出大量高村光太郎诗中那种来自“吊坠之国”的日本人。日本人自战国时代以来的优秀品质已俨然消失殆尽，一种精神上的奴役结构蔓延开来，天皇制成为了民族的阴影和国家的污点。然而，对于我们而言，天皇制难道仅仅只能是一种用作批判的对象吗？

倘若答案为否，我们便不再惊讶有人会愿意做出从天皇制的传统之中“火中取栗”之事了。为了从内部攻破天皇制，我们需要回到它的形成期和变革期，重新审视其内在逻辑，以此尝试抓住变革的机会，市井三郎便是其中一人。根据我个人的判断，这种方法一定会取得成功。我将会在后面讨论这个问题。

什么是“国体”？现如今，我们没有必要对其概念指手画脚，只要是日本人无人不晓。①

这是1936年，伊东多三郎在他第一本书《国体观念的历史研究》开头的一句话。仅仅二三十年后，大部分日本人都会认为“国体”一词不过是什么国家体育大会的简称，很少有一个概念会消失得如此之快。然而，在1945年战败之前，这个“国体”观念却正是天皇制的重中之重。与多变的“政体”不同，它是“万世不变的国体”，是“由国民宗教心理与民族自觉所构成的国民道德观念”，也正是“国家活动的精神力量”，“全体国民的统一原理”。

据此可知，“国体”并非一种单纯的国家形态，毋宁说，它是构成国家属性的一种精神和道德观念。具体来讲，它源自“在万世一系的天皇统治之下全体国民如一家，君民和睦一体的关系”。当然，伊东多三郎并不认为它自古以来一直就存在。一般认为是明治维新之后的思想管控政策之下才有了所谓“有史以来第一次国体观念自觉时期”，而这个“国体观”才得以从“部分权力阶级”的垄断中解放，变成“一个个国民的宝贵财产”。这并不是伊藤博文创造出来的，也不是明治时期之后才被拟定为日本国家精神内核的。显然，它存在于古代，也明确地存在于幕末的尊皇论中，在明治新政府初期政策中也有明确的表述[明治元年（1868）9月，皇学所规章中规定“应辨国体、正名分”]。

如果日本的“国体”观念是明治以后的产物，仅仅是一种寄生地主制或日本资本主义上层建筑的话，那么问题就简单多了。如此一

① 伊东多三郎《国体观念的历史研究》，1936年。——原注

来，像讲座派[1]那样在意识形态上对其加以揭露（将天皇制即国体思想认为是地主、大资产阶级和特权官僚统治集团阶级压迫的一种“隐性表现”并对其进行揭露及谴责的打击手法）便足以击垮它。然而，这种对天皇制的批评在生活中却撞上了大众意识形态中那道厚重的墙壁，批判者反遭孤立，导致他们被迫屈服，出现“大量转向”的惨痛现象。

从历史上来看，日本的“国体”观念是“脉脉相承”的，尽管断断续续，也已延续了千余年之久。昭和时期的马克思主义者或许轻敌了，他们面前的这个对手可有着上千年思想力量的背景，并融汇了多股权力。就算伊东多三郎不说大家也知道，“国体观念的渊丛”最早可追溯到8世纪的《古事记》和《日本书纪》。从那时起，诸多史籍一直都在延续该观念的正统性。从六国史到《神皇正统记》《中朝事实》《大日本史》《皇朝史略》和《日本外史》，我们会发现这个观念在各个不同的历史时期与各种正统性理论相结合，从而成为了历史变革的一大源头。

尤其是江户时期，以山崎暗斋、山鹿素行等提出的神儒一致观为主体的儒家国体论及本居宣长、平田笃胤等的国学国体论十分盛行。其中水户学与国学更是培养出了诸多幕末尊王攘夷运动的志士。因此，我们在思考明治时期国家意识时，也必须注意到从《古事记》《日本书纪》《万叶集》时期到尊王攘夷思想时期，在那些浩瀚的著作、诗歌、艺能、法律制度及传承中堆积而成的具象化的一种自我反思意识。正

① 讲座派是日本马克思主义的一个流派，另外一个是劳农派。1930年日本资本主义论争前后，岩波书店出版了一系列日本马克思主义讲座，1936年之后这些人转向，因岩波出版的书名为《日本资本主义发达史讲座》，故被称为讲座派。劳农派主张社会主义革命，而讲座派则主张要先进行资产阶级民主革命。当时讲座派是反天皇制、反封建的。

是这种意识（庞大的历史信息量）长久以来一直支撑着日本大众城乡雅俗的意识，同时也被编织进了国学、心学、儒家道德、神道、民间信仰之中，在很长一段时间里对大众心理的形成产生了深远影响。

日本这个岛国孤立于亚洲大陆的东海之上，这也为其观念维系一脉性提供了完美的条件。日本从未遭受过异民族的统治或屠杀，而这种世界历史上的偶然性导致统治者和民众都产生了一种“皇统万世一系”的幻想，也使得一直以来以最古老家世为荣的岛国式事大主义得以经久不衰。后来，这些观念逐渐不动声色地潜到表面之下，化为一种“惯习（习俗惯例）”，每当出现民族危机或是面临“政体”变革的关头，又会时不时地突然从潜意识世界中重新浮出水面。

这就是为什么我们会认定“国体”这一观念有上千年的思想传统，渊源长久。最应重视的一点是，事实上近世以来，这种观念的特性就已经化作一种习俗，并与日本大众的思维方式——由独特的“风土”条件而生的“自然”思想，以及共同体这种固有信仰式的思维方式——水乳交融。我认为，明治的“国体”观念是一种复合体，它建立在这些千变万化的传统意识的元素基础之上，而明治维新后又被附加了全新的价值观，最终成形。当然，这个复合体中可以发现几处根本性断裂，从这样的裂缝中可以找到突破口，不过我仍然觉得它才是日本近代思想必须面对的最强大的对手。

那么，在进入明治时期后附加的新价值又是什么呢？首先是开放的精神，即“基于天地之公道，打破旧来之陋习”和“从世界中寻求广博的知识”。这种开明的精神随后作为“四民平等”“一君万民”的原理，被应用于新“国体”的观念之中，这是古代天皇制和近世国体论中都不曾见到的。

从这时起，天皇制开始被用作一种意识形态，一方面依据“国体”的原旨来实现政治和军事力量的中央集权，另一方面则通往对“公议舆论”的尊重和“立宪制”。由此展开了一场天皇制幻想的扩张运动。随着明治初期废藩立县、制定学制、征兵令、改革地租等一系列重大改革举措的推进，涵括了绝对主义和近代机能主义的天皇制消除了来自内部的自由民权运动的阻力，一路高歌猛进地完成了其观念性建构，并不断拓宽这一幻想的领域。最终其范围从福泽谕吉的合理主义，加藤弘之、井上哲次郎的社会达尔文主义扩展到头山满、樽井藤吉和内田良平等人的亚洲主义。

第二节　天皇与民众

细读《教育敕语》，我们可以发现元田永孚等人的儒教主义和井上毅等人的明治立宪主义均是以国体论为中心折中而成的；当我们看到《大日本帝国宪法》中的阐释时会发现，美浓部达吉等人的“天皇机关说”和上杉慎吉等人的“天皇神权说”都被能纳入其中，被天皇制所包容，可见天皇制具有极大的广度与弹性。

天皇制具有强大的包容力，这从它成功压垮了自由民权运动，并将运动领袖改造为立宪派及地方派支持者（参见自由党的继承者立宪政友会的命运）之事上可窥一斑。此外还体现在它将最初进行顽固抵抗的天理教、丸山教和大本教等改良新兴大众宗教也纳入进神道教教派的系统之中，拔其“獠牙”，并将其熔化到传统信仰的模子之中。

甚至连基督教也没能逃脱。特别是新教，由于其一神教的宗教属性，本来是与天皇制思想最难调和的。内村鉴三的悲剧说明，只有被迫向天皇像与《教育敕语》膜拜，才能在天皇制的宇宙秩序（cosmos）

中求得一席立足之地。到了后来，只有那些有勇气喊出忌讳的“打倒天皇制”之人（共产主义者）才敢反抗这种裹挟。他们也被当作“异端”、遭到彻底的迫害，以儆效尤，天皇制阴险毒辣的一面此时暴露无遗。

然而，具有魔法般“变化显灵之力”的天皇制并非如天方夜谭般一夜乍现。近代天皇制这种历史产物也是几经试错才诞生于世的。那么，问题来了，明治初期以“国体”观念为核心的天皇观又是什么样的呢？

在明治维新前夕，只有青山半藏这样的国学家及敬神者，以及部分武士和草莽之士，才会相信“天皇是神祖天照大神的直系，是神圣而绝对的存在”。在现实中，大多数武士并没有将现实中的天皇视为绝对的存在，即使天皇身边的亲信也不例外。尊皇倒幕派领袖之一岩仓具视对孝明天皇就曾持批判态度（传说是岩仓毒杀了天皇）。大久保利通等人也公然反驳，认为“不义敕令非敕令”①，无须遵从。

“天下乃天下之天下”，而非天皇一人之物，就连天皇的权威也非其固有之物，须经得天下万人的同意。《神皇正统记》之后，这种思想成为日本人传统的观念，认为王道乃权威之源。这也就是为何岩仓具视在庆应元年（1865）指出：“国是不应由天皇一人决定。何则？天下乃祖宗之天下，故而君臣共同审议得失，而后宸断。”②

在此，“天下乃一人之天下”的天皇正统观，与“天下乃天下之天下”的天下正统观明显是水火不容的。尽管二者难以统合，但岩仓等人依然煞费苦心地企图将“天皇亲裁”③ 为表，“祖宗神虑”④ 为

① 大久保利通文书、庆应元年（1865）书简。——原注
② 岩仓具视文书。——原注
③ 认为国家政治权力来自天皇，所有政治决定应由天皇来决定。
④ 意为祖先神灵之旨意。

里，采取限制天皇的公议政治，即推行王道政治的方式，来填补二者间的罅隙。明治的“国体”观念从一开始就包含着这种内部矛盾性。①

明六社的加藤弘之后来成为家族国家观的主要鼓吹者，他却也曾抨击说“天皇是人，人民也是人”，“天皇将天下国土与人民独占为其私有臣仆，此般野鄙陋劣之风俗竟顺理成章地成为吾之国体”②，这种对天皇正统论的批判在当时并非少数。

福岛县一名小学教师柳沼龟吉因发表以下演说而被捕，他指出：“人皆平等平权，君臣上下本无差异，然帝王恣意逞其无边之权威，压制下民如牛马，而世人却以此为天经地义，不以为怪，实乃惯习使然。……吾国亦立于惯习之上，是为国体。”③（1882）值得注意的是，二人都提到吾之国体是建立在“惯习”之上。通过这句话，我们也可以看出，当时人们认为君臣有序、上下有别是一种天经地义的惯习，而且许多人对此深信不疑。那么，能够控制这么多人的惯习又是何物呢？我们要先剖析一下这个问题。

我想到了鹤见俊辅曾讲过一个出生在天草的渔夫的故事。④这位渔夫叫须崎文造［生于文久元年（1861）］，在西南战争期间，村里的老奶奶跟他说过：

> 听说天皇大人取代了将军大人⑤的地位，那天皇大人又是何方神圣呢？估计就是在狂言戏中看到的头戴金冠、身穿金缎敞袖

① 参照松本三之介《天皇制国家与政治思想》，未来社，1969年。——原注
② 加藤弘之《国体新论》，1875年刊。——原注
③ 家永三郎、庄司吉之助编《自由民权思想》中卷，青木书店，1957年。——原注
④ 鹤见俊辅《日本的百年》第1卷，筑摩书房，1963年。——原注
⑤ 日语为“天子様”，指幕府将军。

衣的那种人吧，……到了天皇大人的世道，与当下不同，每家每户的棉花脱籽机无一例外要上税，真的跟佐仓宗五郎狂言里讲的一样了。

也就是说，当时大众对天皇的印象不过是狂言中常见的一个大官儿。天皇的形象是模糊的，仿佛就是一个收杂税的，但某种程度上似乎也有些高贵之感。明治天皇全国巡幸时，沿途村庄的人们之所以会心怀感激，其实是因为他们把天皇与作为民间信仰的将军大人弄混了。

然而，同样是人民，那些豪农阶层的人对天皇却有着截然不同的印象。这些人是乡村领袖，有着良好的儒家和国学修养，能够运用汉诗文等表达自己的思想，还催生了后来活跃在明治维新时期的草莽英雄。在随后而来的自由民权时期，甚至还领导发动了一场更为广泛的豪农民权运动。这个群体的国体意识与天草那里的渔民大众截然不同。例如，他们中最反政府的群体是富农民权家，这些人反倒表现出更为纯粹的尊皇意识。如前文中出现的关东地区的深泽权八和细野喜代四郎。

明治十六年（1883）9月，南多摩最为活跃的民权家、小川村的细野喜代四郎曾经写过一首诗：

二千余岁莫辛酸，皇统连绵宇内冠。
此日群臣赐清宴，祝斯宝祚之安安。

此外，在天长节时，他还吟咏了“天长节会赐清宴，皇统连绵祝不穷”“皇祖凭灵德，以守护邦家”等诗句。这难道不是一种对日本

"国体"单纯的祝福吗？对于这种皇统连绵的"国体"与明治专制政府的"政体"，细野是加以区分的。但重要的是，这些叫喊着打倒专制、颠覆政府的民权家对于作为"国体"核心观念的万世一系的皇统思想却没有进行批判。这一点我也是从下面这个意想不到的事实中才得以知晓的。

我们手里保存有大约三十种不同的私拟民主宪法草案，这些民权派所设想的草案与钦定宪法是不一样的。对这些草案逐一加以研究后，首先让我最为震惊的是，诸多草案都在其第一条便明确规定了皇统万世一系，帝位应代代相传的内容。如最早的民权派草案嘤鸣社草案的第一条就有如此规定（"日本国帝位应传给神武天皇之正统今上皇帝之皇裔"）。[①]

这项条文也影响了植木枝盛草案，千叶卓三郎草案也原封不动地将其加以照搬。福泽谕吉一系的交询社草案开头明确表示"皇统一系万世无穷，与天地之悠久，我日本建国之大本，非臣下所敢妄议者。(第一条）"而熊本地区激进派政治结社相爱社宪法草案（原稿）对其"第一篇　国体"的解释如下：

> 日本帝国者，以皇帝陛下与日本国民自然而成。非如社会之必要而设立之政府之便法组织。故其国体异于海外诸国。是以政体之改革，虽应时变而不可或缺。然须遵守上下秩序，君臣名分须分明，奉戴皇室于无穷，保全公众幸福于永远，国体乃万世不朽不可易之大典也。

① 江井秀雄《关于嘤鸣社宪法草案的考证》，《东京经大学会志》第61号，1969年。——原注

日本的国体并非建立在社会契约式的观念上。它是由皇室和国民自然生成，与需要改造的所谓“政体”不同，该“国体”永远拥戴皇室，万世不变。

在筑前共爱会草案、福地源一郎草案、小野梓草案、茨城的东海晓钟新闻社草案和兵库的宪法讲习会草案中，这些观念都被写进了条文之中。值得关注的是，土佐的立志社草案或植木枝盛起草的《日本国宪法草案》的明文中则没有提及这些，不过也还是在最大程度上确保了天皇的最高权力。我们究竟该如何理解这种倾向呢？

其中有一点是民权家或许已经意识到这一古老的“惯习”。他们察觉到与上千年来的思想势力为敌对自己不利，因此有意识地避免从正面挑战“国体”。也就是说，我们假设他们为了避免与这样一个强大传统势力作斗争的战略性消耗，而采取了一种从内部悄悄潜入普通国民心灵的战略。综观植木枝盛和中江兆民的言行，我很难不相信他们的确是有如此打算的。虽然表面上看是以实现君主立宪民主革命为目标，但可以肯定的是，他们脑中的真实想法是以扬弃天皇制，走向共和为目标的。植木等人对天皇的冷淡态度给人一种不寻常的感觉，这在其他民权家身上是看不到的。从这种战略即政治性的现实主义角度出发，他们首先对“国体”和“政体”进行明确区分，把天皇和皇室从政治斗争中架空（即将政府与皇室切割开来），毫不留情地攻击并试图推翻现政权。他们援引了建立在以天下观为基础的放伐论[①]与王道论作为其传统政治理念，将批判的大刀砍向“国体”观念的裂缝之处。也就是说，他们打着为人民谋福利是祖宗的遗志也是王道的这面旗号，将天皇拉近国民一方，并试图在大义名分下顺理成章地颠覆

① 源自《周易》中“汤武革命顺乎天而应乎人”，认为改朝换代是顺从天意，也是人心之所向。

强权政府。

当然，民权家采取这种政治现实主义的手段也从反面证明了他们的力量薄弱，不足以推翻“万世一系的皇统”及其“国体”。或者更准确地说，其所身处的历史时机尚未成熟。这是因为当时距离德川幕藩体制瓦解仅过了十多年而已，“皇室”和“国体”虽未定型，但也只有依靠它们的权威才能够统一整个日本，将国民团结起来了。作为国家统一的保障，民权家们或许承认了“国体”这个基本前提，接下来便试图在这个框架内以一君万民即王道政治为核心实施民主化进程。其证据就是民权家私拟的宪法草案几乎都是以君主立宪制为模型，企图阶段性地限制并消解君主大权。

千叶卓三郎在明治十五年（1882）出版的《王道论》[①] 一书的附录中写道：“明治天皇陛下，王者也，且好王道，其圣敕皆为王道也。今日明治开明贵重，吾人民不好王道者百中不过二三。实可谓千载之一遇也。”他所说的“王道”正是立宪制，“实可谓千载之一遇”或指在明治天皇的治下是实现宪政制度的绝佳机会。在千叶的话语和前文所引细野喜代四郎等人的诗中可以感受到人们对明治天皇淳朴的崇敬之情。

如上所述，明治自由民权家对“国体”论的兴趣远远超乎我们想象，政府自然也不会放过如此机会加以利用。如果民权家是试图从“国体”内部、在政府和皇室之间插入楔子加以瓦解的话，政府一方则试图通过强调自身与皇室实为一体的观念来修复这一裂缝。这可能正是大久保利通、岩仓具视、伊藤博文等明治国家的当权派为何会在实践中采取“天皇机关说”的立场，表面上却始终试图维持“天皇亲

① 千叶卓三郎《王道论》，收录于《三多摩自由民权史料集》（前引）。——原注

裁”的原因。当民权家一方以豪农层为杠杆来把握地方民众的努力初见成效之时，政府一方也在意识形态上竭力将这些民众与国家维系在一起。[①] 此时国家采取的政策便是垄断“皇室”和“国体”的价值观，并通过“君民一家”和“家族国家”的虚伪意识来吸收和笼络人民。

然而，“君民一家”也好，“家族国家”也罢，这些观念的内涵如果任由天下观、放伐论等多种阐释掺杂其中的话，迟早会成为一把双刃剑。特别是“家族国家”说，为了将“家族”与“国家”这两个风马牛不相及的东西调和在一起，可谓煞费苦心，难度极大。以下我们将换个角度，通过详细品读丸山真男的“国体”论来逼近问题的真正核心。

第三节　无结构的传统

众所周知，丸山真男对于日本天皇制意识形态的研究做出了不朽的贡献。他也为石田雄、藤田省三、松本三之介、神岛二郎等研究者提供了方法论上的指南。这个俗称“丸山政治学”的学派的强大优势在于彻底站在近代主义的立场上，将日本天皇制乃至“日本的思想”视为一种整体性结构加以考察，这一点时至今日依然适用。然而，只要人们认为丸山的方法坚持近代主义的立场，它便势必会不断招致非议。尤其是吉本隆明、市井三郎、鹤见俊辅、安丸良夫等人分别从不同的立场出发，对其进行了根本性批评，直到今日尚未停止。不过，

① 拙稿《天皇制意识形态与民众意识》，《历史学研究》11 月号，1968 年。——原注

因为理论上的研究前景已基本明朗化，所以攻克丸山政治学（对丸山提出的整体观进行批判，并在结构上提示出新的整体观来取而代之的课题）应该只是时间上的问题罢了。

丸山真男的方法论凝结在《日本的思想》[①] 一书中。他将臣民的无限责任和体制的无责任性、精神层面的杂居状态及以“国体”为核心的无限抱拥的特性归为近代天皇制思想的特征，并从日本社会的结构中追本溯源，从国学的思维模式及作为其原型的固有信仰的思想中寻求答案。丸山试图以这种方式来把握日本思想的整体性视角，这与马克斯·韦伯试图以西欧市民社会的精神秩序和气质（ethos）为中心来把握亚洲思想特点的视角极为相似——固然犀利，却是脱亚式的。丸山认为，在日本从来没有一种真正作为传统积累起来的思想。

丸山认为：“一言以蔽之，坦白说在我国并没有形成一套核心或是坐标轴的思想传统，能够与所有时代的观念和思想进行关联，且全部思想的立场都能通过该关联性——即使是通过否定的方式——在思想的坐标轴中找到自己的历史性定位。”因此，如果将我们的思想和观念的模式分解成不同要素的话，找到的只不过是一些佛教式的、儒家式的、萨满式的和西欧式的思想碎片，“它们都以一种混杂的方式同居，而各自在逻辑关系之中究竟处于何种位置则完全不明确”。也就是说，所谓“传统”思想并没有成为遗产真正得到传承，因此才会被来势汹汹的“欧化”巨浪吞噬得无影无踪。

丸山将这一状况称为无结构的“传统”，并将其归结为日本人精神生活中的一种特性，因为日本人自古以来就没有一个如基督教那种绝对神所象征的思想正序论，也就是精神核心。但这是否为日本人所

① 丸山真男《日本的思想》，岩波新书，1956 年。——原注

具有的普遍特性呢？这个问题先按下不表，让我们看一看先丸山的论点。

至少就日本和日本人精神生活中思想“继起”的模式而言，其命题（小林秀雄关于“历史是内部积结成的回忆”之命题）切中了某种核心问题。新事物的胜利总是快得惊人，因为即使出现了一个迥然不同的新事物，也没有经过与过去旧事物的交手，便一股脑儿地被接连不断地吸收过来。人们缺少一种把过去当作过去从而使其在面对现在时发挥作用的自觉，而仅仅是让它被推到一边，或者下沉，从意识中消失，被“忘却”，但在某个时间节点，它又会成为一种“回忆”突然爆发出来。……

人们从过去曾经“摄取”的东西中能够“回忆”出什么，这会因人的个性、教养和世代不同而不同。《万叶集》、西行、《神皇正统记》、吉田松阴、冈仓天心、费希特、《叶隐》、道元、文天祥、帕斯卡等等，这些古往今来的思想储备极为丰富，不用担心素材的枯竭。而一旦舞台发生改变，这次唤起的则又会是托尔斯泰、石川啄木、《资本论》、鲁迅等“回忆”。将某个时代的思想，抑或是人生某个时期的观念融入自我，这种方式在旁观者看来似乎相当随意，但是对于当事者或那个时代而言，只不过是将本来就永远存在于某处之物拿出来，重新放在可见之处而已。每一次大家都认为可以此使得日本回归“本然的样子”或“真实面目”的方式，因而每次都满心虔诚。（丸山此处与我在序章里一样，也引用了高村光太郎《暗愚小传》中“回忆”突然喷发的例子，“天皇危难”等处。）

正如丸山所指出的，对于明治以降的日本知识分子而言，这种思想继起的方式尤为适用。也许西欧型知识分子正如讽刺漫画里所刻画的那样，昭和时期的许多现代主义者自不必说，就连明治时期的高山樗牛等人也正是这种滑稽的典型。我认为，虽然程度上或多或少略有不同，但这种倾向是近代日本知识分子所共有的，是其思想接受、继起和形成的规律特征之一（关于这种情况的发生原因，参见拙作《增补明治精神史》第二部第三章、第四部第一章）。

但是这也同样适用于日本的大众吗？日本的大众思想中是否也是如此，新事物的胜利总是快得惊人，一个接一个置换掉“回忆”的碎片？之所以看起来好像如此，是因为这不过是思想表层的一种风俗现象罢了，而大众生活思想之本则是深深地沉积在亘古不变的底层。面对大众的那种根深蒂固的日常思想性，丸山难道就没有退缩过吗？我听说昭和时期不少转向者都对其感到绝望。它成为一种使人丧失自信的内部诱因。

将思想作为一种传统不断积累下去，丸山将这种做法视为纯粹西欧式的理想观念。但这种将其视为一种至高无上的普遍性观念的做法，现实中的西欧姑且不论，这等于是否定了亚洲或日本现有的全部传统化模式，这难道没有问题吗？首先，除非“过去”被有意地作为一种对象（经过“结构性正序”）并将其置于“现在”之中进行扬弃，否则思想便无法作为一种传统积累下来——这种观点（且认为其具有普遍性）显然过于绝对。世界上又有多少民族、多少大众能够认可这种精神作用呢？举一个日本大众思想的例子，樱井德太郎曾经分析了代表“部落共同体”中作为某种结社的“讲”（从其结社的功能上来区分大约有三百种）接受外来思想的过程。研究发现，与我们的预期相反，这一民间信仰的内核非常牢固，其接受外来思想的方式也是多种多样的。[①] 日本的大众思想的确没有丸山所说的那种基督教式的核心，但并不缺乏自身强大的精神核心。只要回顾一下我在本书中介绍的通俗道德思想和家族意识的部分，这一点便不难想象。

当然，丸山或许会反驳道，作为“无结构‘传统’的思维特点并非知识分子所独有，在一般大众中也很常见。这在作为原型的固有信仰中极为明显”。固有信仰中不存在至高无上的绝对神。祭祀的最终对象在缥缈的时空中无迹可寻。在这种“信仰”中，既没有一般宗教中普遍存在的开山教祖，也没有所谓的经典。

丸山认为“‘神道’就像一个又长又瘪的大布口袋，与每个时代中有势力的宗教相‘习合’，以补充完善自己的教义内容。神道的这种‘无限拖拥’性和思想上的杂居性便是上述日本思想‘传统’的集中体现”。也就是说，正是因为“没有绝对者，在逻辑上和规范上都没能形成一种用独自的方式对世界进行逻辑规范及正序之‘道’，所以才会对外来意识形态的感染毫无防备”。

在谈论一般大众的固有信仰时却强调“神道”的习合性，这种做法有失妥当。正如柳田国男等人所主张的那样，必须先分析民众信仰本身的固有性的问题。但不管怎样，我们必须承认，日本人身上的确普遍具有这样一种“无限拖拥”的特性。正是因为有着这种特点作为前提，近代日本知识分子的模仿力，在落后国就要实现近代化这一语境之下，表现得越发突出。然而，我们也必须看到，虽然前提特点具有共通性，但那些固守传统实感信仰的民众与那些斩断传统、飘然走上思想漫游之路的知识分子相比，是有本质性差异的。

丸山还认为，日本并不存在一种在没有绝对者的前提下，能够以

---

① 樱井德太郎《“讲”集团成立过程的研究》，吉川弘文馆，1962 年。——原注

独自的方式在逻辑和规范上对世界进行正序之“道”。殊不知，作为大众思想的江户通俗道德和明治初期民间创建的新兴宗教，便分别以“心学”中绝对化的“心灵”哲学和天理教、大本教等“神”的规范（并非“逻辑式的规范”，而是神启式的规范）为基础，以自己独有的全新方式对世界秩序进行重构，如果非坚持说这其中并无“道”可言的话，那可是太小觑日本大众的精神史了。

当然，丸山真男之所以如此执拗于反复强调传统的结构化和世界的逻辑规范性正序论，是因为他坚信自己的一套科学原理，即“只有将认知主体从作为直接所与（被给与）的现实中切割出来，并在主体与外部尖锐的紧张关系上对世界进行逻辑上的重构，只有这时，理论才能成为改变现实的杠杆……这种逻辑当然是内在于近代化知性之中的”。这话本身固然没错，我们当然也期待着这一理论是建立在缜密的科学方法论之上，并能够经得住实践的不断检验的。然而，这并不等同于我们就默认了按照近代标准去评价过去历史传统的这一前提，这两件事需要进行严格的区分。

首先，在近代科学获胜之前，近世和中世对世界秩序进行的重构通常不是从逻辑上，而是通过宗教和神启来实现的。一般来说，比如大众从狐狸附体中摆脱出来，凭直觉睁开双眼看到全新的世界之后，才能在思想上幡然醒悟取得飞跃，奋起反抗从而改变现状。在中世，民众叛乱和农民起义也往往是以宗教性的世界观为媒介的。当我们想到禅宗与武士处世之道间的关系，或者认识到通俗道德与民众发现自身新主体性之间的关系时，缔造历史时精神所表现出来的多样性实在令人叹为观止。

丸山宣称要以传统中的某种精神核心为媒介，对外来思想进行逻辑上的正序或“对世界进行逻辑上（抽象地）重构”，但问题在于究竟以什么样的精神核心，又以什么样的方式来“重构”世界。对此，身处不同历史阶段、具备不同风俗习惯的民众的回应也是不尽相同。我们不得不承认，像亲鸾、道元、鸭长明、北畠亲房、二宫尊德和中山美伎等人的世界正序法也应被视为一种日本前近代的思想传统化模式。

此外，丸山在国学对儒教的批判方式中看到了日本人的一种“强韧的思想批判‘传统’”，但于我来看，或许可以从另一个不同的角度对此加以解读。丸山认为，本居宣长的国学是试图对儒佛之前既有的日本“固有信仰”的思维与感觉进行一种学术性复原，并列出了本居国学的儒教批判中的如下特点：

> ① 对任何意识形态都表示出厌恶或藐视；
>
> ② 拒绝演绎式阐释，采取“直接”进入对象的态度（有将自己的直觉解释绝对化的倾向）；
>
> ③ 仅从有实际感受的日常经验中寻求清晰世界观的思维方式；
>
> ④ 通过揭露论敌的装腔作势或言行不一来降低对手理论可信度的批判风格；
>
> ⑤ 将历史上理性（规范或法规）式的思维方式一律概括为“公式”，认为其牵强附会，以此来对其进行反驳的思考方式，等等。

就这些特点而言，丸山最为重视的是将其中①～④主要归因于⑤这一缺点，从而对其加以否定。当然，这并非说国学之中不存在这种缺陷，而是在我看来，这种思想批判的“传统”，不管是作为暴露明治以来民众意识形态的一种方法，或作为民众思想形成的一种方法，它都可以说是发挥出了积极、有效的作用。换句话说，我们也可以从与丸山截然相反的方向来对其进行解读。

例如，①可以产生出对天皇制统治的意识形态和知识分子论调的猛烈质疑与批判（这种冷漠的态度会使他们对自己的存在感到不安）；③表明一种人们只信任那些有实感的民众生活经验中凝练出来的思想，可以从内部推进，并使其步步规范化的思维方式；④直接揭露那些摆领袖架子的统治者幻想中的共同性理论，通过暴露他们外在的矛盾和言行不一的方式，以此来帮助人民创立并捍卫自己的独立思想（其中一些例子在本书第六章等处曾有介绍）。此外，②也可以看作日本人得天独厚的艺术天性的体现，而非刻意摒弃演绎式方法。在这一方面，可能不管我们再怎么努力也无法与孕育出康德、黑格尔、韦伯等人的德意志民族那样的素质相媲美，但也不至于让我们怀疑日本大众不具备科学精神。

第四节　对丸山"国体"论的讨论

丸山真男曾引用了明治二十一年（1888）6 月 18 日枢密院第一次制宪会议上议长伊藤博文演讲中的一节，并针对其发言评价说"作为近代日本核心的'国体'就此诞生"。作为一名历史学家，我对此深感震惊，也因此记忆犹新。

重新阅读伊藤博文演讲全文（《对〈草案大纲〉的大纲说明》），我们的确能找到丸山行文中所对应的措辞，但我不得不说，即便同样用了"核心"一词，在思想层面上所指向的含义却有着天壤之别。伊藤对"核心"一词的用法并非我们在丸山传统观中看到的那样仅限于方法论的层面。这篇演讲的目的似乎是为了使《草案大纲》中将天皇的最高权力绝对化的这一部分合理化，文中说道："该草案以君权为核心，唯期不可损毁之，不敢以彼欧洲分割主权之精神为依据。"那么，丸山究竟从伊藤的文中找到何种共同之处了呢？问题就在下面这段文字中：

> 故今制定宪法之时，必先求我国之核心，必先确定我国核心为何物。无核心而任由人民妄议政治，则政失其统纪，国家亦随之废亡。苟国家欲以国家之名存立而统治人民，宜深谋远虑，以期不失统治之效用。盖于欧洲，宪法政治萌发已千余年，不独人民习熟此制度，又有宗教为其核心，使其深深浸润人心，人心归一于此。然我国宗教者其力微弱，无一能成国家之核心。佛教虽一度彰显隆盛之势，系上下人心，然时至今日已倾衰替之势。神道虽基于祖宗遗训而祖述之，然作为宗教使人心归向之力乏矣。在我国，可为核心者唯有皇室。是以此宪法草案中，专意于此点，尊重君权，尽力不束缚之。

从字面来看，统治者伊藤博文在制定宪法时考虑统治人民的"统治之效用"之际，注意到在当时的日本，没有像古代天皇制那样利用佛教作为有效的统治手段（统合人民的核心），也没有像西欧基督教那样有着共通的社会和精神的稳定核心。在此情况之下，除了将受到全国人民敬仰的皇室作为赢得民心的唯一核心之外，别无他法。因此，该草案不过是一味地强调这一点，解释说尽量做到不去限制君权。[1] 其中唯一的新颖之处在于，文中说在欧洲"有宗教为其核心"。

① 参照稻田正次《明治宪法成立史》下卷，有斐阁，1950 年。——原注

从上下文来看，此处并非指马克斯·韦伯所言的那种思想。也就是说，伊藤所指的“核心”在我看来不过只是“统治之效用”的一个概念（而且是形而下的概念而已）。然而，丸山真男却将其解读为自己的一种方法论。

丸山指出“伊藤明确承认了日本在真正开始我国近代化国家建设之时，并没有率先将我们一直以来那种‘传统’的宗教作为一种内在的‘核心’而发挥作用，这个意义上来讲，现实中并没有形成一种传统”。

至此，这种表述方式让人觉得伊藤博文早在八十年前就已经了解丸山那种独特的方法论观念，即“作为诸多价值的结构式正序原理的便是内在核心”，以及由此生成的“传统”的内涵。倘若伊藤果真早就意识到了这一点，那么他就是一个天才政治家，将“作为肩负着千年欧洲文化‘核心’的基督教精神的代用品的这一巨大使命”托付给皇室，创造出了一个“国家秩序的核心本身亦作为精神核心”的天下无双的统一国家。统治权被掌控在如此国际级别的天才政治家的手中，自由民权家或明治社会主义者的指导下发动的人民抵抗，或许一开始便毫无胜算。

在我们历史学家的眼中，伊藤博文的这种形象不过海市蜃楼一般的幻觉。我们认为，伊藤博文、山县有朋、井上馨等政治家，就连他们本人也直言不讳承认自己也是有过许多误判，很多尝试也是以失败告终的。只不过得益于举国上下创造的洪荒之力加之幸运的历史偶然性，他们才勉强取得了“巨大成功”（见拙著《近代国家的出发》）。

事实上，早在伊藤发出声明之前的幕末时期，就已有观点认为皇室和国体是近代日本统一之关键。明治初期，围绕这个问题，新政府的内部也有过相应的论争。此外，如上所述，甚至自由民权家在他们的私拟宪法草案中也对此进行了明文规定。因此，伊藤博文以“皇室”为“核心”作为“统治人民之效用”之策，并试图蛮横地将其向“君权”不可侵犯的方向引导，这种做法堪称一意孤行（反观民权人士则试图通过对皇室的敬重让国家摆脱绝对君主制的道路，以君民共治也就是立宪君主制的国约宪法为努力的目标，这也是当时将皇室作为国家统一精神“核心”的另一种有效方法）。

尽管如此，丸山真男的创造性在于他为日本的“国体”赋予了以下本质的、结构性的含义。而问题也正是出自此处。

首先，他先从“痛切之感”开始分析这种被称作“国体”的“非宗教式宗教”的魔力之恐怖。然后，他以虎之门事件（难波大助射杀皇太子事件）为例，考察了臣民对“国体”的责任是如何被无限追究，又是如何发展为无限责任的体系，这便是“国体”的第一个特点。丸山认为，与结合了东正教会的沙俄帝国相比，日本的“国体”可谓更为严苛。（相反，当“国体”本身被追究责任时，正如战败时那般，便暴露出了其是一个完全无责任的体系。）

第二，尽管“国体”要求其臣民的无限责任，但在平日里，它又展现出慈祥的微笑，继承了自“固有信仰”以来的无限抱拥的特性。也就是说，因为人们总是小心翼翼地避免使国体在意识形态上被某种学说所限制，将其相对化，所以国体才会被重重迷雾所包裹，令人难以看清其内核。正如竹内好所说的，天皇制“不是固体而是像气体一样，一个包裹着自己和他人的场域”，“国体是一个神秘的超越性的存在，在面对抵抗精神的力量时具有不可思议的巨大压制力”。如此可见，“天皇制不是一个单一的价值体系，而是一个复合体系，与其说它是一个体系，不如说它是一种能够抹杀各种价值的装置”。[①]

① 竹内好论文《权力与艺术》。——原注

第三，由于“国体”具有上述特点，它不仅是一个外部的制度，更是无限渗透到国民的内心世界，成为其“精神的核心”，这也成为了日本天皇制具有“意识形态同质化”能力的条件，这一点甚至连希特勒都羡慕不已。

第四，支撑“国体”的最小单元便是部落共同体，该“共同体”的特点在于消解了一切对立的可能性，阻止个体的离析，复兴“固有信仰”的思想，从而成为护佑天皇制的源泉。因此我们可以从其底层到顶层（作为近代化动力的政府也就是官僚制）之间无休止的来回运动（相互渗透）中来看日本近代国家的动力结构。

通过上述总结，我们可以明显看出丸山将“国体”视为天皇制的核心，并推测这种天皇制并非明治早期创建时期的天皇制，而是更接近于法西斯时期的天皇制形象。我们在分析近代天皇制时，只看创建期是远远不够的，而只看停滞期或法西斯时期也是不可的，必须着眼于整个过程来分析全近代的天皇制，这样才可以在方法论上对其加以批判。[①] 但首先，我要对上文中总结出的丸山“国体”论问题发出质疑。

我对丸山和竹内他们所描述的日本“国体”或“天皇制”的第一和第二个特征没有根本性异议，本书直到前一章对此也有反复声明。相反，我从其真知灼见之中深受启发。然而，对于使该结构成为可能的第三和第四点，我则不敢苟同。以下是我反对的原因，并对此试着提出解决方案。

“国体”不仅是一个外部制度，更已经无限渗入了民众的内部世界，并成为其精神核心——真的是这样吗？对此，我不以为然。掌控

① 下山三郎《近代天皇制研究的意义与方法》，《历史学研究》314 号，1966 年。——原注

民心是伊藤博文等统治者永远的奋斗目标，但直至最后，这不过是一种虚假的意识罢了，直到最后他们也没能消除内心的不安（如果他们真的实现了目标，日本也就没有必要成为警察国家了）。

从民众的角度来看，他们虽然很大程度上接纳了“国体”这个“拟制”①，但到最后也没有将灵魂完全让渡给天皇制。我认为，在人们内心的最深处，天皇制并没有完全掌控日本人的心，“国体”也并没有真正成为民众精神的核心。虽然证明起来困难重重，但我将在关于“共同体”和“家族国家”的章节中尽可能对此加以清晰的阐述。

第五节 共同体论

丸山认为“国体”的最小单元是“共同体”，而这个“共同体”正是停滞性的根源，这与竹内好的观点不谋而合，但我认为这种看法是一种很可怕的非历史观点。丸山在下一段话中清楚地表明，明治维新之后，当时寄生地主制已经确立，农村也一蹶不振。这个共同体的概念正是从明治末期、大正和昭和初期那种“停滞期部落共同体”的形象中提炼出来的。

> 部落共同体是由同族式（当然也包括拟制）的纽带、共同祭祀和“邻里互助的古老习俗”组成，其内部是一种情绪上的，即直接结合的状态，不允许个体的脱离，避免决策主体的明确化及利害关系的公开对立，它是“固有信仰”传统的发祥地，通过权

① 法律用语。法律条文中用“视为”二字，将甲事实看做乙事实，使甲事实产生了与乙事实相同的法律效果的机制。比如将已被宣告失踪的人视为死亡。

> 力（尤其表现为入会和治水权控制）与恩情（在亲子关系中）的自在式的统一，成为传统人际关系的“典范”，也成为了“国体”的最小“单元”。无论是与处于顶层的“国体”相对应的极端现代的“全体主义”，还是协商式的“民主主义”，抑或是一团和谐的“和平主义”，一切意识形态本就都能囊括其中，因此它便成为一个从所有“抽象理论”魔咒中解放出来，能够拥抱“一如”世界的地方。（丸山真男，《日本的思想》）

竹内好也认为，时至今日，只要这个“共同体”不从日本社会中消失，“天皇制”的根基便无法斩断。[①] 然而，正如安丸良夫早已指出的那样，这只是对部落共同体的一种静态观点，不过是片面之词。[②] 我在本书各章中也通过对比“活动期部落共同体”的实际案例反复论证了这一点。

丸山从西欧抽取了西欧市民社会类型优质的理念模式，从日本抽取了部落共同体类型劣质的理念模式，然后从前者的“高深”中挖掘后者的“病理”，这种方法固然引人关注，但是，倘若进行对比的话，为何不把西欧的优质与日本的优质，西欧的劣质与日本的劣质（停滞性）进行比较呢？这与欧洲人马克斯·韦伯等人对亚洲的停滞性片面而独断的论述一样扭曲。

即使在明治以后，日本的部落共同体至少也可以划分为以下三个时期：从明治维新到自由民权时期的这段努力孕育出新事物的共同体形成期，即变革期；天皇制和寄生地主制统治确立的停滞期；战败后

① 竹内好、鹤见俊辅对谈《以十年的幅度来思考》，《展望》12 月号，1969 年。——原注

② 安丸良夫《读丸山真男著〈日本的思想〉》，《为了新的历史学》76 号，1962 年。——原注

再次发生巨变的20世纪40年代以后的解体期，即转型期。通过这个过程，我们可以看出日本的共同体并非是天皇制一家独占的。且不说“明治维新”“自由民权”等观念，就连“昭和维新”的观念中都包含着可能会破坏天皇制的内在因素。也就是说，共同体这种组织具有两面性，它既可以用于支持前近代式的统治，又可以用于对其的抵抗。

丸山所说的“‘国体’的最小单元是‘共同体’”，这点我能够接受。但他认为这种“共同体”消解了一切对立的可能，使得革命不再发生，对此我无法认可。这在本书提到的秩父地区的案例，或是孕育出《五日市宪法草案》的山村新共同体中均得到了很好的证明。当大野苗吉等人喊出“不揣冒昧，加入我们，一起干翻朝廷！”之时，共同体也作为一种抵抗的根据地而发挥作用，其性质也随之发生改变。然而，一旦共同体的革命性被剥夺，遭到吞噬后沦为天皇制死气沉沉的最小单元之后，即使是像落合寅市这样不屈不挠的游击战士，最后也沦落为一个无家可归之人，甚至不得不自称“勤皇尊王立宪志士落合寅市”来自保，以求自己的政治正确。①

所谓部落共同体本身并非一个客观存在的实体，而不过是大众的一种结合方式。它有时呈现出一种村庄集落的形式，有时又会呈现为各种“讲”“结”“社”等形式，其本质在于具有一定社会规范力的幻想的共同性。因此，当这个共同体具有变革的生命力之时，便能孕育出具有主体性的人，让天皇制无限边缘化；而当这个共同体停滞不前之时，具有主体性的人便被边缘化，天皇制便无限侵入共同体内部。换句话说，这种大众存在方式的变化最终也决定了天皇制的统治方式。

由此可见，认为共同体无法产生“具有主体性的人”的这种观点

---

① 中泽市朗《落合寅市的遗稿》，《历史评论》1954年11、12合并号。——原注

是错误的。当然，如果我们认为“具有主体性的人”仅限于西欧市民社会类型范畴之内的话，则另当别论。但是，从字面上看，倘若我们将其理解为一种实现了个人主体性的自觉，并积极主动地介入到自己身边的社会的那种人的话，那么在日本也比比皆是。日本村落共同体所孕育出的二宫尊德、中山美伎、出口直、王仁三郎、田中正造、大野苗吉等这些人，不正是没有被周边环境所湮没，而且勇于变革，“具有强韧的自律能力的主体性”吗？在许多方面上，他们甚至比当代知识分子的主体性还更为强大。明治以降，知识分子和大众的主体的形成方式渐行渐远，本书第五章《民众意识的高峰与低谷》一章中对此有相关论述。

认为“共同体”消解了一切对立的可能，这种观点也是片面的。不必说武藏五日市或秩父村公社的案例了，成为一个具有主体性的人与期许共同体的存续这两件事也并不矛盾。一个有主体性的认知者不需要一门心思要去破坏共同体，当意识到共同体出现了危机并为之担忧之时，他也会自觉转向保护共同体的方向发展。我们不仅可以在困民党和豪农民权运动的行为模式中看到许多这样的例子，日本农村领袖、农事能手等的活动以及报德社杰出领袖的人生轨迹也都体现了这一点。而创建金光教、大本教、天理教和丸山教等民众宗教的那些改革现状的人们也正是感受到这样一种共同体的危机感才挺身而出的。这种民众的主体形成和思想创造的“法则性”（倾向性）被大正、昭和时期的农本主义者主动继承。即便是一种拟制，我们也要彻底地揭示出这种作为拟制的共同体原理，并以禁欲、道义的方式穷追到底，这样就一定能够开启批判之眼，以此审视自己与他人的关系，从而抓住变革的机会。这便是所谓的“法则性”，也是无数先人的经验所铸就的一条道路。

站在民众的角度来看，“共同体”的精神核心从来都不是“国体”观念。（只有在面对大战的紧急态势之下，它才会作为一个相应的拟制趁虚而入，并赢得民众的信任。吉本隆明认为这种状态出现是在昭和战争期间，而我认为早在日俄战争期间就有了，后面会加以讨论。）

很长时间内，“共同体”的精神核心仍然仅限于柳田国男所说的祖先崇拜，就连欺骗性极强的天皇制统治也未能轻易涉足人们心灵家园的最深处。但相互抵牾的双方理论家在这一方面却达成一致，不断宣扬所谓“融合”和“一如”[①] 的幻想，反复对民众实施自我暗示的教育骗术。但它始终没能像希特勒、天皇制法西斯、丸山真男等所认为的那样已掌控了日本人民的灵魂深处。所以即使在天皇制国家的统治确立之后，芝麻大的百姓抗议都会被统治阶级视为危机的征兆而坐立不安，极度恐慌。这使得其统治意识形态的性质也因此被烙上了独特的印记。但是，被烙上印记的并非民众一方，反倒是国家一方，两者不可混淆。

当然，这并表示我不欣赏古希腊和罗马的城邦文化，或是说中世纪的自治城市、文艺复兴、宗教改革和资产阶级革命创造的西欧市民社会的内部规律并不令人钦佩。毕竟我也曾到过那片土地，并被其精神所深深触动。

所以，不难理解为什么明治知识分子第一次接触到这种“西欧”（也就是“西欧内在式近代”）便为之感动，同时身为日本人会产生一种自我厌恶和自我全面否定的冲动。贯穿西欧历史的自然法思想、“决策主体（责任归属）明确”的行为方式、“由唯一绝对的至高神有计划地创造出来的世界秩序的思维方式”、“将社会契约论作为一种虚

① 佛教用语，即不二，认为宇宙中普遍存在的根源实体真如，尽管表现形式各种各样，但其根本是同一的。

构的国家观”、“与国家权力相对峙的社会堡垒”的历史厚重感，我认为这些都是西欧市民社会与具有主体性的人的优秀品质（优越性）的体现，也是人类历史上的一大杰作。

对此，我们有必要进行公正的评价并加以学习。但这并不意味着要将其理想化，也不能不加甄别地用这种优秀的观念模式来把其他拥有不同文化传统的各民族一棒子打死。例如，与上述西欧市民社会的传统形象相比，丸山真男对于日本近代社会的总体形象介绍如下：

> 日本近代国家发展的动力是来自两个方向上的进程不断来回、相互作用而成：一个是从中央开始发动的近代化（合理式的官僚化并非只限于传统的官僚制，而是逐渐发展为经营体及其他职能集团的组织原理）下沉并影响到地方和下级的进程；另一个是以上文中的“村”或“乡党社会”为模式的人际关系和制裁方式——不是俾斯麦式的“糖果加鞭子”，而是“含泪的笼子，爱的鞭子”（《劳政时报》1942年8月）——从底层发起进而拓展到国家结构和社会组织内部的进程。因此，一般来说，无论哪种类型的组织或团体，无论上中下哪个社会层面，我们都可以在其中找到两种契机的融合：一种是近代社会必需的功能合理化的要求——并在此基础上建立起权限的等级制度——的契机，另一种是父权制，抑或“派阀”和“情面”类人际关系的契机，由此形成了一个复合体。（《日本的思想》）

以上观点无论从现象上还是感觉上来说都无可厚非。然而，仔细想来，这种政治学式的类比究竟是否能够阐明“发展的动力”问题呢？到头来，我们也只是指出其阻碍近代化的矛盾性。在考察明治时期日本的国家腾飞之时，我会把重点放在民众“自下”的近代化意愿之上——民众以此回应“自上”的合理化、近代化动向——并聚焦在与国家发展动力紧密相关的中间层的历史成因及其发挥的作用之上。也就是说，在思考近代日本发展机制时，我认为将“领导的能量”和“底层的能量”有机地结合到一起的农村领袖、农事能手和民权志士的那种“媒介的能量”才是近代性中不可小觑的重要因素。而丸山却对此不屑一顾。

丸山真男强调由中央发起的自上而下的合理化、近代化运动在地方的影响与下沉的进程，却舍弃了相应的自下而上的近代化运动（本书所说的底层“近代性的隐蔽转变”或“草根发起的文化创造”）进程。而说到自下而上的运动，以“‘村’或‘乡党社会’为模式的人际关系及制裁方式——‘含泪的笼子、爱的鞭子’从底层发起，后植入所有国家机构及社会组织内部”的进程则相应受到重视。[①]（对此神岛二郎后来在《近代日本的精神构造》一书中进行了详细的论述，推进了内容论题。然而，这样的概括能够总结出贯穿整个近代日本的底层动向的普遍特性吗?）

这种分析方法是片面的，因为它一方面从积极的角度来看待权力一边，一方面又从停滞的角度看待共同体的一边，因此哪里都找不出国家革命的内部契机。从科学分析的流程上来看也是错误的。这种错误类似于如下这种市井三郎对马克斯·韦伯的方法的批判。韦伯将进步的西方与停滞不前的亚洲进行对比时，把基督教与儒教这两个传统作为问题来进行比较和审视。但市井认为：“韦伯审视这两个传统的视角有失偏颇。由于带有西方式的偏见，他创造出了一个将西欧宗教

① 神岛二郎《近代日本的精神构造》，岩波书店，1961 年。——原注

（基督教）中可疑之处加以合理化解释的理念模式，又创造出了另外一个将儒教中改革式复兴轨迹全部加以系统化无视的理念模式。”“也就是说，虽然韦伯认为中国信奉儒教的人们在陷入传统主义堕落的状态时表现出来的各种特征便是儒教的本质。但与之相反，对于基督教”却采取了截然不同的态度。[1] 这样的批评触及了丸山真男或大冢久雄方法之根本，我为此深受触动。[2]

第六节　“家族国家”观

“日本这个国家怎么可能是个家族国家!”别说我了，就连小孩子也能觉察出其中的猫腻。如果说应该像家族国家一样号召国民万众一心的话还能理解，但眼前的社会显然并非一派天下无双、家和万事兴的和谐景象。可我们被学校反复灌输这种思想，父母对此也闭口不谈。

昭和初年，法西斯主义开始大行其道。据说日本“家族国家”的国体甚至令德国法西斯都感到羡慕。那么究竟是何人发明了这个概念呢？

到了战败以后我才知道，它是由穗积八束、加藤弘之、井上哲次郎这样的明治御用学者创造出来的，以此来为天皇制赋予无坚不摧的意义。石田雄认为：“归根结底，它是一种家族主义与有机体理论结合的产物。”但就个人的经验而言，我强烈地感到事实可能并非如此简单。不管怎样，这一概念之所以在战后流行开来，是因为当时丸山

① 市井三郎《传统与革新》，《思想》1969 年 10 月号。——原注

② 大冢久雄《关于韦伯的〈儒教与清教徒〉》，收录于《社会科学的方法》，岩波新书，1966 年。——原注

真男门下的石田等人出版了一本相关著作，并在书中将“家族国家”观评价为“天皇制全面统治体系中最为重要的精神结构”。①

自此之后已经过去了十五年，重新审视这一概念的时刻终于到了。恕我直言，在“家”或“家族”的逻辑类比中来讨论日本的“国家”，这种做法实在令人不敢苟同。当自带族谱的古老名门世家的“家族”被说成与拥有“皇纪二千六百年”族谱的“皇室”是一家子时，他们或许会喜出望外，不过高不高兴是他们自己的事情，但别妄想把那些无名无产的日本贫民大众也纳入这样一个“家族国家”之中。能够纳入其中的，只有那些以自己一脉相传下来的“家”谱为荣之人（华族、士族、地主世家、富豪、名门望族等），而其余人只不过是这种幻想的受害者而已。

至今为止，日本大众并不是仰仗“国体”或“家族国家”来养活自己的。他们按照自己的个人想法来行动，闷头过自己的小日子。他们的“家”不需要受明治民法的保护或强化（他们的族长也是心有余而力不足，无法以其户主的权力为招牌来彰显他们的权力财力，甚至连自家都贫困到一家男女老少不得不在家里干活），更没有什么能够被国家或天皇认可、拿来吹嘘的族谱或是历史渊源了。

要考察他们与“国家”相关的历史，别说什么忠臣义士，说不定和那些遭到忠臣凌辱、成为牺牲品、遭到剥夺而含恨死去的怨灵的渊源更深。因此，为了解“家族国家”的观念，有必要从上述前史的角度，而非石田雄所说的拟似底层②的角度来加以确认。

吉本隆明认为，在当下大众的这种情境之下，“家”（家族）的共同性的本质本来就是“配对幻想”，与“国家”等最高级别的“幻想

① 石田雄《明治政治思想史研究》，未来社，1954 年。——原注
② 日语为“擬似底辺”，大意为现实中并不存在，假想中的一种底层大众。

中的共同性”并不一样。[1] 也就是说，“家族”是一种“‘配对幻想’的共同性”，它直接建立在以夫妻或是亲子之间“性”或生命繁衍的这种最为自然、最肉体式的人际关系的基础之上。虽说都是“共同幻想”，但将其与“作为最高级别的抽象式共同幻想的‘国家’”不经由媒介而生拉硬拽到一起，这种所谓的“家族国家”观从原理上来看根本就是一派胡言。

我认为，这两种性质相差悬殊、相互对立之物的结合，绝非将“家族主义”和“社会有机体论”进行类比就能够实现的。问题在于那些无名无产的大众身上。就像大众能够为了“家”赌上一切一样，国家或皇室是否能够成为一个让每个人都认为值得为其赌上性命的共同体呢？后者显然过于抽象，且与前者完全不是一个层面的问题。实际上，大众亲身经历过的那个所谓“国家”的真正面貌，却是一座无数阶层压迫累积起来的沉甸甸的金字塔，身边是一个个素不相识的冷漠的陌生人。这条鸿沟又怎么可能逾越得了呢？

国家或皇室值得数百万大众之“家”不惜牺牲最为宝贵之物（家人的生命）为代价来守护，当时这种想法是否有其思想根据呢？封建时期，领主们就必须不断绞尽脑汁，才能唤起那些所谓曾“历代蒙恩”的家臣的“忠诚之心”。大众就更不用说了，国家对他们来说连封建领主对家臣的关照关系都没有，想要从他们身上唤起那种自发的忠诚之心并使之持续下去，可谓难上加难。倘若对方是知识分子的话，或许还可能用外来的“社会有机体论”什么的来忽悠一下。但是，对手可是上文提到的那些思想顽固不化的大众，有着他们自己独特的生活理念，他们是不会被“家族主义”那套逻辑成功规训的。

---

① 吉本隆明《共同幻想论》，河出书房，1968 年。——原注

换句话说，“家族”的共同性是不能直接转移并扩展到村落共同体那套“社会”的共同幻想性之中的。如果被转移的话，就必须采用拟制的方式。正如吉本隆明所说，必须将幻想性的对象转化为第二自然，即形成惯行性，然后才能转移到更远的地方去。也就是说，为了将“家族”的共同性转移到“村落共同体”，进而再转移到更远的“国家”，在意识形态上一定会经过几个不同阶段的复杂媒介经由与跳跃。特别是对于大众来说，“国家”这东西必须是作为一种高度情绪化的东西来接受，而不能是它原来的模样。这就给我们带来了下一个难题，那就是如何去连接这两个八竿子打不着的概念呢？而解决这个问题的，不正是“家族国家”观吗？

在这方面，丸山还是比弟子石田雄的格局要大得多。相较于石田用西方舶来的社会有机体论来做二者的黏合剂，丸山则调动了可以追溯到绳文以来的固有信仰，即所谓日本人的思维模式。不过，我并不觉得他这样就能解释得清楚了。

我认为，天皇制作为将“家”和“国”二者连接在一起的手段，所采取的系统性手段可以归为以下四点。其全貌在明治四十三年（1910）前后已经完成，其形象化系统性地体现在《寻常小学国语读本》等国定小学教材中。

第一点，是给明治天皇贴上“罕见的名君”这一标签，这种操作首先使“皇室”（国体的核心）尽可能地贴近了“家”（大众）。如此一来，便成功地使民众对皇室的幻想无限扩大，并为其赋予了情感色彩。为此，必须将天皇打造成一个从小便立志维新大业，不存私心，与“国民患难与共”统一国家的英雄形象。明治天皇一生就是这样一个剧本，他也出色地完成了这一表演。

他手举“一君万民”和“公议舆论”的大旗推翻了封建政府，身为“民族之长”通过一系列对外战争的胜利建立起大日本帝国的繁荣昌盛，这甚至被比作近代日本的开国神话。此外，其数千首“御制”和歌使天皇并不仅仅作为一个公众人物，更是作为一个诗人、一个个体而为人所熟知，在文学和情感的层面上渗透到国民的感情世界之中。“国体”的无限抱拥性不须借鉴固有信仰的思维模式，只是通过将“皇室”“天皇”的观念导入“家”“大众”之中，就能使其得到扩大。回想一下战前常见的场景，当时日本大多数人家的门框上挂着“明治大帝”的肖像。那个时期如果没有睦仁那种具有人格魅力的天皇，天皇制意识形态的根基定会脆弱许多。

第二，让我们来看一下是如何将日本人的“祖先崇拜”理解为一种一“家”之核、万民之心，从而将“家”与“国”二者结合到一起。这种做法虽然没能取得完全的成功，但已然初见成效。如穗积八束这样在欧美诸国见过世面的明治体制理论家，很早就意识到要将“日本是祖先崇拜之国”这一特点应用于国家建设之中。他们的目的就是将皇室的祖先即天照大神奉为大众的祖先进行崇拜，以此完成世俗性与国家性的统一。

正如柳田国男反复强调的那样，日本人精神生活的中心在“家”里体现为祖先崇拜，在村里则体现为对作为“村落共同体”成员的氏神进行祭奠。樱井德太郎曾经写道，对于定居在农村的人们而言，这便是最为古老、最为深厚的信仰了。或许有时，它看似被强势入侵的新兴宗教彻底打压，但这也不过一时现象，最终幸存下来的依然是当地的氏神，村落居民的宗教据点并没有消失。即使出现了伊势信仰或“富士讲”，也同样是利用了氏神，最终也未能鸠占鹊巢。① 对于今天

① 樱井德太郎《“讲”集团成立过程的研究》，吉川弘文馆，1962 年。——原注

的日本年轻人来说，或许很难理解日本人会相信每个人死后都会接受祭祀，只要还活着便不会停止祭祖活动。而我们在讨论民众意识的时候是不能忽视这一点的。

天皇制试图将统治扎根到最深处。为此，它利用国家神道，将天照大神立为天皇的祖先神（天照皇大神），并将其视为众神之宗。他们还试图将其一系后裔的天皇作为人民的“大父母”，同样想要在代代祭祀祖先的民众心中植入“家长父权主义式”元素。（例如，将春秋季皇灵祭纳入民众的传统节庆之中。）

也就是说，它试图将民众的祖灵信仰即祖先崇拜纳入天皇制的皇灵信仰，也就是天孙神话的体系之中来加以阐释，并将其体系化。这就等于将建立在与死后家人的“共生的感觉”及民众平和的“对于永生的渴望”之上的这种个体性、习俗性、风土性、非政治性的民众“神灵”观念，与天皇制普遍的、自然神的、人为的、政治性的那种截然不同的“神灵”观念强行绑定，这原本就是天方夜谭。但是为了强行加以推行，国家采取了种种手段，比如利用民众的伊势信仰（“伊势参拜”）的信仰之心，或是建盖招魂社（靖国神社）并通过官方权力来抬高民众对其的祭神规格，利用部落共同体中家族式、情感式的结合来加以类比，援引社会有机体论这种舶来的逻辑，总之煞费苦心地将二者黏合到一起。然而，正如柳田国男明确拒绝这种异质组合一样，我相信，在精神最深处，天皇制从未真正占据日本人民的心灵。

神社合并，即将全国的神社体系化政策的失败便是一个很好的案例。最初，民间信仰的“氏神”是作为群落共同祖先来祭祀的内部神灵，与国家神道的神灵毫无关联。然而，国家将它们分为以下级别：

官币社—国币社—府县社—町村社—无格社[①]，并将伊势皇大神宫置于其顶层，并使其顺理成章地被指定为天皇的祖先神（靖国神社则被认定为特殊级别官币社）。也就是说，它试图建立一种类似于佛教中大本山与末寺之类的关系。伊势神宫的这种“顺理成章”和附会，与近世民众的伊势神宫参拜的信仰（现世利益信仰）完全是风马牛不相及的，这一点可参见藤谷俊雄的著作（《御荫参拜与“不好吗”》）。

此外，日俄战争后，国家政府察觉到了农村的体制危机，开始了如“町村是”[②]制定运动等一系列地方改良运动，直接强行将触手伸向民众的心灵世界。为了加强对全国神社的管控，短短四五年［明治三十九年（1906）至四十三年（1910）］间，将19万个地方的町村社、无格社减少到约10万个。官员们或许认为，全国每个行政区、町村只要有一座神社就足够了。为此，三重县等地将10 411座民间神社减少到989个；和歌山县则将3 772座神社减少到879个，其中八成的神社被勒令废除。江木千之批判道：“在和歌山县，神社被合并了，看着自己的神灵被送出村外，村民们无不失声痛哭。”据土井权太议员说，正是因为政府做了这样的事情，大逆事件中和歌山县出身的犯人才会最多，也才会出现南方熊楠因抵抗强行神社合并，被指控违抗命令并遭拘留，关键时刻柳田国男火速赶来相救这一幕。这与大逆事件的冲击加在一起，给天皇制国家的官僚们敲了一记响亮的警钟。

然而，从历史大势来看，以“祖先崇拜”和“氏神”为媒介连接

---

① 日本在古代就曾经在朝廷律令内为神社制定阶级，近代国家神道推行时，日本政府仿照古代，制定一套新的等级划分体系，后来称为“近代社格制度”。在近代社格里，神社分为由国家供养的“官社”和地方政府供养的“诸社”两大类，而不列社格的神社则称为“无格社”。

② 该运动始于明治中叶，此时乡村各种制度已基本定型，村中也形成了以乡绅为代表的自治管理团体。在日本农务省副大臣前田正名倡导下，掀起“町村是”运动，又称“乡村自治改良”。

起“家”“国家”的操作，被一遍又一遍、小心谨慎却又反复不休地进行复制。不断灌输之下，大众也逐渐对这种无中生有的虚拟之物产生了亲近感。特别是随着对外战争的一次次爆发，靖国神社里的祭牌不断增多，民众的祖先神与国家神之间的距离也慢慢缩小，最终突破了原本彼此不同的圈层。

第七节　“弑家”

“家族国家”观成立的第三个要素，也是最基本的因素，是“家族制度”的危机及其具有的幻想性。现实中的家族制度开始瓦解之前，人们还不会如此刺痛地意识到这种幻想。在我国，明治三十年代（1897—1906）后半叶，资本主义逐渐成型，这个问题一时间也成为“有识之士”关心的焦点。穗积八束、井上哲次郎、浮田和民、横井时敬等人陆续发声，柳田国男也在明治三十九年（1906）的大日本农会的集会上发出如下警告：

> Domicide也就是指弑家行为。考虑到未出生的子孙后代，即使当下家中无人反对，这种行为也不能说是自杀，而是谋杀。杀死自己的孩子同样也是谋杀。身为子孙，却丧失了延续香火的自觉意识，这难道不是一种犯罪行为吗？家拥有仅次于国的生命繁衍力，身为一家之长，却使之毁于一旦，怎么能说这是户主的自由之举呢？但如今，搬到大城市永居的人当中，十有八九会走向弑家的结局……
>
> 在日本，每个人都是通过与祖先的联结来感受家的存在的。

> 这种自觉正是日本的国情。与此同时，个人与国家的联结亦如此。稍加附会，我们总能将自己的祖先追溯到历史上的某位忠臣义士。这样祖先的感觉才会具体鲜活，而非虚无缥缈。我们的祖先一直都为皇室效劳，并为其服务了数十、上百代，这种认识便构成了忠君爱国心之根基。一个人失去了家，就很难向自己解释为什么自己是日本人。随着个人主义的日益盛行，人们也开始用同样的眼光看待外国历史和本国的历史。①

现在来看，这种观点明确背离了时代的发展。农业国变成了工业国，农村人口不断减少，城市化的浪潮席卷全国，既然这都是资本主义铁打的法则，那么反过头去哀叹农村人口移居城市的现象，也无济于事，不过徒增悲伤。尽管如此，为什么就连柳田国男这样的知识分子也会逆时代之潮而行，期待能够永久居住在村庄、永续“一家香火”呢？他甚至说道，“弑家”的罪恶便是让人们忘记家族的系谱，一旦失去，我们就会忘记“我们的祖先一直都为日本皇室效劳，并为其服务了数十、上百代”，移居城市“失去了家，就很难向自己解释为什么自己是日本人”。

也就是说，柳田为了将“家”视为日本独自的“忠君爱国心之根基”，所以才会主张一种“系谱的意识”，认为自己的祖先们都是“忠臣义士”，这便是柳田式的“家・国家”的观念。然而如果从我在本章开头部分提出的“底层视角”来看的话，柳田或许是以一种地主世家或名门望族的眼光来衡量所有日本人的。

试想一下，占日本国民大多数的大众为什么要舍弃他们的“家”，

① 柳田国男《乡村对都会的问题》，《时代与农政》，1910 年，收录于《定本》第 16 卷。——原注

为什么愿意与亲人妻离子散呢？他们并非贵族，也非名门，大部分日本国民生活了一辈子也与“族谱”“忠臣义士”什么的沾不上边。但他们也爱家，爱祖先，期望生活在自己的家乡。但是，在资本主义的剥削之下，他们的“家”被摧毁，家破人亡逃到了城市。请回想一下第七章《非文化的状况与知识分子》中介绍的东北地区农民远藤久治和氏家友助等人。如果不是日本民众承受了如此巨大的苦难，大日本帝国的荣耀也好，富国强兵也罢，都不过空中楼阁，根本无法实现。那么，谁又能忍心将这种大众的“弑家”归责为是一种“对子孙后代的罪恶”呢？

柳田国男等人在提出“弑家”一词时，并不是因为被大众“家破人亡”的惨状所震惊。他们之所以感到震惊，是因为他们一直仰仗的那些地方望族，那些有家谱可炫耀的“旧世家”，也终于在资本主义的狂澜中不得不开始迁居城市了。横井时敬曾经开诚布公地表明：“能够依靠的唯有农民了……城市常常是革命的摇篮，而农村往往是革命的反对者、社会秩序的守护者。”“身为日本武士道的继承者、风纪的培养者、精神的维系者，我关注农村地区，特别是地主。”[①] 浮田和民也担忧农民的迁徙会引发祖先崇拜意识的淡薄，从而对家族制度产生威胁。

很明显，体制内的政府非常期望当地的名门望族、地主阶层能够成为家族制度的支柱，并成为“家”与“国家”之间的重要纽带。如果没有这种社会的媒介阶层，那么“家族国家”观就无法成为一种幻想，柳田的话也很好地印证了这一点。而这个重要的名门望族阶层现

① 横井时敬《城市与乡村》，1906 年；《关于农业教育的主旨》，1901 年；《横井博士全集》第 4、9 卷，1925 年；石田雄《明治政治思想史研究》，未来社，1954 年。——原注

在正面临着无法摆脱的危机，而以此作为统治根基的“国家”自然也不会对其坐视不管。实际上这种危机意识在不断拓展共同幻想的边界的同时，也倒逼理论家们将其重新体系化。不了解这一点，就无法准确把握历史发展的动力关系。

很早就撰写过《敕语衍义》的井上哲次郎在这里作为理论家代表再次粉墨登场。[1] 据说井上是一个在德国接受过专业训练的黑格尔主义者，但从学统上来看，他是加藤弘之的弟子，曾在东京大学负责教哲学，并教过高山樗牛。这位教授打压社会有机体论的观点，提倡所谓“综合家族制国家”这种简单的观念，说“在一个家庭之中……家长处于中心位置，引领全家前行”，这便是“个体家族制度”；当这些“单个家庭聚集在一起，把整个日本作为一个整体来看时，他们便形成了一个大的家族制度”，这便是“综合家族制度”，也就是我们日本的国体结构。[2] 这与中国那些只存在“个体家族制度”的社会不同，它是将作为伦理的“孝”与作为综合家族制度伦理的“忠”完全统一，让“忠君爱国”成为一种国民性的口令。

那么，一旦位于最底层的个体家族制度瓦解（事实上，后来大正、昭和时期就是个体家族不断分崩离析的历史时期，而体制上多次采取政策防止崩溃，也丝毫不见起色），举世无双、万世永存的国体也理应濒临毁灭。（这是多么脆弱的“国体”啊！）

在这个问题上，井上学说暴露出了它的纰漏，问题的端倪并不在理论构成的完成度本身。即使是如此这般千疮百孔的理论，也被运用在了统治阶级意识形态的核心部分。它在明治四十三年（1910）被收录进国家指定教科书中，从而渗透进大多与明治民法层面的“家”无

---

① 井上哲次郎《敕语衍义》，1892 年；《国民道德概论》，1912 年。——原注
② 同上。

缘的那些无名又无产的大众家族之中。我认为，使之成为可能的原因有三：首先是天皇制对“通俗道德”的渗透；其次是日俄战争；最后是小学教育的成功。

试图吸收通俗道德并将其作为打造天皇制度的根基，这种思想上的尝试始于明治十年代（1877—1886），当时的政府就曾经对报德社进行过援助。“通俗道德”最初是人们经历了天明、天保年间的饥荒之后，为了重振那些荒芜的村庄、重建濒临没落的家庭，通过严格的自律而确立出的一套道德规范。明治中叶，通俗道德的实践本身被目的化，而其人生观的意义（目标）反倒变得越来越虚无缥缈。为什么要勤俭、谦让？又为什么要自律？因为缺少目的性，这就给了天皇制意识形态可以趁虚而入的空间。也就是说，“国家”重新对通俗道德进行阐释，将其重新定义为一种“家族”道德，并赋予其忠君爱国的最终目标。这首先以《教育敕语》的形式表现出来，后来又被赋予了明治式麻雀变凤凰的承诺。这样一来，一方面，通俗道德式的思维方式被吸收到天皇制之中，而另一方面，通俗道德又被赋予了原本缺乏的世界观内涵。这一动向通过社会教育与学校教育两方面不断得到强化。想要了解这种意义对于大众来说有多么沉重，只需回顾一下第七章“绝望的明治农村”一节中那些因无法抵抗国家而自杀的饥民的“内部束缚逻辑”便可知晓。

对每一个生活在自己清贫小“家”中的大众来说，要真正贴近“‘国家’这个最高的抽象共同性幻想”，并沉浸其中，永不停息，这是无比困难的。作为一个曾经在大战期间经历过生死洗礼的年轻人，我对此深有体会。

尽管如此，为了建立“一体”的拟制，大众一方首先必须有向上跃升、向“国”的意志靠近的意愿。要做到这一点，日常中每天也必须不断为意识形态上的共识做铺垫。但更为关键的是，必须表演出“民族的特殊事态”（激烈的民族冲击），从而使得“不可能的跃升”成为可能。也就是说，只有在这种情况之下，同化作用才会从大众一方发起，这是决定性条件。

只有在这样的瞬间，大众心中才会出现“家族国家”的观念。而一旦确立起来，为了维持这种拟制，国家必须时不时地用棍子捅捅，不停制造些战争冲突，不让大众心中紧绷的弦松动，这便是统治大众的一种惯用伎俩。明治以降，天皇制利用“国体”观念这一强大的精神毒品，有效地实施了这一方法。从明治时期的“家族国家”观到昭和时期的“总力战国家”观，尽管这种民族共同性的幻想虚无缥缈、漏洞百出，但依然变本加厉、不断强化。

第八节　一个士兵的心声

在日本近代史上，前文的这个“世纪的拟制”是何时确立？何时达到高潮？又是何时结束的呢？我认为应该是伴随着日俄战争的爆发而出现，并随着太平洋战争的爆发而燃烧殆尽。

直到日俄战争期间，“国家”才具有全民族命运共同体的幻想性。而正是这种共同幻想下的那种宿命式、民族式的实感，使得明治大众被“国”所“同化”。民间的相关资料多如牛毛，足以验证这一点。许多在日俄战争中服役的士兵“日记”和“手帖”都以原样保持了下来，我手中也有大量战地来信和在外日记。前面提到的记录员大泽上等兵的战中日记便是其中一例。同一个村庄（南多摩郡加住村）中还发现了曾经的武相困民党领袖须长涟造在明治三十八年（1905）的日记。这些材料的内容这里就不一一说明了，但通过这些材料可以得出一个结论，那就是我们传统的日俄战争观存在重大缺陷，需要进行大幅度修正。

日俄战争是否是一场帝国主义战争，这个问题至今都是一个争论的焦点。如果将其视为一场帝国主义战争的话，我们通常会着重讨论其战争的特点，当时双方的国家权力、统治阶级的性质，资本家、军部、外交人员的意图及战争局势；如果不是帝国主义战争的话，就会停留在常见的那种国际关系论坛式的外交史观，或单纯的战略和战术史的叙述。无论是左派还是右派，都抛弃了站在实际参加日俄战争的广大士兵大众的角度所见证的历史。更准确地说，它不是被抛弃，而是被无视。

日俄战争是一场重大的战争。日本的对手是当时世界上最强大的陆军——俄罗斯帝国，自从幕末的普提雅廷舰队在日本海施压以来，俄罗斯帝国一直作为西方列强的一员威胁着日本北部。尽管这是日本第二次发起的对外战争，但完全无法与中日甲午战争相提并论。甲午战争是一场非常小的局部战役，只有约五千人①在战斗中牺牲，而日俄战争则是在日本毫无胜算的情况之下开战的。据说这场战争中，日本耗费了全部国力，以十一万八千人的死伤换来了一场艰苦的胜利。日本全国每个村庄都有士兵参战，而其中近一半的士兵不是伤痕累累，就是化为白骨，这种悲痛的经历至今依然刻骨铭心。那些讨论日俄战争的人决不能忘记这一痛苦的经历。

我认为，从国际意义上来讲，日俄战争仍然是一场帝国主义战

---

① 据日本陆军参谋本部《日清战争》（日本陆军参谋本部编纂，桑田忠亲、山冈宗八监修《日本的战史・日清战争》，德间书店，1966 年）中记载，日军战死及伤死者为 1 417 名。

争。只不过是一场复杂的战争，其中有些特点无法用一般的帝国主义战争一词来涵盖，在此特加以总结。

在我看来，日俄战争是在以下三种意志相一致的情况下才取得成功。第一，日本统治阶层的意志，特别是日本军部的意志，他们多年以来一直想要在朝鲜半岛上建立起一个向大陆扩张的踏板。第二，大英帝国主义的意志，它坚定地采取了不惜一切代价阻止沙俄南下扩张的战略（并企图让日本代表自己在远东对其进行拦截）。第三，日本人民的意愿，他们把日本和俄国之间的冲突视为宿命式的“国难”，认为他们必须不惜一切代价解除民族存亡的危机。我在此要强调的正是这第三种意志，没有这种意志，就不可能赢得那场艰巨的大战。而且，正是这种人民大众自发性的高涨，使日俄战争被赋予了“国民战争式的要素”。漏掉这一点，我们永远无法理解民众思想史上的转变意义，也永远无法解开天皇制思想作为一种拟制而取得胜利之谜。

三多摩的一个农民、陆军上等兵大泽敬之助参加了旅顺、奉天大会战。他的日记（军队手帖）由铅笔书写而成，沾满了汗渍，其中详细记述了进攻旅顺、突袭203高地的战况，以及陆军部队收到日本海海战发来的第一个消息时的激动心情。① 阅读这些记载，人们会惊讶地发现，与我们自己经历的太平洋战争相比，该记录是极为自由的，当时极为重要的军事机密情报竟然连最底层的小喽啰兵都知道。举个极端的例子，在后一场战争中，既是陆军大臣又是总参谋长的东条英机首相直到一个月后才得知“中途岛海战”的细节，这是日本联合舰队的一次重大败仗，而外相重光葵等人直到战败后才被告知联合舰队

① 大泽敬之助《战中日志》（原始资料）四册，1904—1905年等。大泽为府下南多摩郡加住村（现八王子市）农民。学历为私塾及小学。日俄战争开始时为二十九岁。论文《近代百年之中的十五年战争》（《国民文化》116号，1969年）中对该日志有简单介绍。——原注

被彻底摧毁之事。与之相比，我们来看看大泽上等兵的日记。

日军最终以六万人伤亡的代价打下了旅顺之后，大泽上等兵等人在暴风雪中前往奉天战场，每天被强迫行军七八个小时。这是明治三十八年（1905）2月10日的一天：

> 上午9点列队，向着小店子行进，午饭时向中队通报。在1月26日至29日沙河方面的战斗中，死伤了七千多名军官和士兵，其中包括一名少将和三名连队长。敌人的损失约是我们的两倍。

沙河战役中七千人的伤亡是一个相当大的损失，将其公开势必会影响士气，更何况还是传到基层士兵那里。能够做到这点，可见上层对士兵的极大信任，抑或是对士兵主观能动性的期待。接下来这篇日记中写道：

> 俄国帝都没有电灯，没有煤，也没有燃料。皇帝也失踪了。革命党已经向皇城开火。库罗帕特金[①]说，一旦旅顺城陷落，便前途暗淡，胜利无望，俄国帝都暂时被一片黑暗笼罩。我们在下午3点半左右到达驻地。

当然，这记录的是1905年的那场俄国革命。这篇日记写于2月10日，距离1月22日“血色星期天”仅过了半个月，那天惨案引发

① 阿列克谢·尼古拉耶维奇·库罗帕特金（1848—1925）：俄罗斯帝国军人，早年给斯科别列夫当参谋长，获得了一系列辉煌的胜利，官至步兵上将，陆军大臣，日俄战争期间任俄军远东陆军总司令，他的优柔寡断被认为是俄军失败的主要因素之一。在第一次世界大战期间曾短暂出任过俄军北方面军司令，革命后在乡村从事教学活动。

的彼得格勒的总罢工和叛乱的情况立即传到了远在中国东北的日本士兵那里。日记中甚至还写着库罗帕特金将军预言，俄军已经失去了战斗目标，很快就会撤退，后方在革命党的攻击之下一片漆黑。这种写法着实令人诧异。虽然同样是帝国主义战争，但对于日本而言，却是一场赌上了国运兴衰之战，而对沙俄来说不过是一场稳操胜算的领土扩张战。如果我们把日俄战争与太平洋战争加以比较，就会发现其中的天差地别。迄今为止，我们一直低估了这些东西，这也就是为什么我们没能觉察到士兵大众的这种自发性导致他们心甘情愿地被卷入日本国家这一命运共同体幻想的内在过程。

当时有一首军歌《去国几百里，远在满洲里》，今天已经成为象征那个时代的“怀旧金曲”，歌词和曲调曾经令万千明治百姓魂牵梦绕。这究竟是一种什么样的感动呢？也许是日本大众有生以来第一次获得了直接的国际体验，从遥远的异国他乡眺望“祖国”，发现了日本的“自然”之美，并有生以来第一次体验了“战友”这种“连带”性的新式关系及个体情感。这种复杂深邃的心理在曾参加过战争的作家田山花袋《一个士兵》中也有细腻的描写。这个故事中，不同出身、不同连队、本来彼此陌生的士兵在满洲里的旷野上偶遇，并试图通过相互支持鼓励共同活下去。

然而，《一个士兵》的主人公被两名上等兵救起的当晚，却在辽阳城外一个人痛苦地死去。在生与死的交际处，浮现在他眼前的“自然”是：“母亲的脸、妻子的脸、被榉树环绕的大房子、屋后的那片光滑的海岸、蔚蓝的大海，以及一个熟悉的渔夫的脸……”

也就是说，士兵们在两个幻想的磁场之间徘徊至死。一个是位于顶端的、与日本“国”同胞命运一体化的情感，另一个是位于底端的、孤独赴死前对于“故乡”“家”的依恋之情。这种经历的意义深远，这种关系也意味深长。天皇制“国家”不会错过利用数百万大众在这种幻想共同性的边界线上徘徊的机会。即使像“蝼蚁”般死在中国东北旷野中、临终前也无人照顾的小士兵，只要他的背上缝有“村”和“户”的名字，便会被供奉在靖国神社，登记为“国”之守护神，连明治天皇也会虔诚地祭拜他。正是这整个过程的相互承认，谱就了“家族国家”观的象征性史诗。

日俄战争给大众心理留下的另一个重大变化，是前往朝鲜和中国东北战场的数百万日本人与当地的中国民众有了直接的接触，将对他们明显的蔑视感带回了日本。上述的士兵们写给家人的信中，明显地充斥着对眼前这些中国人苦难生活中的野蛮、贫穷、肮脏、缺少卫生观念，以及其奴性的厌恶和蔑视。第一次与白人作战的这种国际性体验在大众心中形成的那些国际视野（比如日本军队对俄国士兵表现出的友好，还有大泽上等兵对俄国革命的兴趣）很快也只剩下这一个印象了。

这让日本大众的民族主义发生扭曲，也是后来滑向极端化道路的集中体现。在中国的真实体验被口口相传、广为人知，当然中间也出现不少固化的偏见，最终变成了一种精神的沉疴痼疾。大正、昭和时期，随着日本帝国主义对中国侵略的不断升级，中国人民被民族危机唤醒，其性情和抵抗行动也随之发生了迅猛的转变，但日本人直到战争最后也没有意识到这些变化，依然固守明治后期形成的那种侮辱性的中国假象，最终默许了十五年战争①中惨无人道的暴行和日本统治

①“十五年战争”这个说法最初是由评论家鹤见俊辅于20世纪50年代提出的，是对“九一八事变”（日本称“满洲事变”）、“抗日战争”（日本称“日中战争”）及“太平洋战争”的统称。这种历史观，从历史连续性的角度来理解1931年至1945年间的战争历史，特别强调从九一八事变开始的战争是连续的、密不可分的，中国大陆是主战场，最终取得胜利的是中国人民。这一说法一直未被关注，而至20世纪80年代才逐渐普及开。

者肆意操纵大众的行径。

如此看来，这种精神史上的痼疾早已深植于闭关锁国数百年的日本人的思维方式之中，可谓病入膏肓了。日本是个较晚加入世界帝国主义行列的国家，只要民众还需要被迫承担这个“国家”的无理要求，这一结果就不可避免。然而，无论哪一个国家，大众群体身上多多少少都会嵌入某种形式的历史扭曲。半个世纪以来，我们都默认了天皇制对日本大众思想的掌控，即使在战后二十五年的当下，这个祸根依然未切断，但我们也不能自暴自弃。

第九节　国家教育的力量

我认为“作为精神结构的天皇制”通过国家制定教科书的教育力量，于明治四十三年（1910）左右已经全部实现体系化，并完成了它的统治。最后，我打算以此问题为全书收尾。[①]

开始之前，让我们看看在甲午战争之前，小学的教育是什么样的水准。对此德富苏峰著名的课堂观察笔记中便有记载。地点是热海小学，明治二十六年（1893）春，普通小学三年级修身课。

老师：为什么要效忠于君主？

学生：天皇陛下……（卡住了，只是偷笑）

老师：因为天皇帝陛下对我们有恩。大家受到了什么恩惠吗？

学生：（嘴里嘟嘟囔囔，眼神飘忽不定）

---

① 拙稿《明治末年的教科书问题》，收录于《历史地理教育》第20号，1956年。——原注

老师：多亏了天皇陛下，你们才能来到这里上学，才能平安地待在家里，这都是天皇陛下的恩惠啊。

苏峰：大家总是被告知好的事情和坏的事情，那好的事情是指什么呢？

一个学生：要尽忠尽孝。

苏峰：……（呆若木鸡）

（“热海通讯”，《国民新闻》，1893年4月7日，引文经过缩减）。

六年后［明治三十二年（1899）］，冈山县的一所小学做了一个关于“心中的楷模”的问卷调查，发现楠正成①以26%的比例排在第一位；其次是德川将军，占22%；第三位是教师，约占20%。② 即使在这时，天皇还没有成为学生们心目中的权威。大约是在日俄战争前后，天皇才被明确定为“国体”的核心，作为所有学校教育系统中最为重要的一环得到确立。正如冈山县的调查问卷所显示的那样，大约在这个时候，楠正成和楠正行父子作为日本人的理想形象，也就是忠孝教育的模范，备受关注。这种教育的结晶便是著名的歌曲《樱井之别》③（“绿茵茂密的樱井乡，映照在夕阳的余晖中”）。

我曾经研究过明治时期小学的修身、历史和国语科目的上百种教科书，试图通过这一侧面来了解天皇制的意识形态统治是如何渗透到

① 即楠木正成（1294—1336），幼名多闻丸，明治时代起尊称大楠公，为镰仓幕府末期到南北朝时期著名武将。

② 玉城肇《日本教育发展史》，1954年。——原注

③ 日语为“桜井の別れ”，是明治三十二年（1899）出现的一首歌谣。讲述的是镰仓幕府灭亡，后醍醐天皇重掌朝廷之后，足利义尊氏起兵叛变，于是后醍醐天皇派楠木正成前往讨伐。面对敌兵十万大军，楠木已做好战死的准备，于是出发前，在樱井（今大阪府三岛郡岛本町）与儿子正行诀别时的场景，教育儿子好好成长，日后报效天皇。

国民中去的，其结果可归纳如下。[①]

明治初期，小学里使用的启蒙教材没有任何限制，是一个放任生长的时代。就连福泽谕吉的《劝学篇》等作品也被作为教材自由使用。然而，到了明治十年（1877）至明治二十年（1887）这个时期，国家和民权派在教科书上发生了分歧。国家一方使用生硬教条的儒教主义的书和公然宣扬国家主义的教科书，民权派一方则使用改编风格的书籍和深奥的政治主义的教科书，双方展开竞争。这一时期发生了有趣的事态，当政府开始审查教科书，将福泽等人的书从学校中清除出去的同时，入学率增长也停滞了；相反，全国各地民权派的学习结社（政治学校）的数量却在飞速增长。我估计，在其鼎盛时期应该远远超过千所，这些独立的学校主动开展政治教育，想必这对天皇制也造成了一种极大的震慑。

民权运动遭到镇压之后，政府便修订了学校条例，颁布《教育敕语》，开始认真着手将包括教科书在内的整个教学大纲系统化，同时也取缔了反体制的教育。当然，关键的核心是忠孝教育和“国体”教育，而这个时期教科书也一直遭到审查。但颇为醒目的是，混淆在迎合当局的众多书籍之中，也有一些旨在开展近代市民教育的图书。我发现其鼻祖其实是坪内逍遥的读本。他与当时称雄舆论界的日本主义学者高山樗牛展开过数场论战，当时甚至因此被打为“非国民”。明治三十四年（1901），坪内倾尽心血打造的十六卷册的金港堂版《国语读本》出版。这套读本是将坪内对日本未来的担忧和愤慨、市民主义和艺术性完美融为一体的产物。我认为它是坪内一生中的巅峰之

① 拙稿《明治末年的教科书问题》，收录于《历史地理教育》第20号，1956年。——原注

作。据说此教材的使用量超过了十万册，但也正因为如此，国家自然不会放任这种批判性思潮的传播。明治三十六年（1903），小学教科书的国定化和统一化的强制性政策终于出台。

这时的教科书，也就是我们所说的第一批国定教科书，由于只追求速度，难免生硬，表现出填鸭式风格，作为一种有组织的天皇制教育手法还极不成熟。后经过了上千次的讨论和审议才完成修订。明治四十三年（1910）发行了正式的国定教科书。我认为它极其完美地展现了天皇制整个精神结构。其原因如下文所展示：

> 我死后，族人倘若尚有一人存活，亦应组建一支忠义之军，为天皇事业尽力。汝等孝行莫过如此。汝虽年少，为父之子，应明此理。为父令汝返家，并非怜汝年幼而亡，实乃望汝长大成人，为君组建忠义之军，平定叛贼。……汝切勿早早相忘。
>
> 正行乃如此忠孝两全之武士，国民之楷模。［明治四十三年（1910），《寻常小学国语读本》第七卷］

楠正成的儿子楠正行后来也正是在与大军的对战之中英勇战死的。天皇制能够找到如此之多的历史忠义人物为己所用，实为幸运。国民十分偏爱楠正行这种孤军奋战、恪守节操，与时代抗争到底的英雄人物。这里塑造出来的历史形象就像一个个符号化的标签，形成了战前国民教育的精神支柱。然而，我认为就整体而言，《国语读本》比《国史教科书》或《修身书》要更胜一筹。

战前的国语读物在教科书中具有独特的地位。它不仅用于国语学习，还是一套涵盖各类主题的“综合读物”，其情感丰富的内容也远胜那些生硬的“修身”书籍。明治三十年代（1897—1906）开始，经过了数百次的深入研究、反复推敲，才凝练出了这些代表体制一方的智慧结晶，其尺度也代表了天皇制所能容忍的最大限度。当然，“国体”的思想虽然贯穿其中，但绝不是反动式的，而是积极向上的，同时囊括了全民精神整体性取向，思维方式上也具有民族性。当然，这是将坪内逍遥读本具有的那种艺术性巧妙地改头换面、吸纳其中。此外，该书的整体结构不仅在思想性上井井有条，其表达方式也非常符合日本人的思维方式，被高度情感化，并融入了骨肉亲情。但当这种艺术性的思想教育被系统地作用在儿童们白纸般的大脑中，其后果令人发指。《儿岛高德》《樱井之别》《水师营之会》等充满哀愁的历史名曲也为此推波助澜。我认为，这堪称日本民众思想史上一大事件。

为什么现在我会认为这套国定读本的内容覆盖了当时日本国民的全部精神领域，具有天皇制精神结构的所有要素呢？这是因为其具有下述结构。

例如，按照“求知世界，振兴皇基”的原则，大胆采纳“西方历史教训”和“放眼世界”的内容，引进近代人物美谈、进化论等新学说和科技知识，实行宪政制度下的公民权利义务教育等，这些举措都展现出了一种对民族发展潜力充满信心的“对外开放”的姿态。但这些内容又根据“大振皇基”为目的进行了重组正序。

比如，该读本每卷第一、二章大多是列举关于“天皇、皇室、国体”的内容，并配以“家族道德”“祖先崇拜”“忠臣孝子”“乡土爱”“模范村”等故事与之呼应。此外，作为灌输身为日本国民必须具备的命运共同体一体观的材料，“对外战争”（“元寇”、甲午战争和日俄战争等）也在其中占据了大量篇幅，高歌赞美将民族从国难中拯救出来的明治天皇，以及广濑武夫中佐、橘周太中佐、东乡平八郎大将及乃木希典将军等英雄人物的美谈。当然也会涉及“劳动者、农民的生活”，但很明显提到这些的意图是提倡“通俗道德”。同时，教科书也考虑到要培养起一种“对资本主义社会的适应能力”。

我们按照这种方式整体分析下来，这套小学读本的整体思路就显而易见了。其中贯穿了将“封建式的忠诚”与“近代式的机能主义”、“皇室”与“国民”、“传统”与“现代”相统一的意图。不过，在我看来，其大方向只要是秉承“进步性”的原则，那么这种努力本身就已经是一种成功了。如果连这点“进步性”都没有的话，它对日本国民的影响又怎么会长达半个世纪之久的呢？

翻开明治四十三年（1910）的《寻常小学国语读本》上级部分（四年级至六年级，第七至十二卷），教材中精挑细选地举出了下面的故事，堪称“以一当千”：①

第七卷 正行；第八卷 皇大神宫；第九卷 水兵之母、靖国神社；第十卷 水师营之会；第十一卷 儿岛高德、出征士兵；第十二卷 天皇御制、日本海海战。

其中，我们可以发现既有作为忠臣、武将的楠正行、儿岛高德、乃木大将、东乡平八郎等人，他们象征着“忠孝合一观”；也有《水兵之母》和《出征士兵》等庶民、兵卒，他们则被塑造成一种“忠孝近接”情感的典范。其中，《水兵之母》与《樱井之别》中的“正行”一起，列为所有国定教科书的压轴之作。在战前，这些内容要求小学生背诵，也是春秋季的学校艺术节上在村长和家长们面前表演的必不

① 海后宗臣编《日本教科书大系》近代篇第7卷［收录于明治三十七年（1904）开始使用的第一套国定读本，明治四十三年（1910）开始使用的第二套国定读本］，讲谈社，1963年。——原注

可少的“保留节目”。在整个日本，可能没有一种“表演”会如此频繁上演。年轻的读者或许不甚熟悉，所以在此先稍作介绍，让我们来看看战前的孩子们究竟是在一种什么样的情绪核心下培育起来的。

那是在明治二十七、二十八年的战争期间。有一天，我军高千穗号军舰上的一个水兵在读一封女人的来信时哭了。一位路过的大尉见到此番情景，认为他的行为太不成体统，就说：

“怎么了？怕死了吗？想念老婆孩子了吗？当了兵，上了战场，这才是男人的荣誉呀，你这副样子成何体统！……”

“您说得太过分了……”（水兵把信拿给大尉看）

（信中写道）“我听说你没有参加丰岛战役，在8月10日攻打威海卫时也没什么表现，我作为你母亲是多么遗憾啊！你为了什么目的上战场的？难道不是抱着必死之心要报效天皇的吗？村民们从早到晚都在善意地说：‘你的孩子是为了国家而上战场打仗，我们绝对不会让你感到任何不便的。你有什么事情一定说出来，不要客气。’每当为母看到他们的脸，就会想起你没出息的表现，心痛不已。我参拜八幡神，希望你能建功立业。为母毕竟是俗人，虽说母不嫌子丑，但我是抱着一种什么样的心情给你写的这封信，希望你能够好好地去体会。”……

“是我不好。我为你母亲的精神而感动。”……

水兵低头听着，最终举手敬礼，微笑着离开。

这篇文章完成度是相当高的。它第一次出现在明治三十六年（1903）第一次国定读本之中，当时文章的思想性还稍欠火候，作者在文末不小心露出了“马脚”。比如：

“每当为母见到他们，就会想起你没出息的表现，心痛不已。你也应该体谅为母的心情。”上尉听到这里，顿时泪流满面：“啊，原谅我。都是我不好，你有一个好母亲，你应该也是世家出身吧。”那位水兵笑着离开了。

第一次出版的读本和修订版之间隔着一场日俄大战，这就是为什么“水兵之母”从名门望族、“世家出身”变为了无名无产的人民大众。贫困潦倒的士兵母亲在海边喊着“一太郎啊！”这种朴实无华的真实形象便是日俄战争塑造出来的。无论何时我都难以忘记这个场景。比起第一次国定本，明治四十三年（1910）读本的文体明显地发生了变化，更凸显了对人性一面的刻画，也更加感人肺腑，深深地打动了大众的心灵，这在日本民众思想史上的意义极为深重。在极端语境之下，正是“母亲”“家族”“村庄”与生死攸关的“天皇”“国家”这种情感上的碰撞，才孕育出了大众民族主义的内核，树立起一种全新的视野与伤感主义的里程碑。国定教育囊括了这些内容，而这也使钳制下一代日本国民的思想成为可能。

明治四十三年（1910）读本中包括关于市民社会公共道德的宏伟章节，如《大国民的品格》《自治精神》（第十二卷），又包括如《日本的女子》《家庭主妇的使命》（第十二卷）中“妇道便是相夫教子、光宗耀祖”这种劝说女人无私、勤俭、和睦和温顺的说教之辞。此外，还有《穷乐师》[1]（法国）、《勇敢的少女》（英国）、《少年鼓手》（意大利）和《哥伦布》（西班牙）等人道主义故事，与《诸葛孔明》《鸟居胜商》和《橘中佐》等军人的勇猛传说放在一起，居然也毫无

① 奥地利剧作家弗朗茨·格利尔帕策（Franz Grillparzer，1791—1872）的著名小说，于 1848 年出版，原名为《可怜的音乐家》。

违和之感。如在《我是大海的孩子》（第十一卷）一诗中，前半部分优雅抒情，而最后以“我将乘军舰，保卫我的海”一句收尾，所有的思想素材在这里都被精巧地“结构化”。其特征在于，这种融合方式绝非是“杂居状况”或是“无结构”“无限抱拥”式的——当这些抱负以下述方式高歌出来的时候，可以说天皇制对其胜利的前景已是自负盈胸。

自古以来神代悠久
君臣之分已定
万世一系不动
我皇室圣德巍巍
万众仰望
五千万同胞在此
智采东西之长
取文明古今之萃
建国三千年来
以历史的足迹为鉴
日新月异地前进
五千万同胞在此
东洋和平的天职
在我们的肩上
推进东方文明前进
重任在日本国身上
上下一心
五千万同胞在此

（第十一卷）

这套综合读本囊括了“作为精神结构的天皇制”的所有面向。例如《靖国神社》，例如完全抽换了伊势信仰、“御荫参拜”作为民间信仰之本质的《皇大神宫》《参宫日记》，又例如全村和睦如一家，认真纳税的模范村《和平之村》等，如此案例不胜枚举，在此不予赘述。不过，我评价极高的坪内逍遥的读本，其艺术性虽然被国定读本吸收，但另一些方面却存在无法被吸纳的排斥反应。我想重点介绍这些地方[①]，以此来思考当时“国家教育”的局限。

---

① 引起关注的坪内雄藏（逍遥）《国语读本》（1901）中的三章如下：

（一）《狭穗姬》（卷五—3）：

“垂仁天皇的皇后名狭穗姬。其兄狭穗彦命其刺杀天皇。狭穗姬无法违抗兄长的残忍命令，便做好弑君后自尽的准备。这日，毫不知情的天皇正头枕皇后膝盖安然入睡，龙颜清俊。皇后心想，‘此刻正是执行兄长命令之时’，便从怀中取出短剑，数次抽刃却终究不忍下手。

‘兄长虽是恶人，但我也不能为了自己的国家而对他弃之不顾，让他丧命。我愿意与兄长共守城池，乞求天皇饶他一命；若不能如愿，便一同赴死。’如此想着，皇后便抱起皇子，悄悄潜入（兄长所在的）稻城。然而，朝廷的逆贼是不会得到赦免的，官军也逐步逼近稻城并放火烧城。皇后在忠悌之间无法两全，最终让人将皇子从城里带出去，送至天皇身边，而自己则与兄长一同葬身火海。实乃悲惨之极。”

这个故事大胆地刻画了一个残忍无情的天皇，他将自己的皇后连同整个城池一起烧成灰烬；同时却将狭穗姬描绘得富有人性，她在丈夫和兄长之间备受煎熬，最终选择了拯救丈夫和孩子，而自己则为兄长殉死。这个故事完全摒弃了那种将天皇视同于“现人神”的幻想。

（二）《木内宗五郎》（卷五—10）

“（前略）承应三年（1654）十月，三百八十九个村庄的代表终于在一个叫公津村的村子举行集会，商讨向藩主申诉之事宜。其中，当时的代表木内宗五郎最为热心，他极为赞同这一行动并说道：‘这已是最终手段了，众人当以赴死之决心起事，勿作留恋。’临行之时，他与妻儿亲属以水代酒以示诀别。

此后，三百八十九个村的代表们各自结队前往江户，造访佐仓藩主堀田正信的府邸进行请愿，然而并未被接受。（中略）这时，宗五郎奋然而起道：‘如此这般，我们又有何颜面再返家乡呢？我愿舍命代替吾等三百八十九人达成所愿。诸君应各归故里，我尚有一案，愿为试之。’在场各人皆随其意。（中略）

当时直接向将军申诉者皆会被处以死刑，故宗五郎爱乡之热忱，令人感慨。后来，将军遂派遣使者就请愿之事向正信逐一加以询问。藩主堀田正信始知藩臣之恶行，并大为震惊，急忙传唤诸人问话。而藩臣们狡猾地掩盖了自己的恶行，将罪行均推给了宗五郎。堀田正信误信谗言，逮捕了宗五郎夫妇并处以磔刑，其四子也惨遭斩刑。但从此以后，当地的税收恢复了旧制，苛政也逐渐消除，农民终于得以安心生活。这一切都归功于宗五郎的一腔热血。”

（转下页）

比如，坪内读本是反对将“天皇”等同于“现人神”之妄想的，并将垂仁天皇的皇后狭穗姬的故事表述为一种古代人道主义叙事。故事中，一个是把自己的皇后（狭穗姬）连同整个城池一起烧掉的冷血天皇，而另一个则是拯救了丈夫和孩子，与哥哥一同殉死的富有人情味的皇后。坪内将二者加以明确区分，展现出强烈的对比，可谓极其大胆。此外，在《木内宗五郎》中写了主人公反对苛政，为了民众而英勇就义，并评价说“宗五郎爱乡之热忱，令人感慨”。这与《富豪的模范》所采取的立场一致，该篇赞扬了安德鲁·卡耐基的廉洁、自力更生和为社会服务的生活方式，并含沙射影地谴责了官商古河市兵卫等人的卑劣嘴脸，可想而知国定读本为何会排斥这些文章了。

还可以从对外意识角度来考察坪内读本中的以下几篇。首先是《人种之别》这一篇，告诉我们人类种族之间有着最基本的平等，并从原理上批评了根据当下的开化程度来判定人种优劣、鼓吹民族优越性的谬论。而《丁汝昌》一篇则描写了清朝海军英雄丁汝昌的英勇殉

（接上页）

（三）《虾夷锦》（卷二—22）

“北海道南部有一个地方叫十胜，西部有个地方叫石狩，两地以十胜山为界。

几十年前，石狩的阿伊努族逐渐衰落，而十胜的阿伊努族则欣欣向荣。石狩一族听说十胜一族将进攻石狩，便大惊失色，众人商议防御之策却无能为力。此时有一个年轻人，愿意担任与十胜酋长进行调解并劝和的重任。（中略）如此这般，年轻人便急忙准备行装启程，登上十胜山，在此等待十胜军的到来。

不久，十胜酋长带着几千人从山的南麓赶来。年轻人上前自报家门说‘吾乃石狩副酋长也’，于是便被迎入十胜方阵营之中，与酋长会面并询问其真实意图。酋长说：‘无他，吾十胜虽人口众多但宝藏甚少。听说石狩历史悠久、宝藏丰富，因此想攻入石狩以获取宝藏。’

年轻人说：‘您可知十胜川之源头？又可知石狩川之源头？’酋长说：‘自是知晓，又当如何？’年轻人接着说：‘您既知此二河之源头，就当明白此次进攻之举实为恶行，并非正义之师。十胜川发源于大十胜山，石狩川亦如此。此二川可谓十胜、石狩的生命之源。二川分入两地，便如慈母双乳流淌之乳汁。而两地人民共饮此水，实与一奶同胞无异。如此岂有兄弟相煎之理？’

十胜酋长闻后大为感动，沉默片刻后说：‘请君放心，我将中止进攻计划。请回去告诉石狩酋长，从今以后，十胜与石狩将结为兄弟，相互之间永不侵犯。’说完，十胜酋长立即收兵撤退。”——原注

国，作者犀利地指出爱国之心、人类同胞之爱与武士道绝无民族之分，对中国的蔑视更是一种站不住脚的偏见。在《虾夷锦》一篇中，作者通过阿伊努人民的传说将战争的虚无与和平的宝贵娓娓道来。[①]

国定读本否定了坪内等人的这种优秀思想，也公开摆明了就是要压制这种平等、和平的教育。然而，批判性精神真的被彻底扼杀掉了吗？（大正、昭和时期的教育史，特别是底层教育史的事实证明情况并非如此。）

正如我们从上面看到的，无论“家族国家”观多么光鲜亮丽，也无论天皇制的精神结构多么笼络民众，民众也从未痛快地、永久地让渡出自己的灵魂。民众的能量随时有一天可能突然从内部崛起并迅速爆发。总有一天，坪内逍遥等人的批判性精神会为民众的自我解放提供助力。而在这之前，它只作为一股历史的暗流，涌动在暗黑的大地之下。

作为一种精神结构的天皇制，确实成功确立了起来。本书通过回顾统治阶层人为“振兴”传统的巧妙过程，阐明了其是如何“成功确立”的。然而，古语说得好，“万物有所成必有所毁”，天皇制也不例外。从它生成的那一刻起，我们就已然听到了它的丧钟在敲响。当二十九岁无政府主义者管野须贺子[②]预谋向明治天皇投掷炸弹，并与日本著名思想家幸德秋水一起死在了绞刑架上之时，全世界都知晓了存在于天皇制中那深不见底的不安与矛盾。

幸德秋水等人用生命向我们揭露了天皇制这个矛盾体的真相——

① 出处同268页注①。——原注

② 管野须贺（1881—1911），笔名须贺子，社会主义运动家、妇女运动家、新闻记者、作家，也是日本最早形成女权主义思维，有意识地摆脱性别藩篱的先行者。1910年大逆事件中，管野明确指出，天皇是“经济掠夺的首领、政治罪恶的根本、思想迷信的源泉”。翌年与幸德秋水一同被绞死，是大逆事件中唯一被判处死刑的女性。

它并非一个充满慈爱、无限抱拥的体系，而是不择手段排除异端的暴虐之物，其一片祥和的外表背后暗藏着让人不寒而栗的残忍。

在接下来的三十五年（1911—1945）里，天皇制确实耀武扬威，并展现出对日本国民的掌控力。不知何时起，日本人民心中也慢慢地默认了它是一种不可抗拒的天赐之物，一种命中注定的人生藩篱、“眼上之梁”，是一种包裹万物的空气般的存在。

幸德殉难后，持续爆发的反政府进步运动依然遭到大众的孤立，转向、殉教等现象不断重复上演。这种“情感化的思想”根深蒂固地影响着人们对待他者的态度，拒绝将其理论本土化落地，绊住了自己前行的道路，不得不说是一场悲剧。

当然，我们也可以认为，这种历史的磨炼正是为了日本社会科学体系能早日确立。只有天皇制的整个精神结构被完全客体化，从其生成的内部条件到成熟、确立、内讧的全过程都得到客观的认识之后，它的魔力才会失效。剩下的就是从日本人民内部，逐一找出那些已经被传统化的扭曲的观念和心理偏执的因素（正是它们导致了精神奴隶式的结构等后果），对其进行重新评价、锤炼、取舍，并使其再生为一种新的精神方法。

这种新的精神方法究竟应该是什么样子，这已经超出本书要解决的课题了。不过，就如何杀出这条方法论上的血路而言，我相信通过本书中的诸多案例，大家已经能够得到很多提示了。

参考文献解说

难以想象，《明治的文化》[①]这个如此大众的书名，居然没有人用过。而且，我也没想到能够概括这个时代的思想、文化的书籍竟是如此少之又少。

或许因为“文化”这个概念过为宽泛，所以人们纷纷望而止步。我这本书的书名，其实是策划者所起，绝非我自己所选。成书之后，书名连自己看后都无法首肯。不过，考虑到迄今为止学界的研究现状，也实属无奈。仅仅四百页的小册子是不可能囊括从文学、思想，到教育、学术、美术、戏剧、建筑、音乐、艺能、生活文化等方方面面的问题的。在动笔之前，我也没有想要写一本这类的概说。因此，特将本书中未能提及的各个领域的问题点，以及明治文化的整体展望等的相关参考文献列举如下，以供参考。战前的文献收集时有难度，所以仅选择了战后的相关研究书籍。

Ⅰ　概说、总论、通史之类

- 开国百年纪念文化事业会编《明治文化史》全十四卷、昭和二十八至三十年（1953—1955）、洋洋社

● 小学馆版《图说日本文化史大系 11 明治时代》昭和三十一年（1956）、小学馆

● 三枝博音《西欧化日本的研究》昭和三十三年（1958）、中央公论社

● 岩井忠熊编《讲座日本文化史》第七卷、昭和三十七年（1962）、三一书房

※战后撰写的关于明治文化史的概说中相对较为系统的一本。编撰者除了岩井之外，还有广田昌希及师冈佑行。该书按照第一章《文明与反动》、第二章《资本主义与文化》、第三章《创造与折中》、第四章《明治文化与社会主义》的顺序，叙述了明治五年（1872）至明治末年（1911）这四十年间的历史。我曾对此书做过猛烈批判（拙稿《关于明治文化史的构想》，收录于《明治精神史》），此次我也已做好接受批判的心理准备。

● 筑摩书房版《近代日本思想史讲座》全八卷、昭和三十四年（1959）、筑摩书房。其中，第一卷《历史的概观》、第二卷《知识分子的生成与作用》、第六卷《自我与环境》、第七卷《近代化与传统》等颇有意思。

※全八卷中有一卷尚未出版，但已能感觉其极有分量。该系列的特色是各篇论文的问题意识都很精彩。

● 岩波书店编集部编《近代日本综合年表》昭和四十三年（1968）、岩波书店

● 山田宗睦《现代思想史年表》昭和三十六年（1961）、三一书房

---

① 本书日文原名为『明治の文化』。

※前者设分出“学术·教育·思想”与“艺术”类别，并明确标出了记录的出典，堪称可信度最高的综合性年表；后者在正文中简洁地论述了思想史上的问题点，是一个风格较为另类的思想史年表。二者合在一起看更有利于把握整体印象。

● 丸山真男《日本的思想》昭和三十二年（1957）、岩波新书

● 神岛二郎《近代日本的精神构造》昭和三十六年（1961）、岩波书店

● 拙著《明治精神史》昭和三十九年（1964）、黄河书房

※昭和四十三年（1968），该社出版了《增补明治精神史》，在第四部新增加了将近百页内容。

● G. B. 赛桑姆（Sansom）《西欧世界与日本》上·下、昭和四十、四十一年（1965—1966）、筑摩书房

● M. B. 杨森（Jansem）编《日本的近代化问题》昭和四十三年（1968）、岩波书店

● 鹿野政直《明治的思想》昭和三十九年（1964）、筑摩书房

● 鹿野政直《资本主义形成期的秩序意识》昭和四十四年（1969）、筑摩书房

※《明治的思想》只有二百六十页，而鹿野的新著则是 A5 大小的六百二十六页的大作。从幕末开始，基本上涉猎了近代思想史的所有命题。只是因为最近才出版，所以本书执笔上未能参考。

● 安丸良夫《日本的近代化与民众思想》上·下、收录于《日本史研究》第 78—79 号、昭和四十年（1965）、日本史研究会

● 高尾一彦《近世的庶民文化》昭和四十三年（1968）、岩波书店

※虽然主要讲的是江户时期，但深入挖掘了城市町人身上萌发的

那种民众意识。如果将其与安丸良夫考察农民群体的民众思想论进行比对，读起来其乐无穷。也可以看作本书的姊妹篇。

● 朝日 journal 编《日本的思想家》1・2、昭和三十七、三十八年（1962—1963）、朝日新闻社

● conomist 编集部编《日本近代名著——其人与其时代》昭和四十一年（1966）、每日新闻社

● 每日新闻社编《开创近代日本的 100 人》下、昭和四十一年（1966）、每日新闻社

※以上三本书，都是很好的入门读物。每日新闻社编的下卷中，收入思想家、宗教家、科学家、艺术家、知识人各十人，共计五十人。由活跃在言论界第一线的各位撰稿者逐一进行解说，通过这些具有代表性文化人纵览明治、大正文化。

● 市井三郎《哲学的分析——关于社会・历史・逻辑基础性试论》昭和三十八年（1963）、岩波书店

● 竹内好《新编日本意识形态》昭和四十一年（1966）、筑摩书房

※竹内好评论集，无论第一卷《现代中国论》，还是上述的第二卷，以及第三卷《日本与亚洲》，都能为有意思考近代日本的人们带来极大的启发。我在撰写此书时也受益颇深。

● 松本三之介《近代日本的政治与人——思想史式的考察》昭和四十一年（1966）、创文社

● 藤田省三《天皇制国家的支配原理》昭和四十一年（1966）、未来社

● 中村雄二郎《近代日本中的制度与思想》昭和四十二年（1967）、未来社

● 桥川文三《近代日本政治思想的诸相》昭和四十三年（1968）、

未来社

● 松本三之介《天皇制国家与政治思想》昭和四十四年（1969）、未来社

● 古田光等编《近代日本社会思想史》1、昭和四十三年（1968）、有斐阁

※上面几本为《近代思想史大系》全八卷中的。很多撰稿者为哲学、法学、社会学、经济史等非历史专业人士。

Ⅱ　个体史、研究图书、论著

（A）宗教、教育相关

● 神道文化会《明治维新神道百年史》全五卷、昭和四十一至四十三年（1966—1968）、神道文化会

● 村上重良《近代民众宗教史研究》昭和三十八年（1963）、法藏馆

●《大本七十年史》编纂会编《大本七十年史》上、昭和三十九年（1964）、大本教本部

※村上重良与安丸良夫也参与了该书编纂，其中第一篇尤为精彩。安丸还与广田昌希合写了《“匡世”的逻辑谱系——以丸山教为中心》上・下［《日本史研究》昭和四十一年（1966）］。

● 小泽三郎《日本新教徒史研究》昭和三十九年（1964）、东海大学出版会

● 同志社大学人文科学研究所编《熊本团研究》昭和四十年（1965）、美铃书房

● 武田清子《本土与背教》昭和四十二年（1967）、新教出版社

● 吉田久一《日本近代佛教社会史研究》昭和三十九年（1964）、

吉川弘文馆

● 唐泽富太郎《教科书的历史》昭和三十一年（1956）、创文社

● 石川谦《寺子屋》昭和三十五年（1960）、至文堂

●《日本近代教育史》（《岩波讲座 现代教育学》第五卷）昭和三十七年（1962）、岩波书店

● 海后宗臣编《日本教科书大系 近代篇》全二十七卷、昭和三十六至四十二年（1961—1967）、讲谈社

● 海后宗臣《教育勅语成立史研究》昭和四十年（1965）、东京大学出版会

● 宫原诚一编《教育史》（《日本现代史大系》第一〇卷）昭和三十八年（1963）、东洋经济新报社

● 海老原治善《现代日本教育政策史》昭和四十年（1965）、三一书房

● 本山幸彦编《明治前期学校成立史》昭和四十年（1965）、未来社

● 宫坂广作《近代日本社会教育政策史》昭和四十一年（1966）、国土社

● 仲新《明治的教育》昭和四十二年（1967）、至文堂

※关于战前教育史资料的详细情况，可参见昭和二十八年国立教育研究编纂的《明治以降教育文献综合目录》。

(B) 艺术相关

● 柳田泉《明治文学研究》全十一卷、昭和三十五至四十二年（1960—1967）、春秋社

※柳田泉的毕生之作。收录有《年轻时的坪内逍遥》（一）、《小说神髓》研究（二）、《明治初期的文学思想》上·下（四、六）、《明

治初期翻译文学的研究》（五）、《政治小说研究》上·中（八、九）、《明治初期戏作文学》（三）、《西洋文学的植入》（七）等。

● 柳田泉、胜本清一郎等编《座谈会 明治文学史》昭和三十六年（1961）、岩波书店

※内容不限于于明治文学，也可视为一本明治文化论的佳作。

● 猪野谦二《明治的作家》昭和四十一年（1966）、岩波书店

● 平冈敏夫《日本近代文学史研究》昭和四十四年（1969）、有精堂

※平冈著有《北村透谷研究》[昭和四十二年（1967）、有精堂]。在这本新出版的大著中，他论述了从文学史到相关的思想史、精神史领域的内容，呈现出了一个全新的文学史形象。

● 隈元谦次郎编《近代日本美术的研究》昭和三十九年（1964）、大藏省印刷局

● 土方定一《日本的近代美术》昭和四十一年（1966）、岩波新书

● 宫川寅雄《近代美术与思想》昭和四十一年（1966）、理论社

● 原田实《近代洋画的青春像》昭和四十二年（1967）、美术出版社

● 鹤见俊辅《限界艺术论》昭和四十二年（1967）、劲草书房

● 河竹繁俊《日本演剧全史》昭和三十四年（1959）、岩波书店

※文化史各领域中，明治美术史、艺能史的研究者较少，几乎处于停滞状态。尤其是日本美术史的研究空缺令人难以想象，毕竟以前曾经出现过如冈仓天心这样的学术批评巨擘。而音乐史、艺能史等，或许也需要以鹤见俊辅提出的新观念“限界艺术”为坐标，使其在民众文化中获得重生。

（C）评论、一般书及其他

注释中标明了思想、学术相关文献的书名与发行年，仅供参考。以下介绍近期出版的涉及“日本人论”“日本文化论”的参考书。

- 宫本常一《被忘却的日本人》昭和三十五年（1960）、未来社（岩波书店）
- 宫本常一等编《日本残酷物语》第三部、昭和三十五年（1960）、平凡社
- 谷川健一等编《纪录日本人》全10卷、昭和四十四年（1969）、学艺书林
- 加藤秀俊编《日本文化论》（《近代日本的名著》第十三卷）昭和四十一年（1966）、德间书店
- 见田宗介等《变动期的社会心理》昭和四十二年（1967）、培风馆
- 鹤见俊辅《日常的思想的可能性》昭和四十二年（1967）、筑摩书房
- 大江健三郎《持续的志向》昭和四十三年（1968）、文艺春秋社
- 吉本隆明《政治思想评论集》（《吉本隆明全著作集》第十三卷）昭和四十四年（1969）、劲草书房

除此之外，还有海量的参考文献。以上不过从文献的茫茫海洋中选取我个人认为作为战后研究书比较重要的作品，并不是说这些能代表文化史各个领域的著作。此外，在本书执笔之际直接引用或参考的文献名，因已列举在注释之中，故省去。另，历史学研究会编《明治维新史研究讲座》别卷［昭和四十四年（1969）、平凡社］的“史料文献目录”中总结得更为全面详尽。

后　记

春雷阵阵的时节尚早，窗外却下起了大雨，黑暗中电闪雷鸣。

午夜时分，校对完书稿，呆坐房间一隅的我感到内心深处充斥着活在当今时代的虚无感。

1945 年以来，我又活过了二十五年。1948 年冬天，我在足尾附近的一个山村送走了同志野本贡的灵柩，至今已过去二十二年。我和服部之总等人一同埋葬了挚友青村真明，至今也已过去了十七个年头。就连服部之总也于十三年前在顺天堂病院的病床上溘然长逝。

真是光阴荏苒，日月如梭。这段时间，我又是怎样走过来的呢？

我写了《明治精神史》，写了《明治人》，写了《近代国家的开端》，出了《明治的精神》和《村野常右卫门传》，现在又完成了《何谓明治》，而这些能够见证自己活过来的岁月吗？我是否继承了先人的遗志？此时此刻，我内心感到深深的焦虑，担心这一切是否只是种幻觉。

只是，想到少数对我的作品寄予厚望的读者，我不禁感到深深的歉意。

我原本没打算给书写前言或后记的，但我必须向岩波书店的中岛义胜和松岛修三表示感谢。在我着手撰写本书的整整三年时间里，二位给予了我极大的激励。特别是中岛先生，他与我一起，经历了千辛万苦终于完成了这本中途险些被我放弃的书。也多亏了他，我才能够在干劲不足的情况下完成此书。

此外，我还要向帮我誊写全文草稿的学生明田惠和好助手江井秀雄表示最深切的谢意。当然，也必须向我众多前辈和学友们致谢。

春雷阵阵的时节尚早，窗外却下起了大雨，黑暗中电闪雷鸣。眼前此番景象，是身为史学家的我的幻觉？还是幻听？……

1970 年 1 月 30 日　夜　记

同时代 library 版后记

1985 年秋，本书英文全译本 *The Culture of the Meiji Period* 由普林斯顿大学出版社出版。

十五年前（1970 年），我带着岩波书店新出版的《何谓明治》一书来到普林斯顿大学，用作研究生的教材。1971 年 6 月，我前往里斯本开始横跨欧亚大陆的旅行。就在我离开美国前夕，收到了马里乌斯·B. 詹森（Marius B. Jansen）教授想要翻译此书的请求。詹森教授是享誉欧美的历史学家，在日本也极为有名（岩波书店也出版过其著作），也正是他邀请我前往普林斯顿大学的。

翻译人员包括詹森门下的核心研究成员以及来自美国各地著名的日本史学家。《何谓明治》的翻译工作比预想的要困难得多，其中也包括表述方面的问题。

监译者詹森教授在百忙之中抽出时间，对译稿进行了反复敲定，修改注释，使全文保持一致。前前后后，共花了十四年才完成这项工作。想到译者为此书付出的心血，作为原作者的我实在深感歉意。

本书英文版的质量上乘，在学界也荣膺盛誉。刊行后已过了十二年（1985—1997），在英语圈的日本研究者与学生间依然传阅至今，还时常被收录进各个大学的教材之中。当然，这或许是因为日本人撰写的日本史研究论述几乎没有出过英文全译本，而更重要的因素是监译者詹森教授，以及下面翻译各章的各位优秀译者：

导言　Ronald Morse（史密森研究院）

第一章至第二章　Noburu Hiraga（华盛顿大学）

第三章　Stephen Vlastos（艾奥瓦大学）

第四章至第五章　Eiji Yutani（加利福尼亚大学伯克利分校）

第六章至第七章　Noburu Hiraga（华盛顿大学）

第八章　Caroll Gluck（哥伦比亚大学）

包括普林斯顿大学研究生大卫·豪威尔（David Howell）等人在内的其他六人也为詹森教授提供了帮助。不可忘记的是，为了本书翻译倾注了大量心血的平贺延在本书出版前突然离世，这份遗憾令我刻骨铭心。

《何谓明治》在 20 世纪 70 年代学生运动的一代人中广为流传，而在日本史学界却知音难觅。到了 20 世纪 80 年代中叶，在西方新思潮巨浪的吞噬下销声匿迹。然而，由于本书的英译本很晚才出版，在海外（尤其是英语国家）被视为新书一般备受欢迎。这对我而言可谓一大幸事，并在国外获得了许多新的研究者和读者的认可（在中国由郑民钦译成中文，1991 年于吉林人民出版社出版）。

作为作者，我非常高兴这本书作为“同时代 library”系列中的一册，在日本重获新生。我要向小野民树和编辑部各位成员致以谢意，他们认识到了今天复活《何谓明治》一书对于当今日本的积极意义。时隔多年我本人也重读了这本著作，并确认即使在今天它也依然没有失去生命力。

当然，现在已近 20 世纪末期，找到这部 1970 年前后写出的作品中的不足之处并加以批判绝非难事。尽管《何谓明治》一书存在诸多缺陷，但从广义的角度来看，它仍是为数不多的民众史的代表作之一，而书中提出的历史认识视角也并没有丧失现实意义。时至今日，我依然这么认为。然而，最近我听说在美国有人到处提我的名字，说什么“民众史已经过时了，他的时代已经结束，是过去的老古董”。说来可笑，我怀疑这些人是否认真读过我的著作（尤其是近期出版的著作）。说什么“民众史已经结束”，殊不知这项伟业尚未完成。不仅我一人，全国各地数以百计的研究同行们也都还在一路前行中。

抛开这些不谈，近年来我国近代史观的低级和庸俗令人不忍直视。藤冈信胜等人的“爱国”史观就不提了，可很多人对于司马辽太郎等人提出的“明治国家”“明治领袖”“国家形态”等赞美之词毫不质疑地照单全收，言论界和学术界对此也视而不见，这种风气就着实不同寻常了。本书提出了一种与司马史观完全对立的观点，对“日本的近代”和“明治”时代进行了重新审视，正是对当下风气的反抗与痛击。我渴望听到这本书最新的读者们坦诚的意见。今后，我也会继续致力于进行批判与反驳。

提到批评，《何谓明治》一出版就遭遇到了一些有趣的事。初版发行之后，《日本读卖新闻》头版立即刊登了村上一郎的整版批判。而他针对的仅仅是本书序章开头的那句“日本是一个奇妙的国度”，以及后记中写的服部之总“在顺天堂病院的病床上溘然长逝”的表述咬住不放，并加以恶评。我还记得当时报纸的大标题正是《何谓“日本是一个奇妙的国度”?》。

文章大意好像是认为我居高临下俯视日本，认为日本是一个“奇妙的国度”的观点不成体统。其实，与村上的批判恰恰相反，此书的创新之处在于是从底层的视角来对民众思想史加以审视，而村上的书评却忽略了这一点。而后记中那一句之所以遭到批判，是因为顺天堂是一所“医院”，村上批判作者未经调查就将其写成“病院”，作为史学家是无法容忍的。后者的批判是正确的（再大的病院，只要挂着“医院”的牌子便就是“医院”），我虚心接受，可是，这些能构成真正的问题吗？

这位村上一郎和我之间究竟有什么恩怨呢？我在书中对村上一郎的志向可是表示出同情和赞赏的。后来，他似乎也意识到自己误会了我，但那一年我去了美国，没能有机会与他见面。1970 年 11 月，三岛由纪夫在自卫队总监部自杀。当时，村上已经匆忙赶到了现场，却被拒绝见面。最终他也在几年后用日本刀自杀身亡。三岛与我同龄，也是同一级的，村上则比我大几岁，二人都性情刚烈，才华横溢，可惜却相继自杀。无论过去还是现在，我都难以赞同他们的思想，但二十五年过后，每当我回想他们的心情时，仍会感到惋惜。

不管怎么说，《何谓明治》经历了不少故事（有一天，我从从未谋面的井上久先生处收到了一封热情洋溢的表扬信，甚至还收到了一封贺电，这令人欣喜万分），并且以全新面貌等待与年轻读者们见面，我期待着下一个有趣的相遇。

1997 年 5 月 5 日

解说：民众意识与天皇制

安丸良夫（一桥大学名誉教授）

1948年，色川大吉从东京大学文学部毕业后，便在栃木县粕尾村的一所初中担任教师。粕尾村是他同学野本贡的家乡，色川和野本一同致力于为村里的孩子们提供新式教育，并欲在当地掀起一场顺应战后日本的社会变革。色川在这一系列运动中加入了日本共产党。在1949年1月的大选中，日共在粕尾村共获得了一百三十八张选票，而上次选举中仅获得六票，可见当地一场大的社会变革已山雨欲来风满楼。色川他们创办的农民夜校也座无虚席，深受欢迎。然而，这些运动在当地社区引发了严重的对立冲突，再加上野本的去世，一年后，色川便辞去了初中老师，回到东京。

回到东京后，色川彻底失业了。1949年9月，他担任了世田谷区民主商工会的常任秘书，在地方税收斗争的最前方以共产党员的身份继续从事政治活动。常任秘书月薪为两千日元，日子过得忙碌而清贫。表面上看起来，色川是一个举手投足都充满自信的活动家，他却苦于这种生活所带来的那种空虚感，试图通过戏剧活动来谋求出路。他加入了新式戏剧人的培训机构“新协剧团研究所”，在忙碌的生活中开始撰写戏剧作品。大概干了一年半左右，他辞去了民主商工会常务秘书一职。之后，他的收入主要来自于给个体户小商店做避税规划而拿到的礼金，还干过日结工，擦过皮鞋。1956 年 6 月，他被占领军宪兵逮捕，假释出狱后，为了避免被传唤，他开始了逃亡的生涯。在这段岁月中，他平日登山锻炼出来的身体也患上了严重的肺结核，只得回家由母亲来照顾，并于 1952 年 8 月接受了肺部切除手术。

近日，色川接连推出了《站在废墟之上》和《喀秋莎的青春》这两部自传，使人们得以进一步了解战败后到 20 世纪 50 年代中叶，在成为历史学家之前的那个色川大吉。尽管他过去曾在不同场合讲述过自己这段时间的历史学家的“前史”，但两本自传的内容更为详实、丰富多彩，将这位有为青年成名前挫折与求索的经历娓娓道来。我以上的记述只不过是摘自两本自传的一小部分节选，我认为想要理解色川史学，必须要先了解这种特殊个人史的意义。

战后的日本史学，特别是日本史研究，具有实践性的特征，致力解决社会和政治上的问题，国民史学运动便是很好的例子。但在色川看来，这不过是一场简单的运动，其所依托的农村调查也不过只是在农村稍做短暂停留，并没有跳脱出外部朴素启蒙运动的范畴。色川在枥木县粕尾村和世田谷区民主商工会投身于实践活动，但此时的他并非以史学家身份来进行运动的。他还参与了戏剧运动，与历史学相比，这里别有一番天地。但是，在与他关系密切的戏剧人逐渐成为享有盛名的明星之时，色川却在戏剧评论中言辞尖刻地对其加以批评，最终导致了其与之分道扬镳。

就这样，从 1948 年大学毕业到 1955 年前后，色川一直游走在史学界之外。为了谋求生计，他加入了服部之总领导的日本近代史研究会，才终于回归到日本史研究领域。在实践活动的过程中，色川加入了共产党，但面对现实中的共产党及其成员却总感觉哪里不对。他对共产党的这种抵牾之感，最终在1960年安保斗争中演变为对日共领导的反抗，《六月的那场大雨——历史体验与史学家》（《色川大吉著作集》第三卷，简称《著作集》3，该系列以下延用此类简称）中对于其经过的描述令人印象深刻，书中描述的经历是色川决心投身史学的决定性一步。“或许也正是在这一时期，我将‘历史学’作为人生的终极追求。之后我又做了什么呢？战后十五年，我终于抛开一切，自由地回归‘自我’。……一种坠落感时刻威胁着我的实存，在梦中我一次又一次地体验到一种深不见底的坠落感。没有这种‘痛感’的经历，我是无法理解我的‘北村透谷’的。”（同上书，第397页）。

基于这些经历，色川撰写了《困民党与自由党：关于武相困民党》（《历史学研究》，1960年11月号）及《汲取自由民权运动的地下之水：透谷身边的青年群像》（同刊，1961年11月号）。前者以安保斗争的经历为背景，表明困民党运动并没有得到自由民权运动的支援或指导，而是一场独立的大众运动；后者则聚焦青年时代的透谷和石坂公历精神上的彷徨，让大家明白这并不能像人们通常认识的那样都归结于民权运动。在这两篇论文之前，色川曾撰写过关于明治时期思想史的论文，虽然明治时期思想史也是他自毕业论文以来的研究方向，但这些只是色川确立其史学家身份之前的练笔。相比之下，这两篇论文标志着色川史学的确立，也标志着“民众史”和“民众思想史”这一新研究方向的滥觞。后来，色川在东京经济大学谋得一职，并游走于多摩地区和神奈川县，竭力发掘民权时期的历史文献，他的研究方法更是为全国的研究发展提供了活力与范本。从20世纪60年代到80年代，围绕民权时期的研究在全国各地蓬勃发展，这其中或许有很多原因，但色川这般特立独行的重要史学家的推波助澜确是不可小觑。

《何谓明治》一书刊行于1970年，本书创作背景正如上所述，是色川以三多摩地区为中心，满腔热情地开展民权时期史料调查，投身史实发掘的时期。书中第三章“流浪的求道者”的记述最为精彩丰富，通过发掘出的深泽家文书，尝试着对千叶卓三郎一生的精神史加以论述；第四章“汉诗文学与变革思想”主要也是依据深泽家文书撰写而成。在本书出版前不久，井上幸治推出了《秩父事件》一书。本书重要的一章即第五章“民众意识的高峰与低谷”便是基于井上发掘出的历史文献而写成的。但是，本书绝非只是单纯地结合了“民众思想史”立场与地方文献的发掘工作。色川从年轻时代起就一直有着与日本精神史传统对抗的强烈愿望，对民权时代的研究也好，透谷论也好，都不过是色川在寻找一种可以与之抗衡的逻辑谱系。因此色川研究主题的另一面便是找出自己的抗衡对手究竟何许人也，而其结论最终归结为天皇制和支撑起天皇制的精神构造。

如前所述，从某种意义上来看，本书是基于民权时期地方史料的发掘创作而成的；但从另一个意义上来看，本书则是旨在从整体上去把握近代日本精神构造的全貌。关于后者，色川的史学研究对手是当时万众瞩目的丸山真男及其门人，尤其是丸山《日本的思想》一书。在亲身经历过民主商工会艰难的实践活动后，色川觉得丸山他们并不了解现实中真正的民众和他们的生活，而只会站在学术制高点上进行一些无关痛痒、高高在上的批判。本书之所以以《远野物语》等作品为论据，从描述“无声的民俗世界”入手，正是为了去弄清在《日本的思想》中也好、关于民权时期地方史研究中也罢，都没能捕捉到的一种深层意识结构。为此，色川意识到有必要去借鉴柳田民俗学的研究成果。也正是出于同样的目的，本书最后一章，也是最长的一章

“作为精神结构的天皇制”，专门对《日本的思想》一书加以批判，并对“国体”和共同体进行论述。

一方面，色川认为天皇制从根本上压制和“从内部束缚”了日本人的精神。在这一点上看，他的观点与丸山的观点颇为接近。但另一方面，色川认为日本的精神史传统，尤其是民众的精神史传统实则蕴藏着多样的可能性，可使其免归结于天皇制。这一观点，一边承认了天皇制巨大的管制力，但同时又试图将其相对化。在1968年历史学研究学会年度大会上发表的《天皇制与民众意识》一文中，色川首次将自己的观点系统地加以展开。《何谓明治》一书便是该次发表报告的延续。用抽象的逻辑来加以概括的话，就是他提出了一种从内部对传统进行改革的可行性。这一逻辑借鉴了市井三郎的哲学史理论和我的“通俗道德”理论来展开，然后延伸至“耿直的民众道德的践行者”对这种规范的思考，进而论及秩父事件等民众起义，并对核心思想进行阐明（原书第191页）。事后，色川对此进行了反省，承认自己简单套用了安丸的观点，与实际情况并不相符。（《著作集》4，第480页）

在现在的我看来，种种事例说明，色川过分执着于关注作为主体的个人的内在一面，在对于社会意识结构的把握的方面，他的方法论建构则较为薄弱。直到很久以后，色川也承认自己在20世纪70年代对于当时的新思潮过于漠视，“疏于突破自己现有的史学理论”（《著作集》2，第535页），这些均可视为色川对于自己在方法论问题上的一种自我反思。带着这些问题，从20世纪60年代末到70年代中期，色川为了从整体把握近代日本精神结构的全貌而全力奋战，其成果包括对共同体的重新评价、柳田国男理论、民俗学的批判法和国家主义论。在研究柳田的艰难过程中，色川精疲力竭，导致“十二指肠上烂了一个洞”。虽然这般探索取得了多种成果，但正如色川自己所吐露的那样，并不能说取得了成功。然而，或许正是在对日本精神史传统的激烈挑战中，孤注一掷的色川才得以真正大展身手，成为了一名与众不同的史学家，成为了整个日本知识界的叛逆者。而其摸爬滚打带来的满身伤痕，也成为色川大吉带给我们后人的一份独一无二的礼物。

今天，我们翻阅《色川大吉著作集》时，找不到《何谓明治》一书。虽然本书的主要部分收录进其《著作集》，却是分别散落在五卷中的四卷之中，还有部分并未收录。由于《著作集》是按照主题来分类的，拆分收录或许意味着本书构筑的整体像正是建立在多组性质不同的契机之上探索而出的产物。本书与《明治精神史》一起，“在大学封锁的壁垒中，被学生们反复传阅”，并引起了海外日本近代史研究者的注意，他们还将该书翻译成了英文（见《著作集》2，第505页，“著者的解说·解题”）。本书从整体上把握了控制近代日本的精神结构，并在民众内部自发思想形成的过程中探寻一种由内向外打破该结构的契机。色川的这种奋斗呼应了当时那个时代的知识氛围，他发出的讯号一定也在不少人内心产生了共鸣。